0937747

Die Eleganz des runden Leders

Wiener Fußball 1920–1965

Herausgeber
Wolfgang Maderthaner, Alfred Pfoser, Roman Horak

VERLAG DIE WERKSTATT

Eine Veröffentlichung des Wiener Stadt-und Landesarchivs und der Wienbibliothek im Rathaus
Hrsg. Wolfgang Maderthaner, Alfred Pfoser, Roman Horak

Unter Mitarbeit von Franz Josef Gangelmayer und Manuel Swatek

Abb. auf Cover: Willi Hahnemann, Wiberal – Photoarchiv der AZ
© S. 142, 196–198, 201–202. Text von Friedrich Torberg bei David Axmann
© S. 176–177. Text von Hans Weigel bei Elfriede Ott

Bildnachweis: bei den jeweiligen Photos

Wir haben uns bemüht, sämtliche Copyright-Inhaber ausfindig zu machen und anzuführen.
Bei etwaigen unterlassenen oder fehlerhaften Nennungen ersuchen wir um Kontaktaufnahme.

Bibliografische Information der Deutschen Bibliothek.
Die Deutsche Bibliothek verzeichnet diese Publikation in der Deutschen Nationalbibliografie;
detaillierte bibliografische Daten sind im Internet über www.dnb.ddb.de abrufbar.

Alle Rechte vorbehalten
© 2008 Wienbibliothek im Rathaus, Wiener Stadt-und Landesarchiv, Verein für Geschichte der Arbeiterbewegung
Verlag Die Werkstatt GmbH
Lotzestraße 24a, D-37083 Göttingen
www.werkstatt-verlag.de
Gestaltung, Satz und Cover: Markus Reuter mit Christoph Kober, Wien
Druck und Bindung: Westermann Druck Zwickau
ISBN: 978-3-89533-614-0

  VERLAG DIE WERKSTATT StaDt Wien

Inhaltsverzeichnis

6 **Fußball als eine der Schönen Künste betrachtet**
 Von Jürgen Wertheimer
15 Dokumentation 1: Fußball als Massenphänomen
26 **Die Eleganz des runden Leders**
 Anmerkungen zur Wiener Schule
 Von Wolfgang Maderthaner und Roman Horak
49 Dokumentation 2: Stars und Vereine
62 **Nobelpreiswürdig**
 Verstreute Anmerkungen zu Rapid Wien
 Von Wendelin Schmidt-Dengler
71 Dokumentation 3: Mythos Wunderteam
84 **Die Violetten**
 Persönliche Anmerkungen zu einem großen Wiener Fußballklub,
 der stets mehr war als nur ein Verein
 Von Peter Pelinka
95 Dokumentation 4: Krise und Instrumentalisierung
106 **Hugo Meisl und die Erfindung des modernen Fußballs**
 „Fußball ist der wahre Volkssport"
 Von Andreas Hafer und Wolfgang Hafer
123 Dokumentation 5: Gleichschaltung mit Widerständigkeit
134 **Anstoß in Wien**
 Béla Guttmanns Antizipation des Weltfußballs
 Von Detlev Claussen
143 Dokumentation 6: Gleichklang und Dissonanz
156 **Zwei Wiener Fußballfunktionäre**
 Ignaz Abeles und Josef Gerö
 Von Eva Blimlinger
167 Dokumentation 7: Nachkrieg
180 **Wiener Fussball ganz persönlich**
 Die kakanische Welt eines sportbegeisterten und sportkundigen
 amerikanischen Sozialwissenschaftlers
 Von Andrei S. Markovits
195 Dokumentation 8: Triumph und Tragödie – Weltmeisterschaft 1954
204 **Gerhard Hanappi – Legende und Mensch**
 Von Hardy Hanappi
213 Dokumentation 9: Das Ende der Wiener Schule

Vorwort

Ereignisse wie die Fußball-Europameisterschaft 2008 in Wien sind für die verschiedenen Gedächtnis-Institutionen der Stadt – wie das Wiener Stadt- und Landesarchiv oder die Wienbibliothek – durchaus verführerisch, den eigenen Bestand auf Materialien (oder gar Reliquien oder Relikte) der Wiener Fußballgeschichte abzufragen. Wenn dann auch noch der Verein für Geschichte der Arbeiterbewegung mit seinen reichhaltigen einschlägigen Sammlungen im Nahebereich dieser Institutionen tätig ist, wird solch eine Recherche noch vielversprechender.

Mit Hilfe ihrer Funde treten die Fußballhistoriker im Buch und in den Ausstellungen den Beweis an, dass Wien in der Herausbildung des modernen Spektakels Fußball eine besondere Rolle spielte. In den frühen 1920er Jahren, als Fußball zum Massenereignis wurde, hat diese Sportart in Wien eine Begeisterung ausgelöst wie nirgendwo in Kontinentaleuropa. Wien und die anderen Metropolen der versunkenen Habsburgermonarchie (Prag, Budapest,...) waren die Motoren in der Formierung des europäischen Fußballs und seiner attraktiven Wettbewerbe. Fußball in Wien war Ausdruck einer zutiefst städtischen Kultur, einzigartig in der selbstverständlichen Integration der jüdischen Sportvereine und Sportler, auch in Verbindung von Gesellschaftsleben, Sportcafes, Kulturbetrieb und Fußball.

Einzigartig war Fußball auch in seiner Bedeutung bei der Herausbildung eines österreichischen Nationalgefühls. Im Fußball konnte das von Identitätsproblemen geschüttelte Österreich Großmachtsgefühle durchleben und Selbstbewusstsein tanken. Wenn 1938 vertriebene Österreicher noch heute die komplette Aufstellung des Wunderteams aufsagen können, dann ist dies das beste Zeichen dafür, wie Wiens große Fußballgeschichte noch heute das Gedächtnis prägt.

Während das Wiener Stadt- und Landesarchiv vor allem biographische Materialien und persönliche Dokumente zu Fußballgrößen wie Matthias Sindelar, zu Josef Uridil oder Bimbo Binder, oder auch zum Fussballtechnikpionier und Trainer des Wunderteams Hugo Meisl zeigt, präsentiert die Wienbibliothek ihre Schätze, hauptsächlich Plakate, Ankündigungen, Zeitungsartikel aus dem Tagblattarchiv, bebilderte Reportagen aus den Sportblättern. Das Fotoarchiv des Vereins für Geschichte der Arbeiterbewegung hat dem Buch und der Ausstellung zusätzlich wichtige Impulse gegeben.

Buch und Ausstellung sind nicht zuletzt Beispiele einer gelungenen Zusammenarbeit zwischen dem Stadt- und Landesarchiv und der Wienbibliothek. Aus den gesichteten Materialien sind sowohl zwei Ausstellungen an zwei Orten – einerseits im Wiener Stadt- und Landesarchiv im Gasometer, andererseits gastiert die Wienbibliothek im Stadtinformationszentrum des Wiener Rathauses – entstanden wie auch dieses Begleitbuch. Unter dem Titel „Die Eleganz des runden Leders. Wiener Fußball 1920 – 1965" wird nochmals ein möglichst weites Spektrum der Geschichte der Glanzzeiten des Wiener Fußballs, große Spiele, das Wunderteam aufgetan, es werden aber auch zahlreiche Mikrogeschichten erzählt.

Unser Dank für die Entstehung des Buches gilt den Autorinnen und Autoren, welche einmal mehr mit ihren Essais das massenkulturelle Spektrum und die Höhepunkte der Wiener Fußballgeschichte zwischen 1920 und 1965 beleuchten, sowie den drei Herausgebern. Die Kulturwissenschaftler und Historiker Roman Horak und Wolfgang Maderthaner, die schon vor mehr als zehn Jahren mit dem Buch „Mehr als ein Spiel. Fußball und populare Kulturen im Wien der Moderne" ein Standardwerk zur Geschichte des Wiener Fußballs und dessen gesellschaftlicher Wirkung geschaffen haben. Seitens der Wienbibliothek wurden Maderthaner/Horak von Alfred Pfoser, dem Leiter der Druckschriftensammlung der Wienbibliothek, sowie von Franz Josef Gangelmayer unterstützt, seitens des Wiener Stadt- und Landesarchivs von Manuel Swatek. Sie haben vor allem die Illustrierung des Bandes mit einer intensiven Zeitungsdokumentation aus der Wienbibliothek in diesem Band vorangetrieben, was sich nun neben den zeitgenössischen Essais als quasi zweite textliche historische Narration anbietet.

Für die graphische Umsetzung ist Markus Reuter und Christoph Kober, für den Vertrieb dem deutschen Werkstatt-Verlag zu danken. Wie immer gibt es eine große Anzahl von Personen, die an Buch und Ausstellungsprojekt beteiligt waren und die nun namentlich nicht genannt werden können: herzlichen Dank für Ihre Arbeit im Team und das großartige Zusammenspiel.

Sylvia Mattl-Wurm
Direktorin der Wienbibliothek

Ferdinand Opll
Direktor des Wiener Stadt-und Landesarchivs

Fußball als eine der Schönen Künste betrachtet

Von Jürgen Wertheimer

„Wie sich dann herausstellte, war das Badehaus vom Bahnhof im ganzen nur etwa zehn Gehminuten entfernt. Was ich auf diesem kurzen Weg von der Umgebung sah, fand alles in allem ebenfalls mein Gefallen. Im Besonderen war ich über einen Fußballplatz sehr erfreut, auf einer gleich rechts vom Weg gelegenen großen Wiese. Ein grüner Rasen, die zum Spielen nötigen weißen Tore, weiß ausgezogene Linien – es war alles da, verlockend, frisch, in allerbestem Zustand und größter Ordnung. Wir Jungen haben dann auch gleich gesagt: na, da spielen wir nach der Arbeit Fußball."

Von allen denkbaren Fußball-Idyllen ist diese kleine Szene die vielleicht makaberste, die je beschrieben wurde. Sie stammt von dem ungarischen Nobelpreisträger Imre Kertész, der sie in seinem Buch *Roman eines Schicksallosen* erzählt. Denn die unscheinbare Episode, in der ein paar Jungs von vierzehn, fünfzehn Jahren sich plaudernd aufs gemeinsame Fußballspielen freuen, spielt – in Auschwitz. Kertész berichtet hier vom Holocaust als einem „Überlebensspiel", von Banalitäten, Zufällen, kleinen Tricks und Finten, von denen der Ausgang einer Partie auf Leben und Tod abhing. Das Geheimnis: ein Stück „Normalität" selbst in extremis herzustellen.

Wer sich heute in Deutschland anschickt, über den Zusammenhang von Weltliteraturen, Weltkulturen und Weltfußball nachzudenken, tut gut daran, vom Nullpunkt der Geschichte her zu beginnen. Der Nullpunkt trägt – überraschenderweise – den Namen Auschwitz, nicht den Namen Bern. Am Nullpunkt ist nicht vom Mythos die Rede, nicht von kollektiver Identität, nicht von neuem Nationalgefühl, sondern – weit banaler, weil erschreckender – von einem Fußballplatz auf dem Weg zur Gaskammer, also von der Täuschung bis zum letzten Moment.

Ein Fußballfeld signalisiert Sicherheit. Wo man sich die Mühe macht, Gras zu säen, Linien zu ziehen, Strafräume genau zu bemessen, wähnt man sich auf der sicheren Seite. Dort kann es doch nicht um Leben und Tod gehen. Doch der Schein trog. Und Imre Kertész, der als verhinderter Fußballer in Auschwitz und Buchenwald überlebt hat, hat die Aufgabe klar formuliert, eine Aufgabe, die beileibe nicht nur von Intellektuellen gelöst werden muss: „Ob dieses Trauma in Form von Kultur oder Neurose in den Gesellschaften Europas weiterlebt."

Ich möchte weder verwirren noch irritieren, wenn davon die Rede ist, dass Fußball als Schöne Kunst betrachtet werden soll, um sodann über Auschwitz sprechen. Doch ich bin sicher, dass man die Ambiguität des Titels, der sich auf de Quinceys Buch *Murder considered as a Fine Art* bezieht, unschwer feststellt. Wenn ich de Quincey zitiere, so möchte ich damit jedoch nicht auf die potentiell artistischen oder ästhetischen Qualitäten des Spiels verweisen, sondern mehr noch auf seine potentiell tödliche Dimension. Von einer tödlichen Dimension zu reden impliziert dabei nicht primär blutige Schlachten der Hooligans vor, während oder nach einem Spiel oder gar den Tod auf dem Spielfeld. Es geht dabei auch nicht um die archaischen Ursprünge des Fußballs in China oder in Mexiko, wo Menschenopfer im Einklang mit den normalen Spielregeln waren und manchmal sogar der Kopf eines Gegners als Fußball verwendet wurde. Nein, das Phänomen einer tödlichen Dimension des Fußballs in seiner Eigenschaft als Massenereignis, ja *des* Massenereignisses schlechthin, hat mit pragmatischeren und irrationaleren Aspekten zu tun, genauso wie dies bei Geld, Markt und Emotionen immer der Fall ist. Genauer: Fußball ist eine der größten, wenn nicht die größte Plattform, um Gefühle auf internationalem Niveau zu vertreiben, es ist das gewaltigste Medium, um kollektive Identitäten zu produzieren und zu reproduzieren, und es ist die größte Shopping Mall, ja das größte globale Outlet-Center für Interkulturalität. Und wenn es nicht Tod bedeutet, so doch zumindest Hölle – Hölle, lebende Hölle für all diejenigen, die sich als kritische, individuelle, rationale und manchmal sogar aufgeklärte Wesen betrachten möchten. Hölle für all jene, die die Idee des Spiels als einer menschlichen Tätigkeit jenseits bloßer Funktion, jenseits der Macht, jenseits des Markts und des Geldes betrachten.

Mag sein, dass beispielsweise der Kreml, die Vorstandsetage eines Weltkonzerns oder der Vatikan Institutionen von beachtlichem Irrwitz sind, aber zweifellos ist die FIFA dann doch unter vielen die absurdeste Form des Global Playing. Während die Führungsetagen von Banken und Produktionsindustrien irgendetwas in Umlauf bringen, wovon Millionen verarmender Menschen glauben, sie bräuchten es, vertreibt die World Football Federation buchstäblich nichts. Kein anderes soziales Phänomen, nicht einmal das zweidimensionale Medium des Internets und Hollywood, entfaltet solch eine zugleich progressive und aggressive Form der Globalisierung wie der Fußball. Während andere, mehr oder weniger friedlich betriebene Spielformen der menschlichen Spezies häufig mit regionalen Schwerpunkten auftreten, hat sich der Fußball auf eindrucksvolle Weise eine Art Weltmachtposition gesichert.

Seit die Menschen sich der runden Gestalt des Planeten Erde bewusst geworden sind, also grosso Modo seit den Entdeckungsreisen vor fünfhundert Jahren, als die letzte Ecke der Erde mit allen anderen Regionen ökonomisch, militärisch und medial verlinkt wurde, ist das Phänomen Fußball auf den Plan getreten. Fast scheint es so, als ob die progressiven Globalisierungsbewegungen, die seither wellenartig über die Welt verlaufen sind, den Fußball als emotionalen Herzschrittmacher implantiert haben. Denn dem Fußball gelingt es, stets im Gleichschritt mit der Globalisierung verkleidet als heiteres Politspiel Weltherrschaft über das allgemeine Bewusstsein zu erlangen und alles, Politik und Religion inklusive, im Ernstfall in den Schatten zu stellen.

Auch was das neuerdings immer wieder thematisierte Humankapital betrifft, kann der Fußball als Phänomen der Avantgarde betrachtet werden. Ein Blick auf die internationalen Fußballligen bestätigt dies. Zu einer Zeit, als der Eiserne Vorhang noch politisch und ökonomisch wirksam war, spielten Scharen osteuropäischer Fußballer bereits regulär in westlichen Ligen. Zu einer Zeit, als die deutschen Zuschauer noch sehr wenig über die ökonomische Ungleichgewichtigkeit der Welt wussten und wissen wollten, gewöhnten sie sich bereits daran, Afrikaner, Brasilianer, Bulgaren oder Finnen auf allen Plätzen von Hannover über Gelsenkirchen bis Kaiserslautern zum wöchentlichen Amusement zu sehen. Auch hier rollt der Fußball der verschlafenen Makro-Ökonomie um Jahre, manchmal Jahrzehnte voraus. Als vor etwa zwei Jahren Shaktar Donetzk, ein Club mitten aus dem ostukrainischen Kohlebecken, Schalke 04 aus dem UEFA Cup kickte, gab es gar kein großes Geschrei mehr, denn all dies hätte sich bereits 1975 ereignen können. Einziger Unterschied: Die „Fremden" spielten jetzt nicht mehr nur für Deutschland, sondern „Legionäre", die soviel kosteten wie jeder andere Internationale, spielten gleichfalls für die Ukraine: begabte Brasilianer, beinharte Serben, Kroaten und Rumänen.

Welcher andere Business-Zweig kann sich solch eine Mischung internationaler Finanzinteressen rühmen wie der Fußball? Ein Blick auf das Premier League Spiel zwischen Liverpool und Machester United, das für Millionen emigrierter irischer Fans in Amerika oder Australien übertragen wird, ist hierfür ebenso Beispiel wie die Spielzeugfiguren von tschechischen oder französischen Stars, die sich selbst in Singapur wie heiße Brötchen verkaufen. In Europa florieren reine Fußballkanäle, weil wirkliche Fans nicht mit der Magerkost der deutschen Bundesliga oder der holländischen Ehrendivison zufrieden zu stellen sind.

Als Arsenal und Bayern München sich in der Champions League trafen, war nurmehr ein einziger britischer Spieler auf dem Feld – Owen Hargreaves, der im Übrigen für die Deutschen spielte, während das englische Team sich hauptsächlich aus französischen Spielern zusammensetzte. Das wirklich erstaunliche Phänomen ist dabei, dass solchen Partien noch immer ein starker regionaler Aspekt eigen ist, nur weil die Clubs die Namen von Städten tragen. Andererseits gibt es aber eben diese Abramovichs, Berlusconis, die Real-Madrid und Bayern München Macher. Es gibt die Industrie der Mogule, der superreichen Magnaten, die sich durch das Einkaufen von Fußballpower persönliche Kompetenz kaufen. Und was macht Abramovich, der genauso wie Berlusconi sein Öl auf der ganzen Welt verkauft, um seinen Profit in den Servicebranchen des media business zu vergolden? Nun, er kauft Chelsea FC London; ein Club, der im wichtigsten europäischen Finanzplatz beheimatet ist, was sich aufs trefflichste fügt. Und was er dann durch den Chelsea Erfolg an Sensation, Prestige und Kontakten auf dem Laufband des Mehrwerts in seinen Tresor transportieren lässt, das könnte er auf keinem anderen Weg so erworben haben. So funktioniert Fußball heute, so stirbt Fußball heute.

Sichtbare Geldströme fließen, ungesehen von Millionen von Augen. In Echtzeit werden wir mit synthetischen Gefühlen, die aus Plastik und Geld bestehen, abgespeist.

Wenn es eines Sports bedürfte, der einer grenzenlosen Fassadenkultur im postindustriellen Zeitalter den richtigen Anstrich verpassen könnte, dieser Fußball wäre es. Das absolute Pendant zu einem auf Verbraucherbefragungen, schnell wechselnden Loyalitäten, Mobilitätsirrsinn und Omnimediapräsenz abgestimmten Verhaltensmodell. Was Wissenschaftler, Ökonomen und Bankmanager erst nach langen Studien verstehen, begreift der gegenwärtige Fan instinktiv, weil er an jeder magischen Metamorphose seines Clubs, der nur mehr ein virtuelles Produkt ist, so teilnimmt als würde es noch eine Realität geben.

Oder ist doch alles ganz anders? Taucht hinter den Hochglanzfassaden, wenn man nur ein bisschen gräbt, der echte, alte, nach Schweiß und Gras riechende Fußball auf? Wird selbst Abramovich bald entdecken, dass mit der Glücksfee kein Pakt zu schließen ist und dass der Ball chaotisch vom Wind verweht wird, ohne sich den Prestigeplänen zu fügen? Wird selbst FC Bayern einsehen müssen, dass im Supermarkt des Akquirierens von aller und jeder weltweiten Begabung jene Dominanz, ohne die zu leben offenbar unvorstellbar geworden ist, noch nicht notwendigerweise automatisch gekoppelt ist? Trotz Media Hype und big money? Oder träume ich doch nur? Vermutlich.

Kehren wir zur Wirklichkeit zurück. Lassen sie mich aus einem Artikel von Eduardo Galeano zitieren, der den bezeichnenden Titel „Kannibalenindustrie" trägt:
„Im Juni 2003 starb der Spieler Marc Vivien Foe im Stadion von Lyon. Er war nicht das Opfer irgendeines grausamen Kicks. Keiner hat ihn berührt. Er starb einfach aus Erschöpfung. Der Rhythmus des ‚Confederations Cup', in dem ein Spiel nach dem anderen geführt werden muss: dem Rhythmus war er nicht gewachsen. Kein ärztlicher Report vermochte auszudrücken, dass er durch einen Angriff des „professionellen Fußball" starb; diese tödliche Krankheit taucht nicht in den Szenarien der Ärzte auf. Aber trotzdem kann kein Zweifel daran bestehen, dass die schönste und populärste aller Sportarten [...] auf einem absoluten Industrielevel betrieben wird, der Menschen in Maschinen verwandelt."

Was ist das Ziel dieser Unternehmertechnokraten, Bürokraten und Ideologen der Fußballindustrie? Vermutlich spielen in ihrer Vorstellung längst keine Individuen, sondern Roboter, die allerdings der Wirklichkeit täuschend ähneln. Allesamt Soldaten in einem gigantischen Medienkrieg des 21. Jahrhunderts, wo unter den Auspizien der Effizienz und des Erfolges jedes Opfer gebracht wird. Der Philosoph Cornelius Castoriadis drückte es so aus: „People do not earn so much because they are worth it, but they are worth what they earn". Trotzdem er nicht vom Fußball sprach, könnte sich diese Form unmittelbar auf den Fußball beziehen. In einem Spiel scheint man zwar noch zu spielen, in Wirklichkeit ist der Produzent ein Rad im Management eines ganz anderen Spiels.

Professioneller Fußball ist dermaßen ungebremst unter der Kontrolle der Feinde jeder Schönheit, jener mächtigen Organisation, die, gerade da sie gar nicht wirklich zu existieren scheint, alles kontrolliert.

Der bis jetzt fast unbekannte Schiedsrichter Ignacio Salvatierra ist im Begriff, ein Heiliger dieser Zunft zu werden. Er hat die neue Religion beglaubigt. Vor neun Jahren hat er in Trinidad Kreativität und Imagination öffentlich vom Spielfeld verbannt. Referee Salvatierra schickte den Spieler Abel Vaca Saucedo vom Platz, um den Fußball seriös bleiben zu lassen. Seriös, versteht sich, in seinen Begriffen. Vaca Saucedo hatte sich eines furchtbaren Verbrechens schuldig gemacht, indem er ein Tor spielerisch erzählte. Erst ließ er die ganze gegnerische Mannschaft durch einen Wirbelwind von Dribblings nahezu statisch zu Zuschauern werden, legte sich den Ball selbst vor, köpfelte ihn staffetenweise durchs Feld und ließ diese Orgie der Fußballkunst in eine Klimax münden, bei der er den Ball mit seinem Hinterteil ins Tor beförderte.

Solch eine Ironie, solch ein Spiel mit dem Spiel, ist mit den modernen Kategorien von Gehorsam, Geschwindigkeit und Stärke nicht vereinbar. Nun wird ein Typus von Fußball massenweise produziert, der kälter als Eis ist. Industrieller Fußball hat sich zu einem lukrativen Geschäft verselbstständigt, in dessen Konsequenz Standardisierung und Löschung individueller Profile angesagt ist.

Wie sagte der Historiker Arnold Toynbee so zutreffend: „Der bemerkenswerteste Zug von Zivilisationen im Niedergang ist ihre Tendenz zur Standardisierung und Uniformität". Der professionelle Fußball arbeitet genau nach diesem Prinzip und deshalb hat er sich selbst zum Tode verurteilt.

All dies wäre richtig, zutreffend und unbestreitbar, gäbe es nicht die andere Seite der Geschichte. Die andere Seite der Geschichte ist schnell erzählt. Nehmen sie mich zum Beispiel. Wenn ich dies alles weiß und obwohl ich tief frustriert durch diese sinnlose, seelenlose und standardisierte Fußballfarce bin, finde ich mich doch jede Woche wieder vor dem Radio oder Fernseher und zwar besonders, wenn „mein" Verein spielt und in neun von zehn Fällen verliert. Jeder Psychoanalytiker könnte mein schamloses Verhalten nach Kategorien des Sadomasochismus oder einer sisyphosgestützten, autoaggressiven psychischen Krankheit beschreiben. Besonders der absolute Wahnsinn, von „seinem" Verein zu sprechen, davon dass „wir gewonnen" oder „wir verloren" haben, obwohl dieser Verein in keiner Weise mehr mit dem, was ich zu kennen glaubte, zu tun hat, würde im Grunde einer therapeutischen Behandlung bedürfen.

Vielleicht wäre das Spiel, was ich jetzt noch beschreiben möchte, eine sinnvolle Therapie, um mein Leiden zu lindern. „Wie wir alle wissen, gewann Brasilien 2002 den Weltcup und schlug Deutschland im Finale in Tokyo. Was vielleicht weniger bekannt ist, ist die Tatsache, dass zur gleichen Zeit ein anderes Finale stattfand. Die Bergspitzen des Himalaya waren Zeugen einer Begegnung der schlechtesten Teams des Planeten, des letzten und des vorletzten auf der internationalen Rankingliste: dem Königreich Bhutan und der karibischen Insel Montserrat. Die Trophäe bestand aus einem langen Silbergefäß, das neben dem Spielfeld stand. Die Spieler, alle vollständig unbekannt, befanden sich in einer besonderen Situation: sie hatten keine andere Verpflichtung, als Spaß zu haben. Als die beiden Teams das Spiel beendet hatten, wurde die präparierte Trophäe in der Mitte durchgebrochen und beiden zu gleichen Hälften übergeben. Bhutan hatte gewonnen, Montserrat hatte verloren, aber das Ergebnis hatte keinerlei Bedeutung."

Was für eine poetische Idee, eine Aktion, die ohne die geringste Bedeutung war, zu inszenieren. Ein leidenschaftlicher Kampf, Mann gegen Mann, bei vollem Bewusstsein, dass das Resultat vollständig unbedeutend ist. Was für eine Provokation auch, die Welt nicht in zwei Teile zu teilen, nämlich die der ewigen Gewinner und die der ewigen Verlierer, sondern stattdessen die Trophäe in zwei Teile zu teilen und in zwei Stücke zu schneiden. Was für ein poetisches, philosophisches und gleichzeitig auch politisches Signal: eine Art von mock heroic parody auf die desaströse Dauerideee von Wettstreit, Wettstreit, Wettstreit ...

Ein so populäres Spiel wie Fußball könnte eigentlich immer solch eine Bühne für Experimente jeder Art bieten. Denn unser ganzes Leben ist ja eine Simulation. Alles, was wir ernsthaft veranstalten, ist in Wirklichkeit ein Spiel. Wir spielen Lebensspiele, Liebesspiele, Kriegsspiele, all dies sind Rituale. Wir sind zu Imitatoren unserer selbst verkommen. Und Fußball? Können wir das Wahnsinnsinteresse von Menschen an der besonderen Verspieltheit dieses Spiels erklären? Oder ist es nur das eher aggressive Potential, das wir auch in diesem Sport suchen, entsprechend dem provokativen Motto des portugiesischen Trainers Luiz Felipe Scolari: „Football is war", das er anlässlich des European Championship 2004 äußerte?

Robert Schindel, ein österreichischer Autor, antwortete zutreffend: „Fußball ist nicht Krieg, sondern nur ein hoch ritualisiertes Kriegsspiel, das die kollektiven weltweiten Aggressionen kanalisiert und absorbiert. Es ist, wenn sie wollen, die perfekte Verwandlung einer tödlichen Schlacht in ein buntes Unterhaltungsspektakel. Im Normalfall schießen die Teams nur mit dem Lederball und im Normalfall stehen die Opfer auch wieder auf."

Vielleicht liegt hier auch die Schnittstelle zwischen der Literatur und dem Fußball bei aller sonstigen Fremdheit der zwei doch sehr unterschiedlichen Kulturen. Denn auch auf dem Feld der Literatur kann prinzipiell alles ausgetestet werden, im literarischen Simulationsraum kann man viel riskieren, seine Wahrheit zu verkünden, sein Glück zu versuchen. Auf den Spielfeldern der Weltliteratur treffen sich permanent unbekannte Kulturen und befehden einander spielerisch, auch aggressiv. Und doch ist ganz bemerkenswert, wie unterschiedlich die verschiedenen Kulturen mit der Materie der Sprache umgehen. Hier besteht der Ball aus Leder, dort besteht er aus Lettern, Lettern, sage ich, die die Welt bedeuten, und ein paar Regeln gibt es auch, aber: wie unterschiedlich kann der Ball behandelt werden, wie unterschiedlich kann man spielen – in der Defensive zu erstarren, vorwärts strebend, sehr brutal, sehr tief unkonventionell, ballverliebt pragmatisch.

Fußball ist die große Illusion, dass es möglich ist, eine Art spontanen weltweiten Verständnisses herzustellen, wenn nötig auch ohne Sprache. Weltliteratur bedeutet hingegen die permanente kreative Debatte um den babylonischen Mythos des Einander-Missverstehens und der Sisyphosmühe, sich zu verständigen. Die beiden Rituale, das der Literatur und das des Spiels, können auf ganz unterschiedliche Art zu einer Art „Dialog der Kulturen" beitragen. Die Literatur könnte vielleicht teilhaben an der weltweiten Medienpräsenz des Fußballs, sie könnte aus ihrem doch noch immer vorhandenen Elfenbeinturm heraustreten und wirklich in die Arena kommen. Der Fußball könnte auf der anderen Seite etwas vom kulturellen Know-how der Literatur lernen, von ihrer Fähigkeit, Verhaltensrituale transparent zu machen, sie in Worte zu übersetzen, das allzu Vertraute zu verfremden und das Unbekannte zu erklären.

Und dann gibt es auch etwas, was die beiden Spielformen gemeinsam haben, nämlich dass sie ganz nah an der Wirklichkeit orientiert sind. Literatur und Fußball predigen kein Weltethos und wollen die Menschen nicht in Moralisten verwandeln. Sie haben beide mit Gefühlen zu tun, mit Power und Hilflosigkeit, mit dummen Zufällen, mit überraschenden Wendungen, mit tragischen Verflechtungen, mit amüsanten Situationen, mit absurden Momenten, mit Langeweile und mit allen Arten von Endspielen. Fußball und Literatur können den gemeinsamen Beweis dafür antreten, dass die Wirklichkeit einfach kompliziert ist.

Auf eine gewisse Art gibt es nicht den geringsten Unterschied zwischen großen theatralischen Momenten wie denen, wenn Marquis Posa in Schillers Stück Don Carlos „Gedankenfreiheit" fordert, oder wenn Opernsänger wie Maria Callas oder Luciano Pavarotti eine Verdiarie auf übernationale enigmatische Art zur Vorstellung bringen und Gänsehaut und extreme Gefühle erzeugen, und einem Ronaldinho-Tor, in dem der Ball und der Kick seine Schwerelosigkeit zu überwinden scheint und die Gesetze der Physik auf den Kopf gestellt werden. Aber Fußball, genau wie Literatur, ist beides: magische Momente und ganz einfache. Lächerliche, rein zufällige, gestolperte, dumme, ungerechte, absurde Tore stehen neben virtuosen, akrobatischen und artistischen Einlagen und von keinem Moment kann auf den folgenden geschlossen werden. Und der Fan steht wie jedes Publikum, ob in der Oper, der Arena, im Theater oder als einsamer Leser, zwischen all diesen Möglichkeiten.

Wie erklärt Salman Rushdie, lebenslanger Leser, Schreiber und Fan von Tottenham Hotspur: „Denn das ist es, was es ausmacht, ein Fan zu sein: auf das Wunder zu warten, Dekaden von Desillusionen zu überstehen und doch keine Wahl in der Frage der Zugehörigkeit zu haben. Jedes Wochenende kehre ich zu den Sportseiten zurück und mein Auge sucht automatisch das Resultat der Spurs. Wenn sie gewonnen haben, fühlt sich das Wochenende reicher an. Wenn sie verloren haben, schwebt eine schwarze Wolke über mir. Es ist pathetisch. Es ist lächerlich. Es ist monogam, bis dass der Tod uns scheidet." Es wird nie einfach sein, eine Art artistischer Balance zwischen der Glorifikation und der Banalisierung von Fußball zu finden, zwischen Fußball als Alibi und als Mittel, um das soziale Elend zu verbergen, als Ersatz für pragmatische Politik.

Der deutsche Bundespräsident Horst Köhler spricht ähnlich wie der südafrikanische Präsident Thabo Mbeki und wie jeder Präsident dieser Welt in Begriffen einer transzendenten Erfahrung. Wir alle scheinen von einem großen internationalen Austauschspiel zu träumen, schwärmen wie oft und immer vom Dialog der Kulturen, erklären alles und jedes zur symbolischen Aktion, die Identität würde Wohlstand und Harmonie in drei oder vier Wochen herstellen.

Wenn ich auch persönlich ein tiefer und dummer Liebender in Sachen Fußball bleiben werde, so misstraue ich dieser Fußballpolitik einschließlich der damit verbundenen symbolischen Rituale und Instrumentalisierungen nach wie vor mit gleicher Intensität und ich glaube nicht, dass ich mich täusche.

(Wiberal – Photoarchiv der AZ)

Fußball als Massenphänomen

„Aber was immer es war, was ich schrieb, kein Laut vom Rapid-Platz entging mir. Ich gewöhnte mich nie daran, jeder einzelne Laut der Masse wirkte auf mich ein. In Manuskripten jener Zeit, die ich bewahrt habe, glaube ich noch heute jede Stelle eines solchen Lautes zu erkennen, als wäre er durch eine geheime Notenschrift bezeichnet."

Elias Canetti

Die Fußballstadt Europas.
Wien wieder in Führung.
Von
Dr. Emil Reich.

Wien ist die Fußballstadt des europäischen Festlandes. Das steht seit mehreren Jahren fest und wird von niemandem, selbst nicht von unseren erbittertsten Rivalen, angezweifelt. Zahlen sprechen eine deutliche Sprache. Es gibt keine andere Stadt auf dem Kontinent, die so viele Fußballvereine mit so viel Spielern besitzt wie Wien. Aber das ist nicht ausschlaggebend. Es kommt auf das Interesse an, das der Fußballsport in den breiten Massen findet, die sich nicht aktiv betätigen. [...]

Man nenne eine Stadt in Europa außerhalb Englands, die auf 80.000 Zuschauer verweisen kann. Das ist jene Höchstziffer, die ein Wettspiel in Wien erreichte, wobei man, ohne sich einer Uebertreibung schuldig zu machen, behaupten kann, es wären an jenem denkwürdigen Tage im Frühjahr 1923, an dem Oesterreich Italien gegenübertrat, über 100.000 Menschen auf der Hohen Warte zusammengeströmt, wenn die dortigen Anlagen einen größeren Fassungsraum gehabt hätten. Und welche Stadt sieht Sonntag für Sonntag selbst bei wenig einladendem Wetter zumindest 40.000 bis 50.000 Zuschauer auf allen Sportplätzen versammelt? Wo noch interessiert sich die überwiegende Mehrheit der Bevölkerung für den Ausgang der Wettspiele, so daß man in den Abendstunden auf der Straße, in der Elektrischen, in den Gast- und Kaffeehäusern, im Kino und fast jeden zweiten Menschen von den Ergebnissen der Meisterschaftsspiele und von den Aussichten der Klubs in den nächsten Kämpfen sprechen hört? In dieser Beziehung hat Wien allen europäischen Städten den Rang abgelaufen, mag man das nun als einen Vorteil oder einen Nachteil betrachten.
[...]
Jetzt zeigt sich, dass Wien auch, was das Fußballkönnen anbelangt, im Begriffe ist, *die* Fußballstadt Europas zu werden. Seit dem Beginn der Herbstsaison feiern unsere Klubmannschaften einen Sieg nach dem anderen, ob sie nun mit unseren Nachbarn in der Heimat oder in der Fremde kämpfen.

Neues Wiener Journal, 15. 11. 1924, S. 17

Fußball wird zum Massenereignis – Hohe Warte in den frühen 20er Jahren (Illustriertes Sportblatt)

Fußball als Massenphänomen

Nach und vor großen Ereignissen.

Lebensgefährlich eingekeilte Zuschauermassen, Österreich – Italien 15. April 1923, Hohe Warte (Illustriertes Sportblatt)

Dringender allerdings ist noch die Beseitigung wenigstens der größten Gefahren, die den Besuchern des Stehplatzraumes drohen. Wir haben mit einer großen Anzahl von Leuten gesprochen, die sich dort auf vier Stunden haben einkeilen lassen, und diese erklären einmütig: Nie wieder! Es war eine Qual, eine Marter, ja eine unausgesetzte Lebensgefahr. Die Leute waren förmlich ineinander verkeilt. Viele hatten die Füße gar nicht am Boden und schwebten förmlich in der Luft, von der sie umdrängenden Masse in dieser Lage festgehalten. Ins Freie zu gelangen vor dem Schluß des Spieles, war gänzlich ausgeschlossen. Wo man einmal hingeraten war und sich festgerammt hatte, dort hieß es stehen bleiben und ruhig ausharren, bis mit dem Schlußpfiff die ganze Menschenlawine sich langsam in Bewegung setzte. Frauen, schwächliche Personen überhaupt und namentlich Kinder waren in dieser Situation besonders gefährdet. Leider sah man häufig genug kleine Kinder, selbst solche, die noch auf dem Arm getragen werden mußten, und wir können es nicht verhehlen, daß wir es geradezu für ein Verbrechen halten, Kinder in ein solches Gedränge mitzunehmen.

Solange nun die Menschenmauer ruhig stand, war die Lage des einzelnen ja peinlich und unbequem genug, aber es drohte wenigstens noch keine unmittelbare Gefahr. Das änderte sich aber in dem Augenblick, in dem das Spiel begann. Das Bestreben, den Vorgängen auf dem Spielfelde genau zu folgen, verleitete diesen oder jenen zu einer lebhafteren Körperbewegung und schon geriet die ganze Umgebung ins Schwanken. Kleine Lawinen gingen nieder, gegen die der einzelne machtlos war und die zu den schwersten Folgen hätten führen können.
Die Rettungsgesellschaft hat in etwa 20 Fällen interveniert. Hunderte aber haben ihre Hilfe nicht in Anspruch genommen, weil die Retter beim besten Willen nicht hätten zu ihnen gelangen können. Wieviele Beulen es aber gab, wieviele zertretene Schuhe und zerrissene Röcke, insbesondere aber wieviele ausgestandene Todesängste, das wird man nie erfahren. Dabei hat ein gütiger Wettergott den nachmittägigen Regen rechtzeitig aufhören lassen. Denn wehe, wenn die Lehmhalde durch Nässe ins Rutschen gekommen wäre!

Illustriertes Sportblatt, 28. 04. 1923, S. 4

Die Wiener Fußballschule.
Der Einfluß des Nationalcharakters auf den Sport.
Von
Dr. Emil Reich.

Jedes Land, dessen Fußballkönnen eine höhere Stufe erreicht hat, besitzt einen ihm eigentümlichen Fußballstil, der dem Charakter seines Volkes angepaßt ist. In der ersten Zeit sind nur Schwerfälligkeit, Planlosigkeit und mitunter auch zwecklose, robuste Kraftvergeudung die charakteristischen Merkmale der Spielweise, aber je länger der Fußballsport betrieben wird und je vollkommener die Spielmethoden werden, desto stärker treten die Nationaleigenschaften hervor, bis sie schließlich ausschlaggebend für die Führung des Kampfes werden. Immer häufiger schiebt sich jetzt eine Zwischenstufe ein, auf der die Fußballer eines Landes zwar schon Kunstfußball spielen, aber nicht den ihres Landes, sondern eines fremden, den sich mit Hilfe von Trainern und angeworbenen Mitspielern die dortigen Fußballer anzueignen so eifrig bestrebt sind, daß sie zunächst ihren eigenen Charakter unterdrücken. Das kann einen lächerlichen Mischmasch zur Folge haben, namentlich wenn die importierte Fußballkunst so ganz und

Das Länderspiel als Gesellschaftsereignis – Wagenpark vor der Hohen Warte (Wiberal – Photoarchiv der AZ)

gar nicht mit der nationalen Art in Einklang zu bringen ist, aber zum Schluß wird ja doch nur das behalten, was in Fleisch und Blut übergehen kann und Wesensfremdes läßt sich auf die Dauer nicht bewahren.
In den Zeiten der ersten Entwicklung des Fußballsports auf dem europäischen Festland war englischer oder schottischer Fußballstil unbedingt maßgebend. In allen Ländern war man bemüht, sich an den aus dem Inselreich herbeigeholten Vorbildern hinaufzuarbeiten.
[…]
Alle Länder des Kontinents, die heute Bedeutung im internationalen Fußballbetrieb besitzen, haben diese Zeit durchgemacht, alle sind staunend vor der Kunst englischer und schottischer Spieler gestanden, überall hat man sich beeilt, ihre Methoden nachzuahmen, überall immer wieder Mannschaften aus dem Mutterland des Fußballsports herüberkommen lassen, um zu lernen, überall bald erkannt, daß das nicht genüge und die Ausbildung durch die Heranziehung von Trainern gefördert sei, und jetzt hat jedes dieser Länder nicht etwa den englischen oder den schottischen Stil, sondern seinen eigenen dänischen, schwedischen, belgischen, tschechischen, schweizerischen, ungarischen, spanischen, Wiener Stil. Der spanische Fußball zum Beispiel wurde sehr stark vom schottischen beeinflußt, aber heute zeichnet er sich durch intuitives Spiel aus, das dank der großen Schnelligkeit, über die die Spanier verfügen, je nach den Umständen ein präzises schottisches Paßspiel oder das alte Kick-and-Rush-System ist.
Wiens Fußballgemeinde suchte ebenfalls ihr Heil im schottischen Kombinationsspiel. Nach dem Auftreten der Glasgow Rangers war der Ehrgeiz aller erstklassigen Mannschaften darauf gerichtet, auf dem grünen Rasen förmlich Billard zu spielen, aber es dauerte nicht allzulange, so war aus dem schottischen Spiel das Wiener Spiel geworden. Engmaschige Kombination mit präzisem Passen bildete die Grundlage, aber das Spielerische, das im Wienertum liegt, das Graziöse verlieh dem Spiel einen spezifischen wienerischen Charakter, riß es von der Schablone los, gab ihm unvermutete, packende Wendungen, stattete es mit anmutsvollen Formen aus und rief die Erinnerung an den Tanz wach, der in Wien stets freudig und erfolgreich gepflegt wurde. Die Vereinigung von Präzision und Spielerischem , die Kunst eines Braunsteiner, Fischera, Bauer, Kuthan und vieler anderer machte Wiens Fußballkunst in der ganzen Welt berühmt und bewirkte das Entstehen einer Wiener Fußballschule, deren Vertreter in allen Ländern begehrt sind. Zur höchsten Vollendung kam die Wiener Schule freilich in der Zeit, da Kalman Konrad und Schaffer dem Spiel der Amateurmannschaft den Stempel ihrer alles überragenden Individualkunst aufdrückten und das Spielerische noch mehr betonten, aber sie hatten nur deshalb diesen großen Erfolg, weil sie, obwohl Ausländer, unseren Spielern wesensverwandt waren. Vielen in anderen Ländern erscheint das Wiener Spiel als viel zu weich, als ein Spiel, das sich selbst genügt und nicht an den Endzweck, an das Goalschießen, denkt. Es mag schon häufig vorkommen, daß die Zeit mit Kunststücken und blendenden Kombinationszügen vertändelt wird, wie es bei den Amateuren leider wahrzunehmen war, aber dies ist kein Charakteristikon der Wiener Schule, sondern ein Fehler einzelner Spieler oder Mannschaften, ebensowenig ein Charakteristikon wie etwa versteckte Derbheiten, die sich manche Fußballer von Klasse in der letzten Zeit haben zuschulden kommen lassen.
[…]

Neues Wiener Journal, 29. 03. 1925, S. 17

Krawallmacher und Exzedenten bei Fußballspielen.

Das „liebe Publikum".

Von Dr. Emil Reich.

In späteren Jahren, wenn Sporthochschulen bestehen oder Lehrkanzeln für Sport an den Universitäten eingerichtet sein werden, wird ein tiefgründiger Professor an die Prüfungskandidaten vielleicht die Frage richten: Was ist das untrügliche Zeichen dafür, daß Fußball ein Massensport ist? Die Klassifikation vorzüglich für die Beantwortung dieser Frage wird jener Kandidat erhalten müssen, dessen Erklärung lautet: Den Massensportcharakter des Fußballs erkennt man an den Krawallszenen, die sich immer wieder während des Wettspiels und nach dem Wettspiel im Zuschauerraum zahlreicher Sportplätze ereignen. Der neugierige Professor wird dann möglicherweise weiter fragen: Wann ist der Fußball Massensport geworden? Und der folgerichtig denkende Prüfungskandidat wird nicht mit Jahreszahlen kommen, sondern erwidern: In dem Augenblick, in dem zum erstenmal bei einem Wettspiel ein „Wirbel" entstand. Dafür können dann, falls der Prüfende es wünscht, unzählige Beispiele angeführt werden, natürlich auch auf dem Wiener Boden. Hier hatte der Fußball zwei, drei Jahre lang nach seiner Einführung nur einige tausend Anhänger, von denen sich ein paar hundert zu den regelmäßigen Treffen der größeren Vereine als Zuschauer einzufinden pflegten. Aber schon 1898 war die Sportgemeinde gewaltig gewachsen, so daß man daran denken mußte, eingeplankte Plätze zu schaffen und das eigentliche Spielfeld vom Zuschauerraum durch eine feste Schranke zu trennen.

[...]

Seither haben sich die Krawallszenen bei Wettspielen nicht nur immer häufiger wiederholt, sondern sie haben, je größer der Kreis der Fußballinteressenten geworden ist und je tiefere Schichten der Bevölkerung von diesem Sport erfaßt worden sind, auch an Intensität zugenommen. Das Geschrei von einst unterscheidet sich von dem von heute wie der Donner auf flachem Feld vom Donner im Hochgebirge. Und mit drohenden Gebärden begnügt man sich ab und zu auch nicht mehr, man greift zu Steinen und Holzpflöcken und, wenn die Elite von Fuchsenoder Draschefeld dabei ist, fliegen auch die Messer aus der Tasche. Man muss eben zwischen Krawallmachern und Exzedenten bei Fußballspielen unterscheiden. Der übergroße Teil der stets in zwei Lager geteilten Zuschauermassen beschränkt sich auf Schreien. Zu diesen Demonstranten gehören vor allem die *Angehörigen* der miteinander kämpfenden Vereine oder der feindlich, beziehungsweise freundlich gesinnten Klubs. Die Exzedenten sind jedoch stets nur *Anhänger* des betreffenden Bezirksvereins. Leute, die zu ihm nur in loser Beziehung stehen oder ihm gänzlich unbekannt sind. Diese Gesellen im Zaume zu halten, fällt deshalb sehr schwer, fehlt ja doch häufig jede Möglichkeit, auf sie einzuwirken. Es gibt Klubs, deren Auftreten große Massen anlockt - entweder, weil sie gut spielen, was nicht hindert, daß die Mehrheit der Zuschauer während des Kampfes gegen sie Stellung nimmt, oder weil sie beliebt sind - und dennoch läuft die Affäre mit bloßem Pfuigebrüll oder Zurufen, die freilich mitunter recht stark sind, ab. Die Amateure, der W.A.C., die Vienna oder die Hakoah haben einen starken Anhang, der zwar seine Stimmittel nicht schont, aber nie handgreiflich wird.

[...]

Treten aber andere Vereine an, so kann man nicht bloß so liebenswürdige Aufforderungen zu hören bekommen wie „Derwirf eahm!" oder „Loß eahm an Stern reißen!", sondern es passiert, wenn man vom Stehplatz aus zusieht, nur zu leicht, daß man in eine Rauferei verwickelt wird. Und nach solchen Wettspielen, in denen die leidenschaftliche Anteilnahme eines Teiles des Publikums in derartigen Formen zum Ausdruck kommt, geschieht es leider mitunter, daß der berüchtigte „Wirbel" losbricht, dessen

Fußball als Massenphänomen

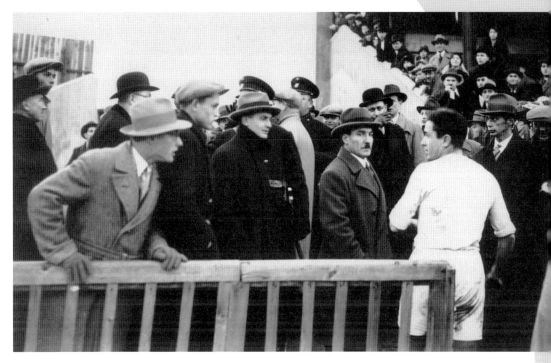

Ein Derby von großer Brisanz – die tschechische Slovan gegen die jüdische Hakoah (Wiberal – Photoarchiv der AZ)

Opfer Spieler, Schiedsrichter und die mit großen Kosten errichteten Sportanlagen werden. Der so hochstehende Sportklub Rapid, die faire und sympathische Mannschaft des Wiener Sportklubs und die erstklassigen Vereine der äußeren Bezirke sowie zahlreiche Klubs der unteren Klassen haben unter diesen Freunden schwer zu leiden. Nach dem letzten Wettspiel Rapids gegen die Hakoah in der Krieau stürmten Rapidanhänger, die schon während des Spieles gestänkert und allerlei drohende Rufe ausgestoßen hatten, gegen die Kabinen, zerbrachen Einfriedungen, zerschlugen Fensterscheiben und verprügelten die Gegner. Wenig angenehme Freunde des Simmeringer Sportklubs leisteten sich erst vorigen Sonntag bei dem Kampf dieses Vereins gegen Amateure wieder einmal ein Heldenstückchen.
[…]
Nach dem Spiel ging es erst recht los. Die Wut der Simmeringanhänger richtete sich gegen den Amateurmann Swatosch, weil dieser vor längerer Zeit den Simmeringer Sportklub verließ und nun bei den Amateuren spielte. Sie fielen über die Mannschaft und die Funktionäre der Amateure her und als sie des Swatosch nicht habhaft werden konnten, schlugen sie die Frau des Spielers Hiltl, die sie für die Gattin des Swatosch hielten, derart, daß die Bedauernswerte sich einige Zeit nicht bewegen konnte.
Glücklicherweise ereignen sich solche Roheitsexzesse nicht häufig und tragen sich nur nach dem Wettspiel und an Stellen zu, die das friedliebende, anständige Publikum, das auf den Sportplatz kommt, um spannenden Kämpfen beizuwohnen, nicht zu betreten braucht. Trotzdem schaden diese Vorfälle dem Fußballsport ungemein, sie bringen ihn in Mißkredit und können, wenn es nicht gelingt, sie auf ein Mindestmaß herabzudrücken, dazu führen, dass das zahlungskräftigere Publikum angewidert fernbleibt und die Zuschauermenge sich nur mehr aus Radaubrüdern und Plattenbrüdern zusammensetzt.

Neues Wiener Journal, 10. 12. 1922, S. 8–9

Der größte Fußballtriumph Österreichs
Unsere Fußballer schlagen Ungarn 6:0!

Das goldene Wienerherz, das sich ja auch in Dingen des Fußballs nicht verleugnet, sucht sich die Objekte seines Mitgefühls sorgsam aus. Als die Schweizer Nationalmannschaft auf Wiener Boden zweimal gewaltig hineingelegt wurde, da haben die braven Eidgenossen dem vieltausendköpfigen Publikum fast leid getan. Man hätte ihnen – da man den überlegenen Sieg Österreichs bereits auf Numero Sicher hatte – sogar das eine oder andere Verschönerungsgoal gewünscht. Aber gegen die Ungarn, gegen den fußballerischen „Erbfeind", war das anders! Dem hätte man auch ein noch größeres „Tragerl" vergönnt. Und dabei hat man die einzelnen populären Spieler Budapests wirklich sehr gerne in Wien. Aber die Mannschaft Ungarns als Gesamtheit, die ist seit altersher der Repräsentant unseres größten Länderkampfrivalen. Ihn so ausgiebig „niedergebegelt" zu sehen, löste Begeisterung aus.

Erst glaubte man nicht so recht an die Österreicher. Nur 500 ungarische Schlachtenbummler waren mittels Sonderzug nach Wien gekommen (schad´ um das viele Geld, mochten sie nachher gesagt haben), aber diese 500 machten sich in der ersten Viertelstunde stärker bemerkbar als die restlichen 44.000 Anwesenden. Ihr taktmäßiger, siegesbewußt klingender Aufmunterungsruf „Tem-po Magyarok!" schallte immer und immer wieder übers Feld. Aber so nach einer schwachen halben Stunde wurde er leiser und leiser. Iszda schoß ein wundervolles erstes Goal und Rappan ließ nicht lange auf das zweite warten. Keine sechs Minuten waren verstrichen, da „saß" auch bereits Nr. 3! Österreich führte 3:0 in einem Länderkampf gegen Ungarn, eine gewaltige Rarität. Von der ungarischen Kolonie hörte man nichts mehr, hingegen stand plötzlich ein sonst wenig beachteter Artikel hoch im Kurs: österreichisches Nationalbewußtsein. Aus dem „Tem-po Magyarok" war „Tem-po Österreich" geworden. Es klang machtvoll und gutgelaunt, denn die heimischen Spieler waren in Schwung wie noch nie. Sie spielten wie Künstler mit ihren Schülern, sie führten allerhöchste Fußballkultur vor und selbst die ältesten Fußballhasen, die sonst mit mürrischer Kritikermiene auf den Tribünen sitzen, gerieten aus dem Häuschen, gerieten in unglaubliche jugendliche Begeisterung, als die Österreicher immer wieder vorwärts stürmten, mühelos, unaufhaltsam siegreich.

Dieses denkwürdige Länderspiel ist das „Horuck"-Match getauft worden. Wenn 44.000 Wiener gut aufgelegt sind, und das waren sie Sonntag nachmittags auf der Hohen Warte, dann sind sie zu jeder Hetz zu haben. Und wenn die Brüder Fogl, die gewaltigen und keineswegs zarten ungarischen Verteidiger, zum Schuß ausholten, ging jedesmal ein vieltausendstimmiges „Horuck!" durch die Arena, eine gutmütige Frotzelei für den gewaltigen Budapester Spieler, der leider später bewies, daß er diesmal zu Spässen nicht aufgelegt sei. Er brach dem armen Rappan bloß das Nasen- und das Jochbein, ein Umstand, der ihn Sonntag auf der Hohen Warte nicht beliebter gemacht hat. Frenetischen Jubel hat es ausgelöst, als die Österreicher, mit neun Mann spielend, noch ein viertes, fünftes und sechstes Tor erzielten. 6:0 gegen Ungarn, da ist selbst Rabbi Akiba geschlagen, der bekanntlich behauptet hat, alles sei schon dagewesen. So etwas war noch nicht da!

Vom 6:0-Sieg der österreichischen Fußballer wurde in Wien auch in fußballsportlich sonst nicht interessierten Kreisen viel gesprochen. Man nahm den großen Erfolg befriedigt zur Kenntnis und fühlte sich als siegreicher Österreicher. So sehr wir uns über den Sieg gefreut, so sehr betrübt war man in Ungarn über die geradezu katastrophale Niederlage. Während des Budapester Spieles Ungarn gegen Jugoslawien wurde die telephonischen Mitteilungen aus Wien durch ein Sprachrohr verkündet. Schaudernd hörte es die Menge. Österreich führt 1:0,

Fußball als Massenphänomen

Simmerings Hansi Horvath scort für Österreich im legendären Triumph gegen Ungarn am 10. April 1927
(Illustriertes Sportblatt)

2:0, 3:0! Als der Sprecher 4:0 für Österreich verkündete, herrschte eisige Stille auf dem Platz, dann aber kümmerte sich man kaum mehr um den Länderkampf gegen Jugoslawien, sondern besprach erregt das Ereignis von Wien, schimpfte weidlich auf den ungarischen Fußballverband und seinen Generalissimus. Das fünfte und sechste Goal der Österreicher wagte der Sprecher dem Volke nicht mehr kundzutun.
6:0 gegen den gefürchteten Rivalen! Das war nicht Ungarn diesmal, das war nur Ungarol!

Illustriertes Sportblatt, 16. 04. 1927, S. 4–5

Matthias Sindelar, Liebling der Massen und des Feuilletons, im Kampf mit dem ungarischen Teamverteidiger Fogl
(Illustriertes Sportblatt)

Fußball als Massenphänomen

Der Fussballsport marschiert

Kleinigkeiten aus der großen Fußballwelt.

Noch vor ein paar Jahren galt die Beschäftigung von Fußball für einen Literaten noch als degradierend. Die verrohte Jugend, die verflachte Zeit, das geistlose, inhaltsleere Pöbelspiel - das war das Urteil! Unter hoher und höchster Literatur tat man es nicht, und kein Schriftsteller von Rang hätte sich -selbst, wenn es ihn interessiert hätte - bei einen Fußballmatch sehen lassen. Heute ist das anders geworden. Bei den großen Kämpfen bemerkt man unter anderen nicht bloß die prominenten Schauspieler, nein, auch bildende Künstler, Gelehrte und Schriftsteller. Man ist darauf gekommen, daß doch irgendwas dran sein mag, wenn die Jugend so einheitlich einer Bewegung zuströmt und sich ihr ganz und mit Begeisterung ergibt. Das kann nicht nur oberflächlich sein, nicht nur seicht und geistlos, das muss irgendwie naturnotwendig sein und darum echt und unaufhaltsam. Literaten von Ruf schreiben heute über Fußball. Da und dort tauchen sportliche Feuilletons auf, gezeichnet mit bekannten Namen. Friedrich Karanthy, Ungarns großes Schriftstellertalent veröffentlicht Fußballnovellen: in Wien las man unter dem Titel „Zirkus Maximus" kürzlich ein entzückendes Feuilleton. Professor Ernst Descays über die Hohe Warte und kürzlich hat sogar der Wiener Meister feinsten geistsprühenden Stils, Alfred Polgar, den Meisterschwimmer Arne Borg im „Berliner Tageblatt" in einem Essay gewürdigt. Unsere Kollegen von der sportjournalistischen Fakultät sehen diese Ausflüge der Literaten mit scheelen, spöttischen Augen an, denn sie wollen bemerkt haben, daß so ein Literat, der eine schwungvolle Fußballode vom Stapel läßt, oft ein Ofside, von einem Korner nicht unterscheiden kann. Wir aber finden, daß das vorläufig noch kein so großes Malheur bedeutet: wir sehen in der Tatsache, daß Literaten über Fußball schreiben, ein gutes, wichtiges Zeichen der Zeit. Wir sehen daraus, daß die Literaten eingesehen haben, daß es kein so absolutes Unglück bedeutet, wenn sich die Jugend zum großen Teil vom Theater abgewandt, dem Sport ergeben hat. Vielleicht ist auch zum Teil das Theater dran schuld, das die Jugend nicht so zu fesseln vermochte und versandet ist. „Welches Theaterstück" so schreibt Polgar ungefähr, „vermag so zu erregen, so zu packen, wie die Sekunden, die Arne Borg über 100m nicht gebraucht hat?" Wie gesagt, vielleicht ist das Theater selbst dran schuld, aber wir wollen lieber die Literaten über Sport schreiben lassen, denn als Sportschriftsteller Urteile über Literatur abgeben. Es könnte uns sonst so ergehen wie ihnen. Sie könnten behaupten, daß wir von Literatur halt doch nichts verstehen. Womit sie vermutlich so wenig Unrecht hätten wie wir die behaupten, daß sie im Fußball doch nicht auf dem laufenden sind.

Illustriertes Sportblatt, 15. 10. 1927, S. 6

Prof. Willy Schmieger, der Erfinder der Radioreportage, auf dem Platz des W.A.C. im Wiener Prater (Wiberal - Photoarchiv der AZ)

Die Eleganz des runden Leders

Anmerkungen zur Wiener Schule

Von Wolfgang Maderthaner und Roman Horak

Tod in Wien

Gegen Mittag des 23. Jänner 1939 verbreitete sich in Wien wie ein Lauffeuer die Nachricht vom Ableben des knapp 36-jährigen Wiener Fußballkönigs Matthias Sindelar, genannt der „Papierene". Er war zu dem Zeitpunkt, da er in einer City-Wohnung in der Annagasse aufgefunden wurde, bereits an die zwölf Stunden tot. Neben ihm lag in tiefer Bewusstlosigkeit die vierzigjährige Wirtin der Gulaschhütte „Zum weißen Rössl" im selben Haus – die (nach Kriterien der Nazis) „halbjüdische" Italienerin katholischer Konfession Camilla Castagnola, mit der Sindelar seit zwei Wochen liiert war. Sie verstarb einen Tag später, ohne noch einmal aus ihrer Bewusstlosigkeit zu erwachen.

Im Zusammentreffen solch spektakulärer Umstände gediehen die abenteuerlichsten Gerüchte, um so mehr, als von jenen Beamten der Kriminalpolizeidienststelle Innere Stadt, die die Wohnung gewaltsam geöffnet hatten, bestätigt wurde, auf keinerlei Gasgeruch getroffen zu sein. Doppelselbstmord, so lautete eine Variante, ohne aber augenscheinliche und zwingende Motive vorbringen zu können; Giftmord eine weitere, durch den Obduktionsbericht schnell widerlegte (eine alternde Frau habe in der Heirat mit Sindelar ihre letzte Chance auf Respektabilität gesehen und, als dieser sich weigerte, ihm den „Schierlingsbecher gereicht"). Und da wollten auch Gerüchte nicht verstummen, die besagten, Castagnola sei in den Diensten des berüchtigten Zuhälters „Amerika-Maxl" gestanden, einer Zentralfigur der Prostitution im städtischen Vergnügungsviertel Prater, und Sindelar einem Racheakt zum Opfer gefallen. Oder gar einer tragischen Verwechslung, da das Attentat ja eigentlich dem Zuhälter gegolten habe.

Die Ergebnisse der polizeilichen Untersuchungen zeichnen hingegen ein wesentlich nüchterneres Bild. Bei der Obduktion wurde eine Zersetzung des Blutes festgestellt, wie sie bei Rauchgasvergiftung auftritt, andere Vergiftungsursachen wurden ausgeschlossen. Sachverständige stellten mit Hilfe der Feuerwehr einen schadhaften Abzug des Ofens fest und gingen mit einiger Sicherheit von der Möglichkeit eines Zurückschlagens von Gasen aus. Resümee: Tod durch Kohlenoxydgasvergiftung. Trotz dieser klaren Aussagen aber wies der Bericht der Polizei noch immer genügend Unklarheiten und Widersprüche auf, sodass die Staatsanwaltschaft ihre Untersuchungen in der „Strafsache Matthias Sindelar gegen unbekannte Täter" noch ein halbes Jahr, allerdings erfolglos, weiterführte. Die Frage Mord oder Selbstmord, Doppelselbstmord oder Unglücksfall blieb ungelöst.

Seit August 1938 war der stets auf die materielle Absicherung seiner Zukunft bedachte Fußballprofi Cafétier in seinem Heimatbezirk, dem proletarischen Vorstadtdistrikt Favoriten, gewesen. Es war ein arisierter Betrieb, wie so viele Tausende andere Wiener auch hatte er die Gunst der Stunde genutzt. Immerhin hatte der den Nazis distanziert bis offen ablehnend gegenüberstehende Sindelar dem jüdischen Vorbesitzer Leopold Drill, der zu seinem engsten Freundeskreis zählte, eine dem tatsächlichen Wert der Liegenschaft ungefähr entsprechende Summe zur Anweisung gebracht. Aus dem Arisierungsakt geht denn auch hervor, dass das infrage stehende Café Annahof seinem Besitzer Drill bereits mit 1. Mai 1938 durch die Nationalsozialisten entzogen und einem kommissarischen Leiter unterstellt worden war. Sindelar war auch keineswegs Besitzer des Lokals geworden, er hatte lediglich eine „Vorgenehmigung" zu dessen Führung „auf eigene Rechte und Gefahr" erhalten.[1]

Sport der Massen, Sport der Boheme

Dass der Papierene nach dem Ende seiner Profikarriere gerade eine Berufslaufbahn als Cafetier anstrebte, war indes alles andere als eine Zufälligkeit. Im Wien der 1920er und 30er Jahre standen Kaffeehaus und Fußball, diese beiden klassischen Paradigmen des Hochkulturellen und des Populären, in ebenso eigentümlicher wie intensiver Austauschbeziehung zueinander – eine Beziehung, die beide in ganz spezifischer Form prägen und bestimmen sollte.

Es ist die Zeit, da jenes neuartige Spektakel *Fußball* zu einem Massenphänomen geworden war, das im Begriff stand, die enger gesetzten Grenzen des Paradigmas Sport weit hinter sich zu lassen. Noch nach Jahrzehnten vermeinte etwa ein Elias Canetti beim Studium seiner Manuskripte aus den zwanziger Jahren jene „Laute der Massen" wieder zu vernehmen, so als seien sie, wie er es formulierte, mit einer geheimen Notenschrift bezeichnet. Der junge Student der Chemie hatte für sechs Jahre in unmittelbarer Nähe des Rapidplatzes gewohnt, als fernstehender Beobachter immer wieder das sonntägliche Aufeinanderprallen zweier anonymer Massen wahrgenommen und darüber ein erstes „Gefühl" dessen entwickelt, was er später in seiner berühmt gewordenen Studie *Masse und Macht* als „Doppel-Masse" kennzeichnen sollte.

Eingesetzt hatte diese Entwicklung unmittelbar nach dem Ersten Weltkrieg. Unter dem Druck der revoltierenden Arbeiter, der Heimkehrer und demobilisierten Soldaten war es einer reformistischen Sozialdemokratie gelungen, eine moderne und vorbildliche Sozialgesetzgebung durchzusetzen. Die Gesetze über die Einführung des Achtstundentages und des Erholungsurlaubes ließen große Teile insbesondere der städtischen Bevölkerung erstmals tatsächlich über so etwas wie freie Zeit verfügen. Vor diesem Hintergrund, und erfüllt mit dem neu erwachten Bewusstsein kollektiver Stärke, brachten die sozialen Unterschichten ihre spezifischen kulturellen Standards und Ausdrucksformen vermehrt in das öffentliche Leben ein, besetzten massenhaft soziale

Räume und kulturelle Felder und eroberten sich neue Bereiche selbstbestimmter Öffentlichkeit. Vor allem in Wien wandte sich die (männliche) Arbeiterschaft nunmehr einem Vergnügen zu, das offenbar in besonderer Weise ihrer Mentalität und ihren Erwartungshaltungen entsprach: dem Fußballsport.

Sonntag für Sonntag versammelten sich nunmehr Besucher in ungeheurer Zahl auf den diversen Sportplätzen der Stadt, von der Simmeringer Had bis zur Hütteldorfer Pfarrwiese. Ein Derby zwischen *Rapid* und *Austria* versammelte regelmäßig zwischen 40.000 und 50.000 Menschen. Nichts vermochte die Wiener jüdische Bevölkerung so sehr zu begeistern, wie die zionistische *Hakoah*, in der Saison 1924/25 der erste österreichische Profifußballmeister. Und bereits im April 1923 war erstmals eine magische Grenze durchbrochen worden: 100.000 Fans waren zum Länderspiel gegen Italien auf der modernisierten und ausgebauten „Naturarena" der Hohen Warte in Döbling gekommen.

Der Fußball war so Ausdruck einer zutiefst urbanen Kultur. Geographisch auf die ehemalige Habsburgerresidenz beschränkt, fanden die großen Wiener Clubs ihre Konkurrenten nicht in anderen österreichischen Städten, sondern in Berlin, Bologna, Prag und Budapest. Das Spiel entwickelte sich im Rahmen großstädtischen Selbstbewusstseins und mitteleuropäischer Internationalität, und es waren tschechische und vor allem ungarische „Legionäre", die auf diese Entwicklung prägend Einfluss nehmen sollten. Etwa die drei Ungarn des 1926 in *Austria* umbenannten *Amateur-Sportvereins*: Spezi Schaffer, vazierender Vollblutprofi und einer der besten kontinentaleuropäischen Spieler seiner Zeit, der brillante Techniker Kalman Konrad, im Nebenberuf Börsenspekulant, sowie dessen Bruder Jenö, der als Offizier am Räteexperiment Bela Kuns teilgenommen hatte. 1925, im Jahr des Titelgewinns, gehörten dem Kader der jüdisch-nationalen *Hakoah* nicht weniger als sieben ungarische Internationale an, unter denen Bela Gutmann der wohl prominenteste war. Ihr schnelles, flaches, engmaschiges Kurzpass- und Kombinationsspiel sollte späterhin – angereichert mit Raffinesse, Eleganz, Leichtigkeit – als *Wiener Schule* international Furore machen.

Café

Fußball im modernen Wien ist mehr als bloß ein Spiel, das die Massen in einem vorher nicht gekannten Ausmaß zu mobilisieren vermochte. Der Sport, das ganze Spektakel bestimmt sich aus einem komplexen Zusammenspiel vorstädtischer Alltagskulturen und einer ganz spezifischen, eben wienerischen Form von Bürgerlichkeit. Es ist ein populäres Vergnügen, das die Durchmischung von vorstädtisch-proletarischen und innerstädtisch-urbanen Lebenswelten, das Ineinanderfließen von Massenkultur mit Elementen der Boheme und der Kaffeehauskultur repräsentiert.

Es ist wiederholt darauf hingewiesen worden, dass die Wiener geistige Elite – im Vergleich etwa zur Pariser, Londoner oder Berliner – über einen hohen inneren Zusammenhalt verfügte. Verantwortlich dafür, in einem konkreten Sinn ebenso wie als Metapher, zeichnet in erster Linie das Kaffeehaus – zugleich Institution und ideales Kommunikationszentrum. Es ist ein paradigmatischer Ort der Moderne, dessen Besucher sich, in eigenartiger Qualität und Dichte, zu einem hoch produktiven und reflektierten sozialen Amalgam fügen. Alfred Polgar spricht in seiner *Theorie des Café Central* von einer „Rettungsstation für Zerrissene" und einer „Art Organisation der Desorganisierten": „Die Gäste des Café Central kennen, lieben, und geringschätzen einander. Auch die, die keinerlei Beziehung verknüpft, empfinden diese Nichtbeziehung als Beziehung, selbst gegenseitiger Widerwille hat im Café Central Bindekraft, anerkennt und übt eine Art freimaurerische Solidarität. Jeder weiß von jedem."[2]

Im Café traten Künstler und Intellektuelle unterschiedlichster Herkunft mit einer Elite aus Geschäftswelt und Politik, die ihrerseits stolz war auf ihre Allgemeinbildung und ihr Kulturverständnis, in Beziehung; diese Kultur des Kaffeehauses ermöglichte nicht nur eine hohe Kommunikationsintensität, sie erleichterte zugleich auch die kritische Aufnahme und Debatte jeweils aktueller Trends und Entwicklungen. Es galt dies mit großer Selbstverständlichkeit auch für das so neue und so überaus populär gewordene Massenspektakel *Fußball*, und die Bedeutung des Kaffeehauses als ein bestimmendes Moment der Wiener Fußballkultur kann kaum überschätzt werden. Seinen sozusagen idealen Ausdruck fand dies im legendären *Ringcafé*, das nicht zuletzt den „Erfinder" des Wunderteams, Verbandskapitän Hugo Meisl, zu seinen Stammgästen zählte. Ursprünglich das Clublokal der *Cricketer*, wurde es bald zu dem zentralen Treffpunkt für die Wiener Fußballwelt. Als Diskussionsinstanz – so entnehmen wir einer 1948 verfassten Rückschau –, wo sich am runden Tisch de facto jeder einbringen konnte, war das Ringcafé eine Art „revolutionäres Parlament" der Fußballfreunde und Fanatiker dieses Sports. Einseitige Vereinsinteressen konnten sich hier schon deshalb nicht durchsetzen, weil ja de facto alle Vereine vertreten waren. Nicht nur hatte so der Fußball das Kaffeehaus erobert, sondern eben auch das Kaffeehaus den Fußball. Es begriff ihn, in diesem Sinn, ganz wesentlich als ein diskursives Phänomen, und nahm eben dadurch auf seine Form, seinen Gehalt und seine konkrete Gestaltung entscheidend Einfluss.

Intellektuelle und kulturelle Eliten haben sich, ob bewusst oder unbewusst, von populären, „volkstümlichen" Subkulturen üblicherweise distanziert, sind den sich eben erst rudimentär entwickelnden Formen kommerzieller Massenkultur (denen der Fußball dieser Zeit unbedingt zugerechnet werden muss) misstrauisch oder offen ablehnend gegenübergestanden. Für die Wiener Situation allerdings ist dies, wie unser Beispiel augenfällig demonstriert, nur sehr bedingt, und keinesfalls in dieser Ausschließlichkeit aufrecht zu halten. Fred Zinnemann, im englischen Exil lebender Regisseur (*High Noon*), hat diesen für die kulturelle Verfassung dieser Stadt so signifikanten Umstand geradezu exemplarisch auf den Punkt gebracht. In einem Brief an Billy Wilder zu dessen 85. Geburtstag schreibt er in einer Rückschau auf gemeinsame Wiener Jugendtage: „Wenn ich an Dich denke, was natürlich oft passiert, so seh' ich komischerweise ein paar von den Wiener Kinos von 1923/25 vor mir, wo ich immer hin gegangen bin, um mich vor den Römischen Rechtsvorlesungen zu verstecken: das Burg-Kino, Gartenbau und vor allem das ‚Revolver-Kino' (das Kreuz-Kino auf der Wollzeile). Ferner seh' ich die Fußballspiele – Admira gegen Simmering, Amateure (!) gegen WAC, Rapid gegen Hakoah – und die Krawalle nachher mit den Anhängern aus Ober St. Veit oder sonstwo. Außerdem sehe ich die Geister von Uridil, Fischera und Popovic. Dann gibt's noch das Kraxeln auf der Rax und am Klein-Glockner und die Mädchen vom Eislaufverein und noch dazu Furtwängler und Weingartner und Leo Slezak und Picaver und Selma Kurz. Schön war's!"[3]

Vorstadt

Unzweifelhaft ist der Fußball, als Spiel und als Zuschauerereignis, ein primär männlich-proletarisches Phänomen, die Vorstadt bildet seine produktive Basis. Dem Flair, dem Glanz und dem Prunk, dem verfeinerten Ästhetizismus und sozialen Gestus der einstigen Habsburgermetropole, des gefeierten Zentrums europäischen Kulturlebens, entspricht ein notwendiges Anderes, Komplementäres. Dieses Andere ist die Welt der Zuwanderer, Proletarier, der städtischen Unterschichten, es ist die Welt der *Vorstadt*. In zeitgenössischen, meist aus der Sicht des Zentrums verfassten Berichten erscheint sie durchwegs als die der städtischen Ordnung innewohnende und verborgene Unordnung, als Kosmos sozialer und kultureller Marginalität, als Inbegriff der städtischen Entfremdung, eine Art „Endlager der Großstadt". Stets bezeichnet die Vorstadt eine (meist diffuse) Grauzone des Städtisch-Peripheren, ganz spezifische, in rasch verlaufende Urbanisierungsprozesse eingebundene Lebenswelten, Sichtweisen und Mentalitäten ebenso wie, in einem topographischen Sinn, ein gleichzeitiges Neben- und Ineinander von gründerzeitlichen Industriekomplexen und wilden Grünflächen, von Fabriksabplankungen und Schrebergärten, von Feldern, Müllablagerungen, Baracken und wilden Siedlungen, von Zinskasernen, Gemeindebauten, „Gstetten" und freien Wiesen.

Vorstadt und Peripherie sind Auslagerungs- und Ansiedlungsstätten der großen Industrien ebenso wie der in Massen konzentrierten Arbeiterbevölkerung. Expansive Industrialisierung fordert Platz, Weite, Schrankenlosigkeit ein: Voraussetzungen, die in den damaligen Randzonen Wiens zur Genüge gegeben waren. Favoriten etwa ist ein direktes, auf den Raum projiziertes, mit Zirkel und Lineal konzipiertes Produkt der Industrie, weitgehend auf freies Land gelegt, eine städtische Agglomeration, die durchgeplant, noch ehe sie gebaut war. Oder Floridsdorf, das schon im Vormärz als eine der „glänzendsten Industriestätten des Reichs" gegolten und sich bis zur Jahrhundertwende zur unbestritten bedeutendsten großindustriellen Agglomeration Wiens entwickelt hatte. Mehr und mehr bestimmte hier die Industrie Mentalität, Kultur und Lebensweise der Vorstadtbevölkerung, überformte sie deren alltägliches Leben mit beinahe selbstverständlicher Allgegenwart.

Dennoch oder gerade deshalb ist die Vorstadt immer auch ein Ort der Widersetzlichkeit, der Auflehnung und der sozialen Utopie. Hier wachsen die politischen Massenorganisationen der industriellen Arbeiterschaft, und das politisch-kulturelle Wien der Zwischenkriegszeit kann zu einem wesentlichen Teil als ein Versuch verstanden werden, die von Modernisierung und Industrialisierung an den Rand gedrängten Schichten zu einem zentralen Topos von kultureller Identität und politischer Macht zu erklären. Waren die Vorstädte noch um die Jahrhundertwende wenig mehr als industrielle Produktionsparadigmen gewesen, so weist ihnen die soziale und politische Modernisierung des Roten Wien nunmehr einen gänzlich anderen Stellenwert zu, als Ort der Emanzipation und des kommunalen Experiments, als Projektionsfolie von Authentizität und Unmittelbarkeit. Allein die baulichen Umgestaltung und rasante Ausdehnung der Stadt hatte wesentliche Voraussetzungen für eine „Kultur der Widersetzlichkeit" geschaffen. Zwischen Industrieanlagen, Zinskasernen und kommunalen Sozialbauten waren weitläufige, der städtischen Nutzung (noch) entzogene Freiflächen und „Gstetten" entstanden; ein urbanes „Niemandsland", das tendenziell immer auch herrschaftsfreier Raum war. Unübersichtlichkeit und kaum gegebene Kontrollmöglichkeiten lassen diese Plätze zum ureigenen Terrain vor allem für jene werden, denen das Stigma der Undiszipliniertheit und Eigensinnigkeit gleichsam natürlich anhaftet: die halbwüchsigen Vorstadtjugendlichen. Und hier vor allem wächst der Fußball.

Ein Klub im Besonderen ist es, der zum Inbegriff und Synonym der Vorstadt werden sollte: die vielfache Meisterelf *Rapid* aus Hütteldorf, Inkarnation gleichsam des immer wieder angesprochenen „Rapid-Geistes", des bedingungslosen Einsatzes, der Entschlossenheit und Entschlusskraft, des unbedingten Willens. Der SK Rapid gleiche einer „gut funktionierenden Maschine", deren einzelne Bestandteile vorzüglich ineinander griffen – so eine im zeitgenössischen Sportfeuilleton immer wiederkehrende, wohl bewusst gewählte Metapher. Selbst Stars und vereinzelt auch in der Rapidmannschaft anzutreffende „Künstler" seien im Regelfall musterhaft bescheiden und uneigennützig. Und das unter dem langjährigen Sektionsleiter Dionys Schönecker geltende, unumstößliche (und für eine Profimannschaft wohl einzigartige) Prinzip der grundsätzlich gleichen Bezahlung für alle Spieler der ersten Mannschaft fügte sich nahtlos zu den stark ausgeprägten lokalen Bindungen und zur räumlich-sozialen Identität des Vereins. Eine Krise *Rapids* sollte fürderhin immer auch Symptom für eine Krise des Wiener, später gesamtösterreichischen Fußballs sein.

Der Papierene

Unter den Bedingungen von galoppierender Inflation und struktureller Wirtschaftskrise im Anschluss an den Ersten Weltkrieg, und dann erneut im Gefolge des schweren ökonomischen Krisenszenarios der Großen Depression ab 1929 erwies sich der Fußballsport für eine große Zahl der (männlichen) Vorstadtjugendlichen als die einzig realistische soziale Aufstiegsperspektive. Die Vorstädte stellten so dem Wiener Fußball ein schier unerschöpfliches Reservoir an Talenten; insbesondere jene mit dem höchsten Industrialisierungsgrad und dementsprechend hohem Anteil an Arbeiterbevölkerung, wie eben Favoriten und Floridsdorf. Eine 1937 veröffentlichte Zusammenstellung der sozialen und geographischen Herkunft der zu diesem Zeitpunkt in der obersten Spielklasse tätigen 160 Professionals kommt zu dem Schluss, dass eine Vielzahl der Akteure aus eben diesen beiden Bezirken stammte und liefert folgenden Erklärungsansatz: „Die Hauptstützen des Wiener Fußballs sind nämlich der zehnte und der einundzwanzigste Bezirk. Das ist kein Zufall, sondern erklärt sich aus sehr natürlichen Gründen. Diese beiden an der Peripherie der Großstadt gelegenen Bezirke haben noch weite unverbaute Flächen und bieten der Jugend viel Gelegenheit, sich im Fußballspielen auszutoben, vom Fetzenball angefangen ... Ein Favoritner oder Floridsdorfer Bub, der sich frühzeitig für Fußball begeistert hat, ist dank der fast täglichen ungestörten Übung mit vierzehn, fünfzehn Jahren bereits ein vollendeter Ballkünstler mit reichen Erfahrungen in Kombination, Fouls und ‚Schmähs'."[4]

Einer davon war Matthias Sindelar. Ein Kind aus Favoriten, dem Milieu der zugewanderten „Ziegelbehm" entstammend, stieg er zum weltbesten Mittelstürmer und zum unumstrittenen Liebling des Wiener Feuilletons auf. Ein so genannter Talentescout war auf den körperlich völlig unzureichend entwickelten Halbwaisen aus der Quellenstraße aufmerksam geworden. Sindelar hatte sich bereits als Halbwüchsiger durch die Fähigkeit ausgezeichnet, physisch bei weitem überlegene Gegner mittels perfekter Technik auszuspielen und war zu so etwas wie einem „Gstetten-Star" herangereift. Nun kam er zur Jugendmannschaft der *Hertha* aus Favoriten, die traditionell als die beste der Stadt galt, 1924 wechselt er zu den *Amateuren* und entwickelt in der Folge eine Spielauffassung, die sich durch technische Brillanz, Körperlosigkeit, Einfallsreichtum, Witz und Humor auszeichnet. Sindelar wird geradezu zum Synonym für die hohe Wiener Fußballschule, er bestimmt den spezifischen Stil des vom polyglotten Weltbürger Hugo Meisl gecoachten *Wunderteams* ebenso wie den seines Vereins, der von der Aura des liberalen jüdischen Großbürgertums umgebenen *Wiener Austria*. Das Wunderteam war gleichermaßen die Essenz der beiden Hauptstränge des Wiener Fußball, der Kaffeehauswelten und der Vorstadtmilieus, und entsprechend zeigte es in seinen jeweiligen Zusammensetzungen ein durchaus ausgewogenes Bild; die Spieler stammten gleichermaßen von den Vorstadtclubs Rapid, Admira und Wacker wie vom „aristokratischen" WAC, der großbürgerlichen Vienna oder der liberalen Austria.

Solcherart faszinierte das Spektakel Fußball eben nicht nur die vorstädtischen Massen, sondern eroberte zunehmend auch das intellektuelle, das „geistige" Wien der Moderne. Friedrich Torberg sprach davon, dass ein Sindelar kein System und keine Schablone gehabt habe, sondern schlicht und einfach Genie. Niemals hätte man wissen können, wie er die Rolle des Mittelstürmers im jeweiligen Kontext interpretieren werde.

Und nicht zufällig zog Alfred Polgar Parallelen zu einer anderen Kunst, die ihre Heimat im Kaffeehaus gefunden hatte, indem er Sindelars Spiel mit dem eines Schachgroßmeisters verglich – mit weiter gedanklicher Konzeption, Züge und Gegenzüge vorausberechnend, unter den Varianten stets die aussichtsreichste wählend. In der Tat, der Papierene entwickelte das Fußballspiel zur Ballästhetik, zur hohen Kunst; er interpretierte das Spiel, ähnlich wie große Schauspieler ihre Rolle gestalten, er entwarf auf dem Rasen meisterhaft durchdachte, komplexe und in sich geschlossene Skizzen, Parabeln und Kurzgeschichten, ähnlich den Größen der Wiener Kaffeehausliteratur. Jedenfalls war der Papierene bereits zu seiner aktiven Zeit Legende. Einer, um den, wie Polgar dies in Anspielung auf ein populäres Wienerlied formuliert, „die Weiber und die Kinder herumgesprungen" sind. Er wusste diese Popularität auch umzusetzen, wurde einer der ersten „Werbeprofis", agierte als Dressman und wirkte schließlich in einem abendfüllenden Spielfilm mit dem Titel *Roxy und ihr Wunderteam* mit.

Ein Gegner, fremd und furchtbar überlegen

Der Papierene steht aber auch, konkret wie metaphorisch, für das abrupte Ende dieser spezifisch wienerischen populären Kultur. Nach der Weltmeisterschaft 1934 im faschistischen Italien – für die das Wiener Team als hoher Favorit gehandelt worden war, jedoch nur den vierten Platz belegte – zog sich der Mittelstürmer aus der Auswahl zurück. Lediglich ein einziges Mal noch ließ er sich nominieren, und vermittelte, angesichts des totalen Debakels österreichischer Politik und Selbstbehauptung, eine wie immer vage Ahnung von Identität und Würde – eben auf seine Weise, mit den Mitteln des Fußballspielers. Am 3. April 1938 fand als letztes Spiel vor der Vereinigung der beiden nationalen Fußballverbände ein Treffen der Auswahlmannschaften „Deutsch-Österreichs" und des „Altreichs" im ausverkauften und flächendeckend mit Hakenkreuzfahnen bestückten Wiener Stadion statt. Vor dieser Kulisse gestaltete Sindelar das Spiel zu einer einzigen Demütigung der Reichsdeutschen. Den ersten Treffer erzielte er – angeblich gegen eine durch die Nazis erlassene Weisung – selbst, für den zweiten zum Endstand von 2:0 sorgte sein engster Vertrauter, Karl Sesta (genannt der „Blade"), mit einem „Jahrhundertgoal". Nach diesem Match wird Sindelar in den Kader der großdeutschen Nationalmannschaft berufen; er hat dies nicht einmal ignoriert. Er habe den Eindruck gewonnen, so wird sich Reichstrainer Sepp Herberger später erinnern, diese Ablehnung sei ganz explizit im Zusammenhang mit der politischen Entwicklung gestanden. Und als er sein stilles Einverständnis signalisiert habe, sei Sindelar „wie erlöst" gewesen. Wie auch immer, die Zeit der Tänzer war jedenfalls vorbei.

Nun war das Verhältnis des Papierenen zum Faschismus durchaus von ehrlicher Abneigung, zugleich aber auch von bemerkenswerten Ambivalenzen geprägt. Er, der im jüdisch-liberalen Umfeld der *Austria* groß geworden war, hat sich insbesondere seinem Förderer und langjährigen Austria-Spitzenfunktionär, dem „Fußballdoktor" Emanuel

"Michl" Schwarz gegenüber, in jeder Weise korrekt und anständig verhalten. Als seine Schwestern das Kaffeehaus nach seinem Tod weiterführen wollten, äußerte sich die Gauleitung der NSDAP Wien dahingehend, dass Sindelar als „sehr judenfreundlich" bekannt gewesen sei (Fußballklub Austria, Dr. Schwarz) und seine Angehörigen wohl nicht anders eingestellt sein würden. Die Führung des Kaffeehauses habe sich Sammlungen der Partei gegenüber „ziemlich ablehnend" verhalten, Parteiplakate seien sehr widerwillig oder überhaupt nicht angebracht worden.[5] Dem steht allerdings die Erfüllung zumindest jenes Mindestmaßes an politischen Pflichtübungen, das zum Überleben notwendig schien, gegenüber. Schließlich warb Sindelar, wenn auch in Hinblick auf das Stimmverhalten der Wiener tschechischen Minderheit (und mit dieser durchaus in Übereinstimmung) für ein „Ja" im Anschluss-Plebiszit. In seiner Wiener Ausgabe veröffentlichte der *Völkische Beobachter* am Tag der Volksabstimmung sein Porträt und einen handschriftlichen Aufruf: „Auch wir Fußballer danken dem Führer aus übervollem Herzen und stimmen geschlossen mit ‚Ja'!"

Und doch galt dieser Fußballer weiten Teilen der jüdischen Gemeinde als Freiheitsheld. Die bereits ins Exil gedrängte Wiener Kaffeehausliteratur bezog sich in ihrer ganz spezifischen Weise auf den Tod des Fußballers und trug ihrerseits zur Legendenbildung bei, indem sie zur Gewissheit machte, was die behördlichen Untersuchungen jedenfalls nicht ausschließen konnten. Alfred Polgar in einem bewegenden Nachruf: „Der brave Sindelar folgte der Stadt, deren Kind und Stolz er war, in den Tod. Er war so verwachsen mit ihr, daß er sterben mußte, als sie starb. Aus Treue zur Heimat – alles spricht dafür – hat er sich umgebracht; denn in der zertretenen, zerbrochenen, zerquälten Stadt leben und Fußballspielen, das hieß, Wien mit einem abscheulichen Gespenst von Wien betrügen ... Aber kann man so Fußballspielen? Und so leben, wenn ein Leben ohne Fußball keines ist?"[6] – Eine Version, die, insofern sie auf einen realen Kern verwies, geschichtsmächtig werden konnte: 1998 übertitelte das zur WM in Frankreich erschienene Sonderheft *Légendes du monde* der führenden Sportzeitung *L'Equipe* seinen Beitrag über Sindelar mit „L'homme qui marqua son dernier but contre le nazisme".

So besehen sind die genaueren äußeren Umstände, unter denen der Papierene verschieden ist, eigentlich ohne Bedeutung. Er, der „von jedem Wiener, der ihn gekannt hat, also von jedem Wiener" verehrt, ja geliebt wurde (Torberg), er galt seinen Zeitgenossen als „Genie im wahrsten und höchsten Sinn" (Hans Weigel). Und Genies, zumal in dieser Stadt, sind eben früh vollendet, sterben häufig in jungen Jahren und unter mysteriösen Begleiterscheinungen. Eben dieses Ableben vor der Zeit fördert jene Legenden- und Mythenbildung durch die Nachwelt, die sie in den Rang unsterblicher Heroen erhebt.

Gleichklang und Dissonanz

Der „Fall Sindelar" steht in bestimmter Hinsicht exemplarisch für das diffizile und keineswegs eindeutige Verhältnis zwischen Faschismus und Fußball – ein Verhältnis gleichermaßen geprägt von Gleichklang und Dissonanz, Gegenläufigkeit und Widerstand, Anpassung und Opportunismus. Entsprechend nuancenreich ist denn auch die Bandbreite jeweiliger persönlicher Naheverhältnisse, Verstrickungen oder Distanzierungen. Hans Mock etwa, Mittelfeldspieler der Austria und des Wunderteams, war überzeugter Nationalsozialist, Mitglied der SA und „Illegaler" seit Dezember 1936. Pepi Uridil, legendärer Rapid-Tank und noch vor Sindelar der erste echte Superstar des Wiener Fußballs, scheint vom Juni 1937 bis Juni 1938 als Mitglied der NSDAP-Ortsgruppe Wien XVI „Rosegger" auf. Er wird in einem 1948 an Bundespräsident Karl Renner gerichteten Schreiben durchaus glaubhaft betonen, sein Name könne nur „in missbräuchlicher Art" und ohne dass ihm dieser „merkwürdige Umstand bisher bekannt war" in den Parteimitgliedslisten verzeichnet gewesen sein. Josef Smistik, als Privatchaffeur der Firma Ludwig Wolfrum tätig, wurde seit Mai 1938 als „Parteianwärter" geführt; in seinem Ansuchen um Befreiung von der NS-Registrierung wird er angeben, als Stammspieler des Wunderteams bereits vor 1938 wie auch während des Hitlerregimes „mit Taten" seine antifaschistische Gesinnung bewiesen zu haben. Dem Gesuch an die provisorische österreichische Staatsregierung sind u.a. Stellungnahmen des Betriebsobmanns im Krankenhaus der Barmherzigen Brüder und des Betreibers des Restaurants *Tiger* in der Leopoldstädter Weintraubengasse beigefügt, die bestätigen, Smistik habe wiederholt Waffen und Munition für die Kampfgruppen des österreichischen Widerstands organisiert. Die durchwegs von dem für ihn so typischen Wiener Schmäh bestimmten Akte der kleinen, sozusagen alltäglichen Subversion des relativ spät zum Wunderteam gestoßenen und insgesamt dreimal für die reichsdeutsche Auswahl nominierten Karl Sesta sind zurecht Legende. Walter Nausch war seitens der Übergangsregierung Seiß-Inquart eine hohe staatsoffizielle Sportfunktion angeboten worden, vorausgesetzt, er ließe sich von seiner jüdischen Frau scheiden; Nausch, bei der WM 1954 Chef des österreichischen Nationalteams, entschied sich für seine Ehe und das Schweizer Exil. Ernst Stojaspal, Stürmerstar dieses Teams, war im Oktober 1944 wegen Wehrkraftzersetzung vor dem Wehrmachtsgericht der Division 177 gestanden und zu acht Jahren Zuchthaus verurteilt worden; sein Freund aus alten Fußballtagen bei Ostbahn XI, Karl Lauterbach, wurde hingerichtet.

In den späten 1920er und frühen 1930er Jahren, da der europäische (und mit ihm der österreichische) Fußball einen entscheidenden Qualitätssprung vollzog, war, vor dem Hintergrund einer katastrophalen Weltwirtschaftskrise, eine soldatische Sekte zur politischen Massenbewegung aufgestiegen. Aus den Angehörigen einer sozial erschütterten, rebellischen, nationalistischen Intelligenz rekrutierte sich eine selbst ernannte Herrenkaste, deren Denken und Wollen von der Kriegserfahrung geformt, deren Handlungen vom männlich-kriegerischen Ideal bedenkenloser Gewalttätigkeit bestimmt waren. Diese Kampfes- und Herrenmenschenideologie des Faschismus übertrug sich auf den modernen (Massen-)Sport, als dessen eigentliche Funktion nunmehr die Zurichtung des menschlichen Körpers vor allem zu Zwecken der Kriegführung definiert wurde. Die faschistische Sportkonzeption findet sehr bald auch auf den Fußball ihre Anwendung, wiewohl ihr dieser von Struktur und Prinzip her eigentlich dramatisch widerspricht. Und so wollte eine durchgängige „Faschisierung" des Fußballs nicht wirklich gelingen. Bekanntlich scheiterte ja der Versuch Sepp Herbergers, deutsche Effizienz und Organisation mit Wiener Spielwitz und Technik zu einem unschlagbaren Team zu verschmelzen.[7] Bei der Weltmeisterschaft 1938 in Paris gab es mit einem 2:4 gegen die Schweiz ein Ausscheiden der Mannschaft, in der mit Raftl, Skoumal, Stroh, Hahnemann und Neumer fünf Wiener standen, bereits in der ersten Runde.

Der traditionelle Arbeitersport hatte seine einzigartige Popularität und Faszination seit jeher aus seiner Vieldeutigkeit bezogen. Der Fußball ist „demokratisch", insofern er offen konzipiert ist und über eine Struktur verfügt, die höchst unterschiedliche Lesarten zulässt. Er ist keineswegs fixiert, unplanbar, erfindet sich selbst stets neu. Im Wien der Nazizeit wird er zu einem Kristallisationspunkt der Auflehnung und des Widerstands, der in dieser Stadt, unbeschadet seines jeweiligen politischen, ideologischen oder lebensweltlichen Hintergrunds, stets primär antideutsch, oder präziser noch: antipreußisch motiviert ist. Alle gegnerischen Gruppen, so heißt es in Stimmungsberichten des Sicherheitsdienstes der SS vom Oktober 1940, würden, mit offensichtlichen Erfolgen bis weit in Parteikreise hinein, auf die Vertiefung des Gegensatzes zu den Altreichsdeutschen hinarbeiten, „soweit eine Vertiefung überhaupt möglich ist". Keine Auseinandersetzung mit deutschen Mannschaften ginge ohne „Reibereien und unliebsame Auftritte" vorüber. So sei es anlässlich des Tschammerpokal-Spieles Rapid gegen SV Fürth (6:1) zu wahren Skandalszenen gekommen. Schon vor dem Spiel auf der Hütteldorfer Pfarrwiese habe eine „Explosivstimmung" geherrscht, die, nachdem der Berliner Schiedsrichter einen Elfmeter gegen Rapid diktiert hatte, voll zum Ausbruch gelangt sei. Bei einer Vielzahl von Schlägereien sei ein „blinder Hass zum Vorschein" gekommen, mehrfach hätte das mit „gegnerischen Elementen" durchsetzte Publikum versucht, das Spielfeld zu stürmen und sei nur mit Mühe von den Sicherheitskräften daran zu hindern gewesen: „Die Demonstrationen gingen zweifellos über das beim Fußball übliche Maß hinaus."[8]

Träger solcher Krawalle waren in erster Linie Jugendliche, die sich auf der Schmelz, am Neulerchenfeld, im Prater und ähnlichen klassischen Stätten urbaner sozialer Widersetzlichkeit in informellen „Platten" zusammengefunden hatten. Es waren jugendliche „outlaws", die sich auf ihre Weise dem absoluten Kontroll- und Konformitätsdruck der NS-Herrschaft entzogen, zur Kleinkriminalität neigten, Gehabe und Outfit von lokalen Dandies (oft auch von Hollywoodgrößen) ironisch zitierten, saloppe Kleidung und lange Haare mit Jazz-Begeisterung verbanden, und die geistlose Disziplin und

Konformität der Hitler-Jugend zutiefst verachteten. Die *Schlurfs* stellten auch ein aktives und aktionistisches Element jener antideutschen Krawalle dar, die sich zur einzigen antifaschistischen Massendemonstration im Wien der Nazizeit ausweiten sollten. Am 17. November 1940 kam es im Wiener Stadion zur Begegnung zwischen der Admira und Schalke 04, eine Art Revanchespiel für die von der Admira in Berlin mit 0:9 ebenso unglücklich wie unrühmlich verlorene Auseinadersetzung um die deutsche Meisterschaft 1939. Aus Anlass offensichtlicher Benachteiligung der Heimmannschaft durch den deutschen Schiri kam es zu wüsten antideutschen Kundgebungen und Ausschreitungen unter den 51.000 Matchbesuchern. Die Limousine des Gauleiters Baldur von Schirach wurde mit einem Steinhagel eingedeckt, die Fenster zerschlagen, die Reifen aufgeschlitzt; schließlich wurden 200 Verhaftungen, meist unter Jugendlichen aus proletarischem Milieu, vorgenommen.

In diesem Kontext gehört der Gewinn der Deutschen Meisterschaft im Jahre 1941 fraglos zu den am zwiespältigsten wahrgenommenen Momenten der Erfolgsgeschichte des SK Rapid Wien. Das Spiel, das am Tag des Überfalls Nazideutschlands auf die Sowjetunion stattfand, hat stets widersprüchliche Reaktionen gezeigt. Zum einen ist da der Stolz auf den Titel *Deutscher Meister*, der bei manchen Anhängern des Klubs eine Rolle gespielt haben mag und wohl auch noch spielt – immerhin ist Rapid die einzige nichtdeutsche Mannschaft, die diesen Titel beanspruchen kann. Welch Paradoxon, mag da mancher heutige Beobachter – vielleicht süffisant – bemerken.

Und zum anderen liegt gerade darin auch die Crux – Deutscher Meister heißt auch Fußballmeister im nationalsozialistischen Deutschland, ein Titel, der mit zahllosen bitteren Gefühlen durchwirkt daherkommt. Abhilfe gegen solche Anwandlungen bot stets die Rede vom unpolitischen Sport, die auch heute noch den Ton der Sportseiten prägt, und deren Dummheit nur von ihrer Peinlichkeit übertroffen wird. Es war ja bloß Fußball seinerzeit, um den es ging, so hörte und hört man, der Krieg (gemeint ist damit, was verschwiegen wird, die alltägliche Realität des nationalsozialistischen Terrorsystems) und die schlechten Zeiten, das waren die Umstände, gegen die nichts zu machen war.

Gegen eine solche Rhetorik ist schwer anzukommen, Einsicht von ihren Vorbringern nicht zu erwarten. Und doch, so meinen wir, gibt es ein Drittes, einen Weg, diesen Sieg des SK Rapid verstehend so zu deuten, dass er nicht vom Gewicht des Übels erdrückt wird. Nehmen wir ihn doch als Ausdruck einer Traditionslinie wienerischer Fußballkunst – keine Angst, wir werden hier nicht hymnisch feiern, was nicht zu feiern ist – und eigentlich genauer: als Dokument des einen Moments, das den Wiener Fußball in seinen besten Zeiten eben stets auch ausmachte, und das untrennbar mit dem SK Rapid verbunden ist.

Die Vorstadt führt

Wie wir weiter oben schon haben anklingen lassen, lebt der Wiener Fußball aus seiner Spannung und Wechselwirkung von liberal-jüdischem Kaffeehausmilieu und der Welt der Vorstadt. Wie die Austria als der typische Kaffeehausklub gelten darf, so verkörpert Rapid das Element des Vorstädtischen. Nun soll man diese Bestimmung, wie ebenfalls schon gezeigt, nicht bloß als eine geographische nehmen. Gewiss, die Vorstadt ist der Ort, wo die meisten Spieler herkommen und woher sich der Großteil der Zuseher in den Stadien und auf den Sportplätzen rekrutiert – und das gilt für den Wiener Fußball insgesamt –, Vorstadt hat in Wien auch eine soziale Dimension, hier wohnt die Arbeiterschaft.

Die Spieler – selbst die der großen Vereine der Professionalliga zwischen 1924 und 1938 – waren mehrheitlich Arbeiter. Einige Angaben zu den „bürgerlichen" Berufen der Spieler von Rapid und Admira sollen dies untermauern. Im Februar 1931 präsentiert das *Sport-Tagblatt* dazu folgende Daten: Unter den dreißig genannten Spielern finden wir 6 Hilfsarbeiter, 3 Chauffeure, 3 Schlosser, 2 Schneider, 2 Schuhmacher, 2 Handelsangestellte, einen Mitfahrer und einen Studenten. Die Liste der sonstigen Berufe liest sich so: Automechaniker, Gerüster, Kaufmann, Metalldrucker, Eisenbahner, Elektriker, Hutmacher, Eisendreher und Installateur; einer gibt „Fußballer" an, dürfte also keinen Beruf erlernt haben.[9]

Aber die Bezeichnung wie die Begrifflichkeit Vorstadt steht für mehr. In einem quasi programmatischen Feuilleton hat dies ein ungenannter Autor des *Illustrierten Sportblatts* bereits im Jahre 1927 festgehalten, wenn er den Sportklub Rapid so beschreibt: „Sie (die Hütteldorfer) haben ihr Publikum auch noch nie enttäuscht. Denn sie geben sich nie geschlagen und kämpfen bis zum Schlußpfiff. Ihr Spielermaterial beruht fast ausschließlich auf Eigenbau, die Vereinsführung ist erprobt konservativ und abenteuerliche Geschäftspolitik ist dort fremd. Rapid wurzelt in der Bevölkerung und vernachlässigt den heimischen Boden nie. Die Grün-weißen sind ein Vorstadtklub im besten Sinne des Wortes."[10]

Nun mag das auch etwas bieder klingen, zumal der genannte Autor im weiteren Verlauf des Textes in durchaus polemischem Ton über die Kaffeehausklubs – gemeint ist vor allen die Austria, aber auch die zionistische Hakoah, die ihr sportpolitisches Prinzip von früher nun dem Mammon opfere – herzieht und schließlich den Sport über das Geschäft siegen sieht. Dialektiker ist er gewiss keiner, aber seine Beschreibung des Vorstadtklubs Rapid hat etwas für sich. Sie ist, auch in Zeiten gegenläufiger realer Entwicklungen, zu einer diskursiven Konstante geworden.

Diese Konstante lebt von ihren Trägern, meist sind dies Spieler, die den *Rapid-Stil*, jene draufgängerische Spielweise, idealtypisch verkörpern; im Englischen würde man vom ‚Scorer' sprechen. Einer der ersten dieser Spezies hieß Josef Uridil, dem man, der Erste Weltkrieg war erst vor kurzem zu Ende gegangen, den Beinamen ‚der Tank' verlieh. Uridil macht – Fußball spielend – die Tugenden der Vorstadt, aus der er stammt, sichtbar und er trägt auch zur Popularisierung des Spiels Enormes bei. 1922 erscheint der Schlager *Heute spielt der Uridil*, mitverfasst von Hermann Leopoldi. Binnen kurzer Zeit ein Gassenhauer, trägt der „Football-walk" dazu bei, dass der von ihm Besungene zu einer Wiener Berühmtheit ersten Ranges wird. Eine Skizze des gleichermaßen bekannten wie brillanten Fußballautors Emil Reichs beschreibt dies recht eindringlich.

„Wie jede Institution, die das Interesse der Massen erweckt, wie das Theater oder die Politik, so läßt sich der Fußball ohne Publikumslieblinge nicht mehr denken. Wie die Theatergötter werden sie von ihren Verehrern verhätschelt und mit Kosenamen bedacht, wie jenen sucht man ihnen die Zuneigung auf alle erdenkliche Weise kundzutun. Schon ihr Erscheinen auf dem Spielplatz trägt ihnen rauschenden Beifall ein, die geringste unsanfte Berührung ihres Körpers durch einen Gegner löst tosendes Pfuigeschrei aus, und gelingt ihnen ein Trick oder gar ein Goalschuß, so kennt der Jubel keine Grenzen. Nach dem Spiel geht ihr Weg durch die enge Gasse einer dichten Menschenmenge, aus der sich tausende Hände strecken, um die Brust und Schulter der Geliebten zu tätscheln, und nicht selten ereignet es sich, daß Enthusiasten sie auf die Schulter heben und unter ohrenbetäubendem Gebrüll zum Ankleideraum tragen. Dort, bei dem ‚Bühnentürl', harren die begeistertsten Verehrer, kleine und große Kinder, aus, bis die Angebeteten im Zivil erscheinen, um sie mit bewundernden Blicken bis zum Klubhaus oder zum Gasthaus, in dem sie eine Stärkung nach den anstrengenden anderthalb Stunden des Wettspiels zu sich nehmen, zu begleiten. Ja, es ist schon vorgekommen, daß junge Burschen mit ihrem Liebling bis in seine stundenweit entlegene Wohnung mitgingen oder mitfuhren, um mit ihm solange als möglich beisammen zu sein. Daß jede Aeußerung eines Fußballhelden wie eine Offenbarung im Kreise der Enthusiasten kolportiert wird, daß die Schulbuben und Lehrjungen und Praktikanten über jede Lebensgewohnheit des Vergötterten genau unterrichtet sind, versteht sich von selbst."[11]

Starkult kann man das rechtens nennen, und dabei sind wir erst am Anfang. 1923 wird ein Film *Pflicht und Ehre* gedreht, in dem Uridil eine Rolle – er gibt den „braven Mann aus dem Volke" – übernimmt. Ein Roman, er ist zugleich Vorlage des Films, erscheint und Josef Uridil, der Fußballer, erklimmt die Varietébühne. Der Start des Films am 1. Februar 1924 in acht Wiener Kinos, darunter in den beiden größten der Stadt, koinzidiert, bestens abgestimmt, mit der Premiere der Revue *Seid Umschlungen, Billionen*, in deren Rahmen der Tank als Sänger im grünweißen Fußballdress u. a. neben Hans Moser auftritt. An den Kinokassen ist zudem der Roman erhältlich.

Alfred Deutsch-German hat als Regisseur des Films, als Buchautor und als Mitverfasser der Revue überall seine Finger im Spiel. Er war wohl derjenige, der die Konstruktion des Stars Uridil am maßgeblichsten mitbetrieben hat, aber er war nicht der einzige. Zahlreiche Unternehmen konnten den Fußballer als Werbeträger für ihre Produkte gewinnen und bald prangte sein Name auf Bonbonpackungen und auf Limonadenflaschen. Auch Schnäpse, Seifen, Wäsche, Weine, Liköre, Sportbekleidung und alle möglichen sonstigen Alltagsgebrauchsartikel wurden nach ihm benannt. Selbst die bildende Kunst nahm sich seiner an, denn ein Bildhauer gestaltete eine Uridil-Büste, die im Rahmen einer Sonderausstellung der Öffentlichkeit präsentiert wurde. Maler stritten sich um die Ehre, ihn porträtieren zu dürfen.

In einer Vorankündigung des Films lässt sich die vereinseigene Zeitung des SK Rapid zum Vergleich Uridils mit Alexander Girardi hinreißen. Auf der Besetzungsliste taucht nämlich nur der Nachname Uridil auf. Dies sei, so erkennt der Autor, ein Zeichen für die besondere Popularität des Fußballspielers, wie beim Schauspieler die Bezeichnung *Girardi*, so reiche beim Rapidler *Uridil* die Nennung des Vornamens sei in beiden Fällen überflüssig [12]. Allerdings handelt sich hier, im Gegensatz zur eher elitären Kunstform Theater, um die Konstruktion eines Stars, der biographisch „von unten" kommt und der zum Star wird als Träger eines Spektakels, das gleichermaßen „unten" zu verorten ist. Uridil bleibt letztlich eine Figur der Vorstadt, er gibt Anlass zur Umdefinierung des Sports Fußball in ein popularkulturelles Moment der Metropole Wien, erobert letztlich aber nicht die City. Literaten kümmern sich nicht um ihn, seine Bedeutung beschränkt sich auf die (erste Hälfte der) zwanziger Jahre, er bleibt der, den er auch in Variete und Film spielt: ein „Mann aus dem Volke", also ein echter Rapidler.

Deutscher Meister – Rapid Wien

Pepi Uridils Ruhm mag verblasst sein, sein Name nur mehr fußballhistorisch halbwegs Informierten geläufig, vielleicht liegt seine Zeit auch schon zu lange zurück. Ganz anders verhält es sich mit einem anderen großen Rapidstürmer, mit jenem Mann, der untrennbar mit dem Spiel vom 22. Juni 1941 verbunden ist. Franz *Bimbo* Binder schoss drei der vier Tore beim Sieg über Schalke 04, er hat gleichsam – so würde man heute sagen – im Alleingang das Spiel umgedreht. Binder selber hat das nicht so gesehen, als echter Rapidler wusste er, bei allem nötigen Selbstbewusstsein und mit bestem Wissen um seinen Beitrag zum Gewinn der Deutschen Meisterschaft 1941, dass Fußball ein Mannschaftssport ist.

Der 22. Juni 1941 war ein heißer Sommertag. Bis knapp vor Anpfiff war nicht klar, ob das Berliner Endspiel um die deutsche Meisterschaft überhaupt würde stattfinden können. In der Stadt herrschten eine gewisse Unruhe und eine seltsam aufgeregte Stimmung, allerorten boten Zeitungsverkäufer lautstark diverse Extrablätter zum Einmarsch in die Sowjetunion an. Da Flugangriffe der Roten Armee befürchtet wurden, hatten die Machthaber rund um das Olympiastadion und auf dessen oberen Rängen Flakbatterien aufziehen lassen. Nichtsdestotrotz strömten 100.000 Zuschauer zum Finale, darunter auch, so wird berichtet, zahlreiche Schlachtenbummler aus der so genannten Ostmark. Das Spiel selber begann, wie zu erwarten gewesen war, der haushohe Favorit Schalke 04 dominierte von Beginn an und führte zur Pause durchaus verdient mit 2:0. Als bald nach Seitenwechsel das 3:0 fiel, schien die Partie gelaufen, die deutschen Zuschauer skandierten bereits hämisch 9:0, dabei an die Finalniederlage der Admira 1939 erinnernd, und als Aufforderung für die einen, als Drohung für die anderen gedacht.

Aber das Blatt sollte sich wenden; je länger das Spiel dauerte, um so mehr wären sie, die Rapidler, in Schwung gekommen, erinnerte sich Bimbo Binder Jahrzehnte später, und das wäre für die Rapid gar nichts so besonderes gewesen. „Bei uns war das auch am Rapid-Platz früher so. Wenn wir gespielt haben, haben die Anhänger immer gesagt, hoffentlich bekommt Rapid das erste Tor, weil dann müssen die Unseren rennen. Da müssen sie rennen die Hunde. Wenn es uns die Gegner leicht gemacht haben, dann haben wir es uns auch leicht gemacht."[13]

Erinnern wir uns an die Beschreibung der Tugenden des SK Rapid aus dem *Illustrierten Sportblatt*, die wir eingangs präsentiert haben. Das klang schon ziemlich protestantisch und streng, jetzt können wir es ja vermerken, wenn die Rede davon war, dass sie, die Rapidler, stets bis zum Schlusspfiff kämpfen. Gewiss tun sie dies, erklärt uns der Kämpfer Franz Binder, aber nur wenn es notwendig ist, schließlich wäre die Rapid ein Wiener Verein.

Diesmal rannten sie also, die Hunde, und es sollte sich bezahlt machen. Als Schors den Anschlusstreffer in der 61. Minute erzielte, kippte das Spiel. Binnen knapp einer Viertelstunde stand es 4:3 für Rapid, die restlichen drei Tore hatte Bimbo Binder erzielt. Unmittelbar vor Einsetzen der ebenso traditionellen wie bereits legendären *Rapidviertelstunde* war die Partie gedreht, es blieb dabei und Rapid war Deutscher Meister.

Wie bei so außergewöhnlichen Ergebnissen üblich, ranken sich um das Spiel zahllose Gerüchte. Anhänger von Schalke bemühen gern die Geschichte, dass das Ergebnis von ganz Oben beauftragt worden wäre, um die Stimmung in der „Ostmark" zu heben. Dagegen spricht allerdings, dass die Reaktionen der Nazibonzen im Stadion durchaus gegenteilig zu deuten sind. Der „Reichssportführer" Tschammer von Osten zum Beispiel meinte, die offensichtlich bessere Mannschaft habe verloren. Andererseits wird gerne behauptet, als direkte Reaktion auf das ganz und gar nicht im Sinne der Nazis gelegene Resultat seien wichtigen Rapidspieler unmittelbar und sofort nach dem Spiel, als Strafe sozusagen, an die Front beordert wurden. Leo Schidrowitz beispielsweise schreibt in seiner grandiosen *Geschichte des Fußballsports in Österreich* aus dem Jahr 1951, die Rapidler seien binnen kurzer Zeit in der „Bereichsmeisterschaft" dramatisch zurückgefallen; „unsichtbare Drahtzieher" hätten die „Wegversetzung" von mehr als zwei Drittel der Kampfmannschaft bewirkt. „In Wien war man der Meinung, dass es im Altreich unliebsam vermerkt worden war, dass der deutsche Fußballmeistertitel nach Wien gewandert war und dass eine Wiederholung dieses Geschehens verhindert werden sollte."[14] Das ist in historisch-kritischer Prüfung zwar nicht zu erhärten, fest steht aber, dass der Sieg über Schalke dem SK Rapid nicht wirklich genutzt haben wird, was Freistellungen vom Militärdienst angeht. Im Herbst 1941 sind Raftl, Binder und Pesser jedenfalls an der Front. So richtig richten konnten sie es sich nicht.

Es ist erstaunlich, wie scheinbar ungebrochen sich wesentliche Merkmale der Wiener Fußballkultur über das dramatische Krisenszenario der dreißiger und frühen vierziger Jahre des 20. Jahrhunderts, über den fatalen Zusammenbruch der Ökonomie, des Sozialen und der Politik hinweg erhalten und unmittelbar wieder herstellen konnten. Selbst Faschismus und Krieg erscheinen in diesem Zusammenhang mehr als ein zeitlicher denn ein grundlegend politisch-kultureller Einschnitt. Die Jahre nach dem Zweiten Weltkrieg knüpfen vordergründig direkt an die Traditionen der klassischen Wiener Fußballschule der Zwischenkriegszeit an. Nur, dass in einer Situation, in der wirtschaftlicher Wiederaufbau und gesellschaftliche Amnäsie so eigentümlich (und in der langen Perspektive so erfolgreich) ineinander griffen, halt die Hakoah und das sie bestimmende Umfeld so nachhaltig verschwunden waren. Eine neue Generation schickte sich an, das Erbe der alten anzutreten und den Ruhm und den Glanz des Wiener Fußballs in aller Welt zu verbreiten, Happel und Hanappi, Ocwirk und Stojaspal, Koller und Zeman hießen die neuen Stars. Und obwohl seit der Saison 1949/50 eine gesamtösterreichische Meisterschaft ausgetragen wurde, blieb die Wiener Hegemonie innerhalb des Landes ebenso unangefochten wie unhinterfragt.

Und dennoch hatte sich, zunächst kaum merklich, Entscheidendes verändert. Zugleich von der Diktatur befreit wie von den Alliierten besetzt, war Wien durch den Kalten Krieg an den Rand Europas gedrängt worden, isoliert und abgeschnitten. Seine nunmehrige geopolitische Marginalisierung und die ihr vorangehende Vernichtung und Vertreibung seiner intellektuellen wie wirtschaftlichen Eliten, die sich beinahe ausschließlich aus dem assimilierten großbürgerlichen Judentum rekrutiert hatten, bedingten einen dramatischen allgemeinen Bedeutungsverlust Wiens. Eine Einbuße an kultureller Dominanz, die einher ging mit dem Verlust von liberaler Urbanität und kosmopolitischem Habitus. Andererseits hatten der Wiederaufbau und ein konsensuales Wirtschafts- und Sozialmodell so etwas wie eine Wohlstandsgesellschaft, wenn auch nur in ihren allerersten Ansätzen entstehen lassen, wurde der urbane Alltag langsam und angebotsabhängig durch eine anhebende Konsumkultur „verwestlicht" und, wie widersprüchlich auch immer, „amerikanisiert". All dies begann, großstädtische Lebensweisen sukzessive und entscheidend zu verändern, mit den entsprechenden Auswirkungen vor allem auch auf traditionelle, männlich-proletarische Bereiche der polpularen Kultur – wie eben nicht zuletzt den Fußballsport.

Zu den auffälligsten Charakteristika des Wiener Fußballs in der Zeit nach dem Ende des Zweiten Weltkriegs zählt zweifellos das ungeheure Zuschauerinteresse, das der Sport hervorzurufen im Stande war. Nie waren die Besucherzahlen höher als in den Jahren zwischen 1945 und 1955, niemals sollte dieser Boom in der Folge nochmals erreicht werden. Bereits wenige Wochen nachdem die Schlacht um Wien geschlagen und die Stadt befreit worden war, versammelten sich – trotz der ungeheuren Zerstörungen, trotz Mangels, Hungers und Not – am 1. Juli 1945 bei den Semifinalspielen des *Freiheitspokals* (es nahmen Helfort, Rapid, Vienna und Austria teil) 16.000 Zuschauer, eine Woche darauf beim Finale (das die Vienna 3:1 gegen Helfort gewann) waren es 17.000.

Vorerst hatte das Spiel natürlich unter den unmittelbaren Kriegsfolgen zu leiden, eingeschränkte Mobilität und zerstörte Fußballplätze beschränkten die Möglichkeiten eines regulären Spielbetriebs, nichtsdestotrotz wurde die Meisterschaft bereits im September wieder aufgenommen. Und im Frühjahr 1946 konnten sich die Zuschauerzahlen bereits sehen lassen. 30.000 Besucher verfolgten im Wiener Stadion Anfang April 1946 einen 6:0 Sieg Rapids über die Vienna, über 40.000 waren es beim 5:1 von Rapid gegen die Austria sechs Wochen später.

Die „spezifike" (Ernst Happel) Tradition des Wiener Fußballs hatte also die Jahre des Nationalsozialismus gleichsam durchtaucht um sich nun umso heftiger bemerkbar zu machen. Einige Zahlen sollen dies illustrieren. Bereits in der ersten Nachkriegssaison brachte es Rapid bei Heimspielen auf einen Zuschauerschnitt von zirka 13.000, die Vienna kam auf über 8.000, der Wiener Sportklub versammelte durchschnittlich 5.000 und die Austria ca. 7.500. In den kommenden Jahren sollten diese Zahlen noch beträchtlich ansteigen, in der vorletzten Saison vor Gründung der Staatsliga (1947/1948) war die durchschnittliche Heimspielbesucherzahl bei Rapid auf ca. 23.000 gestiegen. Im ersten Jahr des Österreich weiten Bewerbes (1949/1950) hatten die genannten Vereine (Rapid, Vienna, Sportklub, Austria) jeweils zwischen 10.000 und 20.000 Zuschauer im Schnitt, oder, anders betrachtet, bis Mitte der 1950er Jahre konnten die vier Klubs zusammen Woche für Woche zwischen 50.000 und 60.000 Besucher mobilisieren.[15] Aber selbst kleinere Vereine wie Simmering kamen in dieser Zeit auf einen Zuschauerschnitt von über 7.000. Fußball war ein wichtiges Moment der Alltagskultur der Massen geblieben, ja das Spiel hatte, verglichen mit der Vorkriegszeit und gemessen am Besuch in den Stadien und auf den Sportplätzen, sogar noch an Zuspruch gewonnen. Dafür spricht auch der Zuschauerstrom, der regelmäßig bei Länderspielen zu beobachten war. Über ein Jahrzehnt, von den spätern vierziger Jahren bis zum Ausgang der fünfziger, gab es kaum Spiele der Nationalmannschaft (sie fanden übrigens allesamt im Prater statt), die von weniger als 60.000 Zuschauern verfolgt wurden.

Gegen Ende des Jahrzehnts ist dann ein deutliches Nachlassen des Besucherinteresses zu vermerken. Der Gründe dafür gibt es viele. Zum einen darf nicht verschwiegen werden, dass das Spiel und nicht zuletzt seine medialen und organisatorischen Strukturen sich zu ändern begonnen hatten und die Tradition der *Wiener Schule* an ihre Grenzen gelangt zu sein schien. Zudem, und das soll hier nicht vergessen werden, kam es nach der Weltmeisterschaft 1954, wie Kurt Langisch etwas pathetisch und ungenau formuliert, zum „größten Exodus in der Geschichte des Fußballs"[16], als binnen weniger Jahre die Mehrzahl der Teamspieler ins Ausland, vor allem nach Frankreich, gingen. Die Helden waren ausgewandert.

Mit der Etablierung des 1955 erstmals ausgetragenen Europacups der Meister auf Initiative der französischen Sportzeitung *L'Equipe* begann jedenfalls eine neue Ära des Spiels am Horizont sichtbar zu werden, die Modernisierungsschritte auf allen Ebenen verlangte und nicht so recht mit der Behäbigkeit der klassischen wienerischen Funktionärskultur nach 1945 kompatibel war. Wie Matthias Marschik in seiner Studie *Massen, Mentalitäten, Männlichkeiten* richtig festhält, ging es im europäischen Fußball nun nicht mehr um die Frage Mitteleuropa versus England (Großbritannien), der Schwerpunkt hatte sich ökonomisch in Richtung Westen (unter Führung Frankreichs) und sportlich nach Süden (Italien, Spanien, Portugal) verschoben.

Nun lässt sich das Abnehmen des Zuschauerinteresses nicht nur fußballimmanent erklären. Wesentlicher war wohl, wie bereits angedeutet, die langsame, aber kontinuierliche Veränderung des Freizeitverhaltens der Wiener Bevölkerung. Das klassische männliche Fußballwochenende erodierte langsam, der freie Samstag ließ andere Angebote, wie z.B. den kleinen „Ausflug ins Grüne", vielleicht schon mit dem eigenen Motorrad, oder gar mit dem eben erst erworbenen Auto, als interessante Alternative an Bedeutung gewinnen. Fassen wir kurz zusammen: Fußball war immer noch ein wichtiges Moment des Alltags der (männlichen) Massen, er blieb Gegenstand leidenschaftlicher Debatten, bloß seine unmittelbare Attraktivität hatte nachgelassen.

Reformdebatten, Reformversuche, Verösterreicherung

Bereits im Jahre 1961 war Joschi Walter, der Geschäftsführer des FK Austria-Wien, mit Plänen zur Reform und damit zur Professionalisierung des Fußballsports in Österreich (der seit 1945 auf der Basis eines so genannten „Halbamateurismus" organisiert war) erstmals an die Öffentlichkeit getreten. Die Überlegungen, die in der Bundesrepublik Deutschland schließlich zur Installierung der Bundesliga im Spieljahr 1963/64 geführt hatten, galten ihm dabei als vorbildhaft. Im März 1964 wurde er schließlich provisorisch zum neuen ÖFB-Bundeskapitän ernannt, im Mai erfolgte seine definitive Bestellung. Als Betreuer des Nationalteams wurde ihm der legendäre Bela Guttmann zur Seite gestellt.

Walter arbeitete eine Fülle von Reformvorschlägen aus (das so genannte 10-Punkte-Programm), die bei der entsprechenden Hauptversammlung des ÖFB nur zum Teil angenommen wurden. Beschlossen wurde allerdings eine dem ÖFB unterstellte *Nationalliga* mit einer reduzierten Anzahl von Vereinen (12), weiters die Reduzierung des Ausländerkontingentes auf zwei Aktive, sowie die Definierung von drei Arten von Spielern (Amateure, Vertrags- sowie Lizenzspieler, wobei letztere nur in der obersten Spielklasse tätig sein durften). Die Erteilung einer Nationalligalizenz wurde an verschiedene wirtschaftliche Voraussetzungen gebunden, die von den Vereinen erfüllt werden mussten. Schon im Oktober 1964 trat Joschi Walter wieder zurück. Er „fühlte sich in seinem Reformprogramm von allen verlassen und angefeindet, von der Staatsliga, von den Landesverbänden, und selbst von führenden ÖFB-Funktionären. Er sah offenbar auf Grund der massiven Angriffe von allen Seiten keine Möglichkeit mehr, die wichtigsten Punkte seines Programms (…) zu verwirklichen."[17] Tatsächlich wurde weder die Reduktion der obersten Liga durchgeführt, noch die wirtschaftlichen Anforderungen jemals in der Praxis überprüft. Lediglich die Errichtung der Nationalliga und das neue Spielerregulativ wurden 1965 in die Realität umgesetzt. Walter selbst hingegen distanzierte sich von der Reform, die mit seinem Namen verbunden war; er legte Wert darauf, „öffentlich zu erklären, dass nicht ich, sondern andere die Vorschriften in dieser Form geboren haben."[18]

Mit diesen ersten, halbherzigen Modernisierungsversuchen war der österreichische Fußball nun dabei, tatsächlich eine nationale, gesamtösterreichische Angelegenheit zu werden. 1965 wurde mit dem Linzer ASK erstmals eine Mannschaft aus den Bundesländern österreichischer Meister und in seinem ersten Jahr in der obersten Spielklasse (1964/65) konnte Wacker Innsbruck mit einem Schnitt von 13.000 Zuschauern bei Heimspielen den Spitzenrang in der Staatsliga erreichen. Die Dominanz Wiens jedenfalls war gebrochen, und erneute Reformen wurden angedacht und auch verwirklicht. Die Reduktion der Zahl der in der obersten Spielklasse zugelassenen Vereine auf zehn mit Saisonbeginn 1973/74 sollte die Kräfte im österreichischen Fußball bündeln. Und in der Tat schien die Installierung der Zehnerliga Erfolge mit sich zu bringen. Obwohl die WM-Qualifikation 1974 und auch die Qualifikation für die Europameisterschaft 1976 nicht glückten, stieg das Interesse am Nationalteam wieder an. Die Besucherzahlen bei den Qualifikationsspielen des Nationalteams für die WM 78 im Wiener Stadion gegen die Türkei (65.000) beziehungsweise gegen die DDR (72.000) waren in der Tat beträchtlich.

Kommen wir noch einmal zurück zum Beginn der 1970er Jahre. Anders als die Bundesrepublik bleibt Österreich von inneren Konflikten und Zerreißproben wie z.B. der Problematik rund um die RAF (kulminierend im Deutschen Herbst 1977) weitgehend verschont. Die Betonung der Eigenstaatlichkeit ist stark wie noch nie zuvor, unter Bruno Kreisky sucht das Land, neben einer für die Zweite Republik einzigartigen ökonomischen sozialen und kulturellen Modernisierungsoffensive im Inneren, auch außenpolitisch an Kontur zu gewinnen. Das zeigt sich vor allem in der eigenständigen Politik gegenüber den Ländern des Warschauer Vertrags und in der Problematik des Nahen Ostens, die unter Berufung auf die verfassungsmäßige festgeschriebene Neutralität des Landes betrieben wird. Die Abgrenzung erfolgte auch gegenüber der NATO, aber natürlich zu allererst gegenüber dem großen Nachbarn.

Vor dem Hintergrund dieser historischen Konstellation konnte es dem Nationalteam gelingen, in einer gleichsam doppelten Bewegung, zugleich (nach Außen hin) die politisch-kulturelle Differenz zur Bundesrepublik auf den Punkt zu bringen, und (nach Innen) die dem modernen österreichischen Fußball unterliegende Dichotomie (Wien versus Bundesländer) aufzulösen. 1978 reüssierte eine junge, diesmal gesamtösterreichische Mannschaft bei der WM in Argentinien mit einigen beeindruckenden Spielen, verpasste zwar selbst knapp den Einzug ins Semifinale, eliminierte aber die Bundesdeutschen aus dem Bewerb. Der in Österreich gerne als „Wunder von Cordoba" gefeierte 3:2-Erfolg gegen die Deutsche Nationalmannschaft kann mit Fug und Recht als ein Meilenstein der Identitätspolitik Österreichs verstanden werden. Das oftmals zitierte, auf verschiedenste Tonträger gepresste „I wea narrisch" des Radioreporters Edi Finger ist in der Folge unter anderem auch Thema von Seminaren zur österreichischen Identität an verschiedenen europäischen Universitäten geworden und hat – nicht zuletzt durch des bundesdeutschen Autors Ror Wolf brillante Ton-Collage – europaweit Bekanntheit erlangt.

1 Österreichisches Staatsarchiv, VvsT(Vermögensverkehrstelle) VA(Vermögensanmeldung) 41929/Kt 153 und Gewerbe Nr 1.271/Kt 195.
2 Zit. in Hans Veigl (Hrsg.), Lokale Legenden. Wiener Kaffeehausliteratur, Wien 1991, S. 159 f.
3 Zit. in Hellmuth Karasek, Billy Wilder. Eine Nahaufnahme, München 1992, S. 42.
4 Wiener Zeitung, 12. Dezember 1937, S. 15.
5 Stellungnahme der Gauleitung Wien der NSDAP vom 20. Dezember 1939. Nachlass Sindelar, Bezirksmuseum Favoriten.
6 Zit. in Ulrich Weinzierl, Er war Zeuge. Alfred Polgar. Ein Leben zwischen Publizistik und Literatur, Wien 1978, S. 131.
7 Zwischen 1938 und 1942 wurden insgesamt 36 Wiener Spieler in der reichsdeutschen Auswahl aufgeboten, am häufigsten der Admiraner Willi Hahnemann, genannt der *Zigeuner*, mit 23, vor dem Rapidler Johann Pesser mit 12 Einsätzen.
8 Österreichisches Staatsarchiv, Archiv der Republik, Gruppe 04/RStH Wien – Hauptbüro Schirach, Karton 388.
9 Was willst Du wissen? in: Sport-Tagblatt, 18. Feb. 1931.
10 Illustriertes Sportblatt, Nr. 42, 8. Oktober 1927.
11 Neues Wiener Journal, 24. Nov. 1922.
12 Das Rapid-Blatt, 28. Okt. 1923.
13 Günther Allinger, Das Grosse Rapid-Buch, Wien 1969, S. 83.
14 Leo Schidrowitz, Geschichte des Fußballsports in Österreich, Wien 1951, S. 230 f.
15 Roman Horak, Matthias Marschik, Vom Erlebnis zur Wahrnehmung. Der Wiener Fußball und seine Zuschauer 1945–1990, Wien 1995, S. 54 ff.
16 Kurt Langisch, Fünfundsiebzig Jahre ÖFB, Wien 1978, S. 72.
17 Welt am Montag, 12. Oktober 1964.
18 Express, 19. Juli 1965.

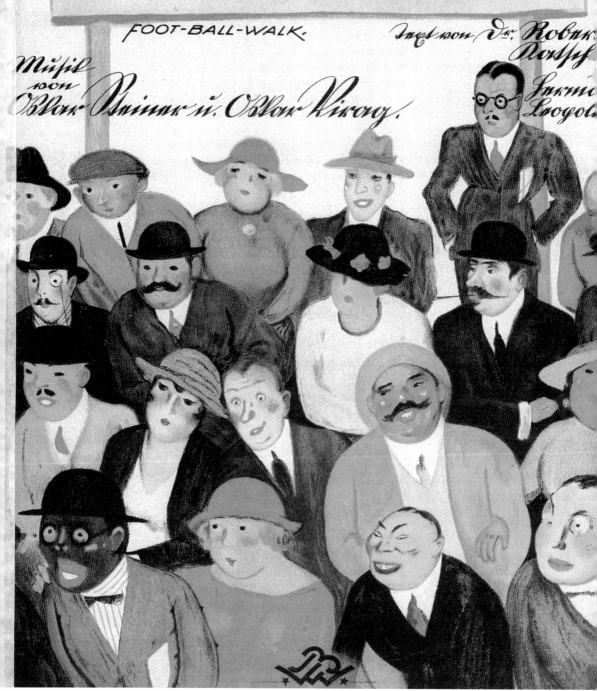
Partiturumschlag zu „Heute spielt der Uridil"(1922) (Musiksammlung der Wienbibliothek)

Stars und Vereine

„Wir kannten jeden Star [des Sportklubs Hakoah] in allen Sparten, im Langlauf, im Hockey, im Schwimmen, im Wasserball – aber Enthusiasten waren wir vor allem im Fußball. Jahrelang habe ich Sonntag kein einziges Match versäumt, durch ganz Wien bin ich zu Fuß gelaufen, um dabei zu sein; bei jedem Platz gab es entweder eine Grube, durch die man hineinkriechen, ein Klo, einen zerbrochenen Zaun, durch den man sich hineinschmuggeln konnte. Manche Ordner ließen Kinder nach der Halbzeit hinein. Mein Vater ging zu jenen Plätzen, wo man durch ein Loch hineinschauen konnte oder von einem Hügel wenigstens ein Tor sah. Die Eigenheiten jedes Spielers kannte er genau so gut wie ich. Ihre Erfolge waren Labsal gegen den penetranten Antisemitismus, dem wir täglich begegneten."

Franz Marek

„Dein Triumph mit ‚Rapid' macht mir gar nichts. Über ‚Hakoah' siegten die Rapidler auf ihrem eigenen Platz wie immer mit Hilfe des Schiedsrichters. Wie ein anständiger Richter aus Berlin kam, gleich haben sie was abgekriegt. Übrigens, wenn ‚Rapid' gegen die Hakoah-Amerikaner spielt, ist es so wie wenn Oskar Nedbal gegen Klemperer dirigieren würde. Ich hasse diese Tschechen von ‚Rapid'!"

Soma Morgenstern an Alban Berg

Heute spielt der Uridil.
Wiener Fußball-Lieblinge.
Von
Dr. Emil Reich.

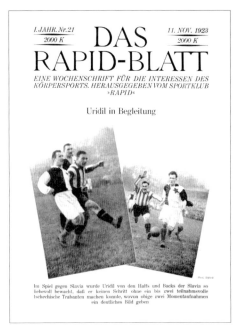

Die Inkarnation des Rapid-Geistes: Josef Uridil, genannt „Der Tank" (Privatsammlung Franz Binder)

Bitte, nicht mißzuverstehen! Nicht von einen böhmischen Musikanten ist die Rede, eher könnte man an den durch Lehars Operette „Wiener Frauen" gerühmt gewordenen Nechledil, den „schenen Mann", denken, denn ein fescher Bursch ist er, der 26jährige, ehrsame Bankskontist Uridil, der heute eine Wiener Berühmtheit ersten Ranges darstellt, eine solche Berühmtheit, daß ihr sogar bereits im Liede gehuldigt wird. Den Schlager „Heute spielt der Uridil" kennt jeder Fußballenthusiast und auch Leute, die noch kaum eine Vorstellung von dem Aussehen eines Fußballs haben – es gibt freilich nicht mehr viele solche Wiener –, singen das Lied schon mit, wenn es in einem der von Fußballern gern besuchten Musikkaffeehäuser zum Vortrag gebracht wird. Wer aber etwa glaubt, daß Uridil, dem Zuge der Zeit entsprechend, sich als Bankstratege populär gemacht hat, der irrt gewaltig. Er braucht nur das Titelblatt des Liedes zu betrachten und weiß, auf welchem Feld Uridil eine Größe ist. „Football-Walk" steht dort – zu Beginn des Fußballsports wäre es ein Fußballwalzer gewesen – und darunter sind eine Menge Männer und Frauen abgebildet, die erregt schauen. Wohin? Aufs Fußballfeld natürlich, auf dem Uridil sich gerade durch die Reihen der Gegner Bahn bricht, sie niedermähend oder zur Seite schleudernd, um schließlich den Ball mit einem Bombenschuß ins feindliche Tor zu schicken, so daß der Torwächter mitfliegt und, wenn es gut geht, das Netz ein Loch bekommt. Die untersetzte, 81 Kilogramm schwere Gestalt bewegt sich förmlich stampfend und rollend dahin, was ihr den bezeichnenden Spitznamen „Tank" eingetragen hat. Gleich diesem im Kriege zu Ehren gekommenen schweren Fahrzeug überwindet Uridil alle Unebenheiten, die allerdings nicht in Schützengräben, Schanzen oder Stacheldrähten bestehen, sondern in Menschenleibern, die ihm den Weg zu versperren suchen und ist er vor dem Schußziel angelangt, dann können sich die Zuschauer in 99 von 100 Fällen getrost zu dem Ruf anschicken, der den Volltreffer auf dem Kampfplatz des Fußballs verkündet, zum Goalschrei. Der „Tank" ist heute einer der wenigen erklärten Lieblinge des ganzen fußballbegeisterten Wien. […]

Wie jede Institution, die das Interesse der Massen erweckt, wie das Theater oder die Politik, so läßt sich der Fußball ohne Publikumslieblinge nicht mehr denken. Wie die Theatergötter werden sie von ihren Verehrern verhätschelt und mit Kosenamen bedacht, wie jenen sucht man ihnen die Zuneigung auf alle erdenkliche Weise kundzutun. Schon ihr Erscheinen auf dem Spielplatz trägt ihnen rauschenden Beifall ein, die geringste unsanfte Berührung ihres Körpers durch einen Gegner löst tosendes Pfuigeschrei aus,

Stars und Vereine

Die Kapelle der Rapid-Anhänger intoniert „Heute spielt der Uridil" anlässlich des Wiener Derbys, Herbst 1923
(Privatsammlung Franz Binder)

und gelingt ihnen ein Trick oder gar ein Goalschuß, so kennt der Jubel keine Grenzen. Nach dem Spiel geht ihr Weg durch die enge Gasse einer dichten Menschenmenge, aus der sich tausende Hände strecken, um die Brust und Schulter der Geliebten zu tätscheln, und nicht selten ereignet es sich, daß Enthusiasten sie auf die Schulter heben und unter ohrenbetäubenden Gebrüll zum Ankleideraum tragen. Dort, bei dem „Bühnentürl", harren die begeistertsten Verehrer, kleine und große Kinder, aus, bis die Angebeteten im Zivil erscheinen, um sie mit bewundernden Blicken bis zum Klubheim oder zum Gasthaus, in dem sie eine Stärkung nach den anstrengenden anderthalb Stunden des Wettspiels zu sich nehmen, zu begleiten. Ja, es ist schon vorgekommen, daß junge Burschen mit ihrem Liebling bis in seine stundenweit entlegene Wohnung mitgingen oder mitfuhren, um mit ihm so lange als möglich beisammen zu sein. Daß jede Aeußerung eines Fußballhelden wie eine Offenbarung im Kreise der Enthusiasten kolportiert wird, daß die Schulbuben und Lehrjungen und Praktikanten über jede Lebensgewohnheit des Vergötterten genau unterrichtet sind, versteht sich von selbst.

Neues Wiener Journal, 26. 11. 1922, S. 8

Die Geschichte eines Fußballmeisters.
Die Hakoah und ihr Präsident Dr. I. H. Körner.
Von Dr. Emil Reich.

Die zionistische Hakoah, der erste österreichische Profifußballmeister 1924/25, sollte die Gleichwertigkeit des Judentums im Sport augenfällig demonstrieren (Wiberal – Photoarchiv der AZ)

Fußballmeister von Wien und damit von Österreich zu werden, ist in den vierzehn Jahren des Bestandes des Meisterschaftswettbewerbes nur sechs Vereinen gelungen (wenn man von der Halbjahresmeisterschaft des Kriegsjahres 1915 absieht, die den W. A. C. an die Spitze brachte), nämlich Rapid, wegen des achtfachen Erfolges mit Recht stets als Altmeister bezeichnet, W. A. F., F. A. C., Sportclub, Amateure und im jetzigen Meisterschaftsbewerb Hakoah. Es ist ein bitterschwerer Kampf, den man siegreich bestehen muß, um den Meistertitel zu erringen: Von fünfzehn Vereinen, die sich im Laufe der Jahre an der Konkurrenz beteiligten, vermochten bloß die erwähnten sechs die Spitze zu gewinnen, und von den fünf in diesem Zeitraum zum erstenmal in die erste Klasse aufgestiegenen Klubs konnte bisher nur einer, eben die Hakoah, die Meisterwürde erobern, und zwar schon fünf Jahre nach der Erlangung der Erstklassigkeit.

Stars und Vereine

Wenn man die starke Ausbreitung des Fußballsports in Wien in den letzten zwölf bis fünfzehn Jahren berücksichtigt, das Anwachsen der Zahl der Vereine, das Unterteilungen im Klassenaufbau erforderlich machte, das die Rivalität verschärfte und das Vorwärtskommen ungemein erschwerte, muß man feststellen, daß die Hakoah rasch Karriere gemacht hat. Sie wurde im Sommer 1909 gegründet – ihr erster Präsident war der Kabarettdichter Beda (Dr. Fritz Löhner), der auch die nächsten Jahre, allerdings nur nominell, das Präsidium inne hatte –, trieb sich damals im Inundationsgebiet herum, nahm in sich den damaligen Akademischen Sportklub auf, mietete sich dann auf dem ehemaligen Cricketer-Platz in der Vorgartenstraße ein, schuf bereits 1911 einen eigenen Platz in Floridsdorf, den Birnerplatz, und avancierte im selben Jahr schon von der dritten in die zweite Klasse B, was unserer heutigen vierten und dritten Klasse entspricht. 1913 stieg sie in die zweite Klasse auf und wurde Untermieterin auf der Hohen Warte, lag 1914 gut im Rennen, mußte aber nach hartem Ringen schließlich doch Wacker und Admira den Vortritt lassen.
[...]
Der Krieg warf die Hakoah um ein starkes Stück zurück, bedeutete aber auch eine neue Epoche für sie. Fast alle Spieler mußten einrücken und gingen ins Feld, mehrere von ihnen, um nie mehr zurückzukehren – auch der Mitbegründer und eifrige Mitarbeiter im Vorstand Dr. Weinberger fiel als Fähnrich (in den wolhynischen Sümpfen) – so daß die Hakoah in den Kämpfen ihrer Klasse eine zeitlang keine rühmliche Rolle zu spielen vermochte. Aber schon 1917 befand sie sich wieder auf dem zweiten Platz der Meisterschaft der zweiten Klasse A vor der in diese Klasse zurückgefallenen Vienna. Dies wurde dadurch ermöglicht, daß Artur Baar, heute noch Leiter der Fußballsektion der Hakoah, sofort daranging, den Nachwuchs heranzuziehen, der die „Alten" bald würdig vertrat. In seiner Liebengaben- und Nachrichtenpost, die er vorbildlich organisierte und jede Woche an die im Felde stehenden Hakoahner hinausgehen ließ, konnte Beer erfreuliche Fortschritte mitteilen, und wer weiß, ob die Hakoah nicht schon damals in die erste Klasse aufgerückt wäre, hätte es im Kriege einen Aufstieg gegeben. Die erste in die Nachkriegszeit hineinreichende Meisterschaftskampagne (1918/1919) brachte freilich eine böse Enttäuschung. Man hatte damit gerechnet, daß nun bei Wiedereinführung des Klassenwechsels bloß ein Verein aufsteigen werde, weshalb die Hakoah, als die Vienna vom ersten Platz nicht mehr zu verdrängen war, das Rennen aufgab und die Admira auf den zweiten Platz und sogar Donaustadt auf den dritten Platz vorließ; gegen Schluß des Bewerbes wurde jedoch plötzlich verfügt, daß die zwei besten Vereine aufsteigen. Doch in den nächsten Jahre war der Hakoah die Meisterschaft ihrer Klasse nicht zu nehmen und sie gelangte vor der Germania ins Oberhaus. Das Meisterschaftstreffen der beiden Rivalen im Frühjahr 1920 auf dem W. A. C.-Platz war ein Sensationsereignis, zu dem sich etwa 15.000 Zuschauer einfanden, eine Riesenzahl für die damaligen Zeiten und eine Rekordziffer für ein zweitklassiges Match. Die Helden jener Mannschaft waren Izso Gansl, Katz, Grünfeld, Sludsky. Sofort schob sich die Hakoah in die Spitzengruppe der ersten Klasse vor und gleich im zweiten Jahre der Erstklassigkeit war sie ein ernster Meisterschaftsanwärter. Die Guttmann, Nemes, Fabian, Häusler, Fried-Schwarz und Grünwald sind die Hauptkämpfer der Glanzperiode in der ersten Klasse.

Erwähnt man alle diese Erfolge, so darf man nicht eines Mannes vergessen, der, um den Verein zu fördern, seine ganze Zeit, sein Geld und seine Existenz geopfert hat. Stets getragen von reinster idealer Begeisterung, die nicht nur die Hakoah über so manche Fahrnisse hinweghalf, sondern auch in dunklen Stunden aufrechthielt, in dunklen Stunden, die er selbst durch seinen grenzenlosen Optimismus und seine blinde Liebe zur Sache heraufbeschworen hatte. Dieser Mann ist der Präsident der Hakoah Dr. J. H. Körner.

Karikatur aus dem „Illustrierten Sportblatt" anlässlich der Amerika-Tournee der Wiener Hakoah 1926

[…]
Aus dem Felde heimgekehrt, ließ er sich als Zahnarzt in Wien nieder, in Wahrheit jedoch, um als Präsident der Hakoah wieder eine rege, aufreibende Klubpraxis auszuüben. Er entfaltete eine emsige Tätigkeit im Verband, wo er bald eine der angesehensten Persönlichkeiten wurde, er agitierte für seinen Verein und organisierte und beriet im Innern des Klubs, er arrangierte die erfolgreiche Englandreise zum Kampf gegen Westham United und die noch erfolgreicheren Orientreisen und mehrte dadurch nicht nur den Ruhm der Hakoah sondern auch das Ansehen des Wiener Fußballsports. Gerade diese Tourneen zeigen, welch beispielloser Aufopferung und welch unglaublichen, vom Idealismus genährten Optimismus Dr. Körner fähig ist. In London hielt er, während die Spieler das Wembley-Stadion besichtigten, und Londons Sehenswürdigkeiten genossen, Vorträge, um die dortigen Juden für die Hakoah zu gewinnen und Geld zu sammeln. Die erste Orientreise inszenierte er, obwohl keineswegs eine sichere finanzielle Basis vorhanden war. Das Geld reichte

Stars und Vereine

bloß für die Hinreise bis Aegypten. „Was geschieht, wenn wir im ersten Spiel verlieren?" fragte man ihn im Klub. „Wir werden nicht verlieren", lautete seine Antwort. „Was aber, wenn es regnet, so daß wir nicht spielen können oder wenig Zuschauer kommen?" „In Aegypten regnet es nie" erwiderte er dezidiert. Auf der Ueberfahrt nach Aegypten saß er bange an Deck und starrte fortwährend zum Himmel, um mit seinen Blicken verhängnisvolle Wolken zu bannen. Es regnete in Aegypten nicht, aber es war ganz schön warm. Doch Dr. Körner agitierte unermüdlich von einem reichen Mann zum anderen, sammelte Spenden für die jüdische Sportsache und brachte so das Geld für die Durchführung der Tournee zustande, die glänzend verlief.

Ihre heutige Position, ihre Ausdehnung, ihre Gliederung in zahlreiche Sektionen (neben rein sportlichen, zum Beispiel auch eine Schachsektion und ein Orchester), ihren Ruhm, als erste festländische Mannschaft drüben in England gespielt zu haben und als erstes mitteleuropäisches Team nach dem Orient gekommen zu sein, das alles verdankt die Hakoah nicht in letzter Linie dem Dr. Körner. Sie hat in den letzten Jahren einen grandiosen Aufschwung genommen.

Neues Wiener Journal, 21. 06. 1925, S. 17–18

Ungarischer Internationaler, Star der Hakoah Wien, Weltenbummler und Modernisierer des Weltfußballs Bela Guttmann (Jüdisches Museum Wien)

Die Vorstadt führt!

Warum die „City"-Klubs zurückgehen.

Es gibt gewisse Erscheinungen auf den Spielfeldern, die symptomatisch sind. Auf Grund genauer Beobachtungen muß man eben festellen:

Die gesunde, unverbrauchte Vorstadt führt physisch, moralisch und materiell.

Der letzte Sonntag war für diese Erkenntnis wieder einmal sehr lehrreich. sowohl auf der Hohen Warte als ganz besonders im Prater. In Döbling spielte Rapid gegen einen starken Gegner. Über 30.000 Zuschauer hatten sich eingefunden, um die Repräsentanten des österreichischen Fußballsportes bei der Arbeit zu sehen: denn die Hütteldorfer haben es verstanden, die Vertretung des heimischen Fußballs und dadurch den Konzentrationspunkt des Publikums zu bilden. Sie haben diese Tradition, trotz gelegentlicher Rückschläge, hochzuhalten gewußt. Sie haben ihr Publikum auch noch nie enttäuscht, denn sie geben sich nie geschlagen und kämpfen bis zum Schlußpfiff. Ihr Spielermaterial

Die Tugend der Vorstadt: Wunderteamflügel Karl Zischek, Spieler von Wacker Wien (Wiberal – Photoarchiv der AZ)

beruht fast ausschließlich auf Eigenbau, die Vereinsführung ist erprobt konservativ und abenteuerliche Geschäftspolitik ist dort fremd.
Rapid wurzelt in der Bevölkerung und vernachlässigt den heimischen Boden nie. Die Grünweißen sind ein Vorstadtklub im besten Sinne des Wortes.
[…]
Das Vorspiel hiezu war ein gar trauriger Akt. Es nieselt bereits bedenklich im Gemäuer der Hakoah. Dieser Verein hat vielleicht, als einziger in Wien, den Sport zum Zwecke einer höheren Idee, jener der körperlichen Ertüchtigung der zu ihm gehörigen Jugend, betrieben. Dieses Motiv hat den Blau-weißen ungeahnte Kräfte verliehen, sie fegten im Sturmschritt über die Spielfelder dahin, imponierten durch Begeisterung und schufen sich überall eine Atmosphäre der Achtung. Aber das war einmal.
Auf dem Höhepunkt der Erfolge begannen bei Hakoah Zerfallserscheinungen aufzutreten.
[…]
Die Mannschaft, die dadurch berühmt war, dass sie ihr Äußerstes im Kampfe gegen den Gegner hergab, ist jetzt ein Schatten gegen einst. Die Tradition der Vorkriegsspieler der Blau-weißen, die heute unbekannten Soldaten der Hakoah-Idee, haben keine würdigen Nachkommen mehr. Man komme uns nicht damit, daß das Spielermaterial der Krieauer derzeit nicht auf der Höhe ist: übrigens wurde auf dem Gebiete des Nachwuchses nirgends soviel gesündigt wie bei Hakoah. Aber der Eindruck der Mannschaft der Blau-weißen war immer ein Abbild der Verhältnisse im Verein. Und was man am Sonntag im Prater sah, war Zerklüftung, Demoralisierung und Zerfall. Noch im Vorjahre haben die Krieauer, keineswegs mit besseren Spielern, mit Elan und Kampfgeist in die Meisterschaft eingegriffen. Was sich am Sonntag im Prater auf dem Rasen bewegte, war eine sterbende Mannschaft.
Vielleicht liegt hier eine über den Sport hinausgehende Entwicklung vor. Vielleicht machen sich im Sport gleichfalls gewisse Niedergangserscheinungen des Bürgertums bemerkbar. Denn Austria und Hakoah waren nicht nur Spitzenvereine des österreichischen Fußballsportes, sondern sie sind ausgesprochene „Cityklubs".

Illustriertes Sportblatt, 8. 10. 1927, S. 7

Den Höhepunkt der Fußballsaison
bildet das
einzige Gastspiel des mehrmaligen **englischen Ligameisters**
HUDDERSFIELD TOWN-ADMIRA
am **15. Mai 1929**, um 6 Uhr nachmittags, auf der Hohen Warte

Um 4 Uhr nachmittags, Meisterschaftsspiel
F. A. C. — VIENNA

Vorverkaufsstellen sind entweder direkt in den Geschäftsstellen der Admira, Wien, XXI. Deublergasse Nr. 1—3, Tel. A 40 8 96 oder des First Vienna Football Club, Wien, XIX. Hohe Warte, Tel. A 15139, ferner bei den üblichen Stellen erhältlich.

(Plakatsammlung der Wienbibliothek im Rathaus)

Wiens Fußballbezirke

Wiens Fußballbezirke

Wenn das Ringen um die Punkte wegen des Winters unterbrochen wird, können die durch die harten Meisterschaftskämpfe ermüdeten Mannschaften der Professionalvereine nicht rasten, weil die Klubs Geld brauchen, um die Gagen der Spieler zahlen zu können. Aber man vermag dem Publikum da nur Freundschaftsspiele zu bieten und auf diese Sorte von Matches sind die meisten Fußballanhänger nicht besonders neugierig, außer wenn zwei alte Rivalen zusammentreffen oder wenn ein berühmter Klub aus dem Ausland als Gegner auftritt. Ansonsten muß man so einem Freundschaftstreffen durch irgend einen Aufputz Attraktion zu verleihen trachten oder man muß es in ein neues Gewand kleiden, dessen Buntheit die Massen anlockt.

Meisterschaftsfreie Termine, Kassabedarf und das Streben, größere Zuschauermengen auch im Dezember rings um den Fußballplatz zu versammeln, riefen die Idee hervor, Matches zwischen den Bezirken Floridsdorf und Favoriten zu arrangieren, und führten zu ihrer Verwirklichung. Am vergangenen Sonntag fand der erste Kampf der beiden Bezirke in Favoriten statt, heute geht das Revanchespiel in Floridsdorf vor sich.

Favoritner gegen Floridsdorfer Vereine

Die Spieler für diesen Bezirkskampf werden von den Vereinen Admira und F.A.C., beziehungsweise F.C. Wien und Fav.A.C. beigestellt. Nur mit Rücksicht auf die Klubzugehörigkeit der mitwirkenden Spieler kann man von Begegnungen Favoriten kontra Floridsdorf sprechen, nicht aber wegen der Herkunft der Akteure, denn in der Floridsdorfer Mannschaft stand vorigen Sonntag ein Favoritner, Kern, im Favoritner Team dagegen ein Floridsdorfer, Thaler. Aber auch aus anderen Gründen läßt sich nicht gut sagen, es stünden Repräsentativmannschaften des zehnten und des einundzwanzigsten Wiener Bezirkes einander gegenüber, außer man hat die erwähnten Vereine im Auge. In der Floridsdorfer Elf waren vorigen Sonntag bloß sechs Fußballer zu finden, die aus dem einundzwanzigsten Bezirk oder einem diesem Bezirk benachbarten Ort des Marchfeldes stammen, in der Favoritner Mannschaft gar nur fünf Spieler aus dem „zehnten Hieb". Neben den Floridsdorfern spielten im Einundzwanzigerteam, wie erwähnt, ein Favoritner, ferner ein Simmeringer, ein Meidlinger, ein Ottakringer und ein Brigittenauer. Die Favoritner Vertretung wieder war neben den fünf „Bodenständigen", einem Leopoldstädter, einem Simmeringer, zwei Ottakringern, einem Floridsdorfer und einem Schwechater anvertraut.

Im übrigen jedoch ist die Idee, Favoriten gegen Floridsdorf aufmarschieren zu lassen, gut, sie wäre nur, um ihrem Sinn besser zu entsprechen, so zu realisieren, daß man erstklassige Wiener Fußballer, die aus diesen beiden Bezirken hervorgegangen sind, zu Repräsentativteams vereint. Die Hauptstützen des Wiener Fußballs sind nämlich der zehnte und der einundzwanzigste Bezirk. Das ist kein Zufall, sondern erklärt sich aus sehr natürlichen Gründen. Diese beiden an der Peripherie der Großstadt gelegenen Bezirke haben noch weite unverbaute Flächen und bieten der Jugend viel Gelegenheit, sich im Fußballspiel auszutoben, vom Fetzenball angefangen, über den Gummiball hinweg bis zum richtigen Lederball verschiedenster Größen. Ein Favoritner oder ein Floridsdorfer Bub, der sich frühzeitig für Fußball begeistert hat, ist dank der fast täglichen ungestörten Übung mit vierzehn, fünfzehn Jahren bereits ein vollendeter Ballkünstler mit reicher Erfahrung in Kombination, Fouls und „Schmähs". Einige Jahre später sind aber viele von ihnen nicht mehr daheim, sie haben Engagements in anderen Bezirken, die nicht eine so große Zahl guter Fußballer liefern wie Favoriten und Floridsdorf.

Stars und Vereine

Der neue Wacker-Platz im Dreherpark Wien 12 (Wiberal – Photoarchiv der AZ)

Die Stars und ihre Verehrer – Admira- und Wunderteam-Torhüter Peter Platzer (Wiberal – Photoarchiv der AZ)

Der 10. und der 21. Bezirk die Hauptstützen

Schon die Gruppierung der Klubs der Nationalliga zeigt an, daß Fußball-Wien seine stärksten Pfeiler im zehnten und im einundzwanzigsten Bezirk hat. Vier Angehörige der obersten Klasse unseres Landes, die vier Klubs, die den Bezirkskampf Favoriten gegen Floridsdorf austragen, also vierzig Prozent dieser Schar, sind in den Randbezirken zu Hause. Noch deutlicher tritt die Tatsache, daß die Hauptreservoire für unseren Fußball am Wiener und am Laaer Berg einerseits und drüben jenseits der Donau in Jedlesee, Strebersdorf, Kagran, Leopoldau und Stadlau zu suchen sind, bei der Überprüfung der Herkunft der erstklassen Berufsspieler zutage. Die Nationalliga beschäftigt ungefähr hundertsechzig Professionals. Von ihnen kommt weit mehr als ein Drittel, nicht ganz siebzig, aus den zwei genannten Bezirken, sechsunddreißig aus Floridsdorf und einunddreißig aus Favoriten. Die glanzvollsten Fußballnamen trifft man da. Vom Marchfeld stammen, um nur einige anzuführen, Schall, Stoiber, Leinweber, Molzer, Schilling, Walzhofer, Gschweidl, Zöhrer, Hanemann, aus Favoriten Sindelar, Zlatohlawek, Karl Schneider, Kozian, Bortoli. An dritter Stelle steht die Brigittenau. Sie schenkte der obersten Klasse Spieler wie Adamek, Gallas, Zimmermann, Hiesleitner, insgesamt mehr als ein Dutzend. Nicht viel weniger stellte Hietzing mit den angrenzenden Häuservierteln Rudolfsheims und Ottakrings bei, ungefähr ein Dutzend, so Schlauf, Johann Schneider, Skoumal. Simmering, Meidling und Ottakring halten sich mit knapp unter einem Dutzend so ziemlich die Waage. Der elfte Bezirk brachte Berühmtheiten wie die Brüder Wagner, Sesta, Hofstätter und Neumer hervor. Meidling: Zischek, Urbanek und Jestrab; Ottakring: Frühwirt, Pfeiffer und Lenz. Hernals, Währung und Döbling sind mit je fünf Mann vertreten (der neunzehnte Bezirk zum Beispiel mit Schmaus); Fünfhaus steuerte zwei bei und die inneren Bezirke zusammen vierzehn, unter ihnen Nausch. Aus der Provinz wanderten nahezu anderthalb Dutzend zu, die meisten aus der Gegend entlang der Südbahn, die wenigsten aus dem Westen. Man stößt auch hier auf klangvolle Namen: Pekarek, Binder, Andritz, Ehrlich, Drazan. Schließlich zählt man auch einige Ausländer wie Löwy und Einczig.

Bodenständige Klubs und wanderlustige Berufsspieler

Wie gesagt, gelangen die Berufsspieler bei der Verwertung ihrer Fähigkeiten häufig in die von ihrem Herkunftsbezirk entferntesten Stadtteile. Daher haben nur wenige Professionalklubs ausgesprochenen Bezirkscharakter. Solch ein bodenständiger Verein ist der F.C. Wien, in dessen Reihen die Spieler aus dem zehnten Bezirk

Stars und Vereine

die überwiegende Majorität haben. Auch der Favoritner F.C. schneidet in dieser Beziehung nicht schlecht ab, denn bei ihm ist gleichfalls die Mehrzahl der Spieler aus demselben Bezirk. Ein ähnliches Bild weisen die Floridsdorfer Vereine Admira und F.A.C. auf. Hier ergibt sich neuerlich der Beweis dafür, daß die beiden Bezirke das größte Kontingent an Fußballern verschaffen, weshalb die dortigen Vereine sich in erster Linie mit Angehörigen ihres Bezirkes versorgen können.

In der Regel jedoch ist auch die Mehrzahl derjenigen Professionals, die nicht in die Provinz oder gar ins Ausland gehen, nicht seßhaft. Sie sind jede Saison auf der Wanderschaft, oft allerdings nicht aus eigenem Antrieb, sondern, weil der Verein, für den sie tätig waren, auf ihre Mitwirkung verzichten zu können glaubt, wenn das Budget eingeschränkt werden muß, in den meisten Fällen freilich deshalb, weil eine Ablöse winkt und ein anderer Klub die Möglichkeit bietet, etwas mehr zu verdienen.

E.R.

Wiener Zeitung, 12. 12. 1937, S. 15

Die Vorstadt als produktive Basis des Fußballs (Photoarchiv der AZ)

Nobelpreiswürdig.

Verstreute Anmerkungen zu Rapid Wien

Von Wendelin Schmidt-Dengler

Wie wird man Rapidanhänger? Wie wurde ich Rapidanhänger? Ich weiß es nicht. Bin ich ein Fan? Habe ich überhaupt das Recht, dieses Wort als einfacher Rapid-Anhänger auf mich zu beziehen? Das Wort Fan kam über das Englische aus dem Lateinischen ins Deutsche: „fanaticus" heißt „begeistert" und gehört zu „fanum", „das Heiligtum". Dem Fan muss etwas heilig sein, das er von allem Profanen klar abheben kann. Da erhebt sich die Frage, ob man den Anforderungen genügt, die wesenhaft an den Fan gestellt werden, nicht zuletzt um endlich der gedankenlosen Verwendung dieses Wortes vorzubeugen.

Mich befällt ein leises Unbehagen, wenn die Fans sich formieren; das müssen beileibe keine Hooligans sein, mich irritiert diese Rede, die den Fans und dem Fanatismus eine bestimmte Qualität zuschreibt, so als ob damit ein Verein gleichsam eine Heiligung erfährt, etwas Sakrosanktes für dessen Anhänger. Über die Beziehungen von Religion und Sport ist schon viel geschrieben und noch mehr geredet worden, mit Grund. Aber was dabei herauskommt, ist nicht immer erhellend. Gewiss, man *pilgert* nach *St. Hanappi*, denn Rapid ist *Religion*. Dort herrscht *Gott Fußball*. Dort ist die Welt so übersichtlich, eingeteilt in Gut und Böse. Der Tormann hütet sein *Heiligtum*, und wenn es gegen einen schwachen Gegner nach 90. Minuten 0:0 steht, kann das *erlösende* 1:0 immer noch in der Nachspielzeit fallen, wenn nicht *wie durch ein Wunder* ein Verteidiger auf der Linie steht und *zum Retter in höchster Not* wird. Manchmal *erlöst* auch der Schiedsrichter durch den Schlusspfiff die Zuschauer *von ihren Leiden*.

Maradona hat es bestätigt, als er das berühmteste und wichtigste unter seinen berühmten und wichtigen Toren zu einem Werk der Hand Gottes und seines Kopfes machte. „Wir sind Rapid – und wer seid ihr?" – dieser – man verzeihe schon – etwas dämliche Slogan erinnert an die Zeit, da Glaubenskämpfe die Menschen spalten konnten. Man macht es sich aber zu einfach, wenn man Sport als Ersatzreligion bezeichnet; und es wäre nicht ganz ohne Ironie, wenn man umgekehrt die Religion als Ersatzsport bezeichnete. Beide sind trotz augenfälliger Analogien nicht austauschbar.

Doch es geht mir der Fußball dauernd im Hirn herum, sicher nachhaltiger als das Problem der Unbefleckten Empfängnis. Auch wenn in Abständen, die sich rhythmisch durch Welt- oder Europameisterschaften ergeben, alle Intellektuellen von Sloterdijk abwärts, also allen voran die Philosophen als die Fachmänner fürs Allgemeine, vor das Mikrophon gezerrt werden, um Einschlägiges und zugleich Abstraktes zum Phänomen Fußball zu sagen, auch wenn die Soziologen sich redlich um Erklärungen bemühen und Künstler verschiedener Disziplinen sich vorzugsweise des Fußballs annehmen – so ganz hinter das Geheimnis der Weltgeltung gerade dieses Sports sind sie (noch) nicht gekommen. Noch weniger kommt man hinter das Geheimnis, warum man sich für einen bestimmten Verein entscheidet. Hier greift kein rationales Argument. Das sitzt in uns tief drinnen und muss sich gar nicht notwendig in diesen etwas läppischen Fanmaskeraden manifestieren, die am Wochenende die U-Bahnen aller Metropolen Europas bevölkern. Da wird etwas Inneres äußerlich gemacht, wie es – zumindest in den westlichen Demokratien – im Bereich des Politischen, ja auch des Religiösen selten so prägnant zum Ausdruck kommt.

Das Inkalkulable der Anhängerschaft hat Nick Hornby in dem meiner Meinung nach bislang bestem Roman über Fußball eindrucksvoll dargestellt. In ‚Fever Pitch' (1992) geht es um Arsenal London, und Hornby bietet auf autobiographischer Grundlage die Geschichte einer Leidenschaft. Schon der Einstieg überzeugt: „I fell in love with football as I was later to fall in love with women: suddenly, inexplicably, uncritically." Wer ein Fußball-Anhänger sein will (oder Liebhaber) und meint, das träfe auf ihn nicht zu, der soll aufzeigen. Ich wurde gefragt, seit wann ich Rapid-Anhänger bin: „Bevor ich zu denken angefangen habe," sagte ich. Was einen Austrianer zu der bösen Bemerkung veranlasste, das sei typisch: Man könnte nur auf Grund von Denkdefiziten zum Rapidler werden – so als ob der Austria-Anhang ein reflexionsgeleiteter Eliteverein wäre. Ich kann meine nun weit über fünfzig Jahre dauernde Anhänglichkeit an diesen Verein nicht erklären, so wie ich mir meine Leseleidenschaft auch nicht erklären kann. Ich war ein schlechter Fußballer, und vielleicht hat gerade das meine Lust an der Identifikation mit den Helden der Rapidmannschaft von 1954 gefördert: Das war das Andere und mir Verschlossene. Man kann ja auch von einem Tenor schwärmen, ohne singen zu können. Fußball ist ein Gebiet, auf dem ich nicht einmal dilettieren konnte. So finde ich auch heute solche Bundeskanzler und Vizekanzler, die sich im Fußballdress populistisch abmühen, eher befremdlich.

Meinen auf förderlichste Weise um mich pädagogisch bemühten Vater interessierte Fußball überhaupt nicht, ja er verachtete diesen Sport geradezu, und ich bin froh, dass ich meine ödipalen Differenzen mit ihm nur auf diesem Felde auszutragen hatte. Fußball war das in der Schule täglich angesagte Thema, damals in den fünfziger Jahren, als es kein Fernsehen gab, die Zeitungen recht wenig darüber schrieben, sich Informationen zu verschaffen, war ein Problem. Ich schwärmte vom englischen Fußball, und da besonders von Manchester City. Einmal kaufte ich mir für viel Geld eine ‚Times' in der Hoffnung, dort mehr über den englischen Fußball zu erfahren. Ich fand keinen Artikel über Fußball, dafür eine Flut von Meldungen über Cricket. Ein frustrierendes Erlebnis.

Fußball ist für mich eine Sache meiner sehr persönlichen Erinnerung, mehr aber noch eine Sache der Gegenwart, er ist für mich keine Sache der Geschichte. Ja, ich weiß, Rapid wurde 1899 gegründet, ich weiß auch, es gab einen Uridil und Bican, Rapid ist Rekordmeister, gewann 1941 die deutsche Meisterschaft, aber die Historie spielt für mich – in diesem Fall – keine Rolle, das überlasse ich den gewiegten Sporthistorikern. Rapid, das ist ein Teil meiner Biographie, da war ich dabei, ob auf dem Fußballplatz, ob als Lesender des ideologisch höchst suspekten ‚Blauen Montag' oder – und das erst ab fünfzig – vor dem eigenen Fernesehapparat.

Ich kann mir nicht einmal den Vorwurf machen, Rapidanhänger aus Opportunismus geworden zu sein, denn so richtig verfolgte ich da Schicksal des Vereins erst ab 1954, und das war schon das Ende einer glanzvollen Serie. Die anderen Vereine regten sich, und ein traumatisches Erlebnis wirkt bis heute nach: In der Frühjahrsaison 1955 verlor Rapid gegen Vienna mit 5:0, ein Debakel, das sich zum guten Teil dem ersten Auftritt des damals siebzehnjährigen Hans Buzek bei den Siegern verdankte. An Niederlagen habe ich mich, vor allem in der letzten Zeit, gewöhnt; und damit umzugehen, gab es in der letzten Zeit reichlich Gelegenheit. Das ist fürwahr eine gute Schule fürs Leben. Man bezieht alles auf sich, man fühlt sich schuldig, man schöpft wieder Mut, wenn es aufwärts geht. Man leidet mit, und doch ist es nicht ein Leid, das einem persönlich zugefügt wird. Ein besonderer Fall von Allopathie, könnte man sagen. Auch mein Unrechtsbewusstsein konnte ich auf dem Fußballplatz schulen. Oft war mir klar, dass ein Rapidspieler ein verstecktes Foul oder auch eine manifeste Unsportlichkeit begangen hatte; oft hatte Rapid eine ungerechte Schiedsrichterentscheidung begünstigt – wenn man objektive Kriterien anlegte und sich selbst gegenüber ehrlich bleiben wollte, hatte man es schwer, weil man sich gegen den Verein stellte. Ein Sieg, der an einem solchen Makel litt, hat mich nie befriedigt.

Es gab freilich auch hervorragende Spiele, so der legendäre Sieg über Real Madrid im Meistercup durch drei Tore Ernst Happels, zwei Freistöße, ein Elfer – leider nicht genug für den Aufstieg, weil im dritten Spiel, dem Entscheidungsspiel, das es damals noch gab, schied Rapid aus. Es gab das großartige 1:0 gegen denselben Verein durch ein Tor von Bjerregaard in Madrid, es gab das Erreichen des Finales im Cup der Cupsieger 1985 und 1996, es gab 1982 das hinreißende und die Meisterschaft bringende 5:0 gegen Wacker Innsbruck mit dem phänomenalen 3:0 durch Antonín Panenkas genialen „Heber". Für mich war Gerhard Hanappi das sportliche Vorbild schlechthin, obwohl es viele gab, die einen Ernst Ocwirk von der Austria oder gar einen Hans Koller von der Vienna vorzogen. Walter Zeman habe ich bewundert, sah ihn aber nicht selten patzen, erinnere mich an die Bomben, mit denen Bertalan die Austria 1960 im Derby vom Platz fegte. Oder der Auftritt des jungen Hans Krankl nach der Halbzeit bei einem 5:2 Cup-Sieg gegen die Vienna an einem kalten sonnigen Frühjahrstag im Jahre 1972, seine Tore beim 11:0 gegen den GAK im Jahre 1977, oder gar als die jüngste Offenbarung 2008 das 7:0 gegen Red Bull Salzburg. Von dem 6:1 gegen Arsenal habe ich nur reden hören, so wie etwa vom Sieg der Athener über die Perser bei Marathon.

Ich glaube, dass kaum ein anderer Verein in Österreich mit solchen Spielen aufwarten konnte. Aber nicht diese Triumphe waren es, die mich zum Anhänger machten. Es waren viel eher die weniger bedeutenden Spiele in der sogenannten A-Liga, etwa auf dem alten Rapid- oder WAC-Platz. Auch der Platz in Simmering ist mir noch in bester Erinnerung. Mag sein, dass auch der Umstand, dass Rapid – so ganz im Gegensatz zur

„heimatlosen" Austria – mit der Pfarrwiese in Hütteldorf den Eindruck der Reviertreue zu erwecken und diese auch auf die Anhänger zu übertragen verstand. Als der Verein ins neue Weststadion übersiedelte, schien mir ein Stück persönlichen Erlebens unwiederbringlich verloren. Auch Fußballanhänger haben ein Anrecht auf Sentimentalität.

Bangend schalte ich nach Auswärtsspielen den Teletext ein oder schnappe mir am Sonntag die Zeitung aus dem Plastiksack, um die Resultate zu erfahren. Anhängerschaft ist für mich eine intime Angelegenheit. Ich verleugne sie nicht, ich rede auch mit Freunden gerne darüber, aber mitteilen lässt sich dieses seltsam prickelnde Gefühl nicht, das einem beim Anpfiff befällt, ein seltsamer Schauder, wenn es los geht. Man kann versuchen, alles vernünftig zu erklären, doch sind die Begründungen für die Fußballleidenschaft meistens nachgereichte Zweckrationalisierungen; und es klingt genauso aufgesetzt, wenn man seine Leidenschaft für Literatur erklären will. Die Begeisterung für Shakespeare oder Schubert sollte tunlichst von allen solchen moralischen Begründungen befreit werden; auch beim Fußball haben sie nichts verloren. Da zählt das Spiel, die Spannung, die Anteilnahme, der obsessive Umgang in der Phantasie. Heute Anhänger eines österreichischen Vereins zu sein, hat schon etwas Heroisches an sich; das ist ein Engagement fürs Deviante, für das schlechthin Regionale und Marginale. Ich möchte aber mich doch keinesfalls Bayern München oder Chelsea und damit dem vermeintlich Globalen anschließen. Schon dass es einen solchen Verein wie Red Bull Salzburg in Österreich überhaupt geben kann, erfüllt mich mit Unbehagen. Und wenn Rapid in die Regionalliga absteigen sollte, ich werde mich von diesem Verein nicht abbringen lassen. In diesem Sinne kann auch ich mich als Fan verstehen.

Und doch will ich versuchen, meine Anhängerschaft auf Grund einiger Einsichten in mein Fachgebiet, eben der Literaturwissenschaft, einigermaßen zu erklären, also so etwas wie eine nachgeholte Rationalisierung geben.

Im Jahre 1927 saß in Ober St. Veit ein Student der Chemie, der aus Rustschuk in Bulgarien stammte: Elias Canetti. Der 15. Juli 1927 war zum entscheidenden Ereignis im Leben des jungen Mannes geworden; es war die Erfahrung der Masse. Sein Wohnort gab ihm unmittelbar darauf auch die Gelegenheit, diese Erfahrung mit deutlicheren Konturen auszustatten. „Eine schwache Viertelstunde Weges von meinem Zimmer, auf der andern Talseite in Hütteldorf drüben, lag der Sportplatz Rapid, wo Fußball-Kämpfe ausgetragen wurden" – so gespreizt liest man es in seiner Autobiographie mit dem Titel ‚Die Fackel im Ohr' (1985). Canetti hört nur, er will die Masse gar nicht sehen, noch weniger interessiert ihn der Anlass für diesen „Aufschrei der Masse", nämlich das Fußballspiel selbst. Canetti war Augenzeuge beim Brand des Justizpalastes am 15. Juli 1927, und dieses Ereignis habe ihm die Ohren für das Massenphänomen geöffnet: „Nun rührte ich mich nicht von der Stelle und hörte dem ganzen Match zu. Die Triumphrufe galten einem Tor, das geschossen wurde, und kamen von der siegreichen Seite. Es war auch, er tönte anders, ein Aufschrei der Enttäuschung zu vernehmen. Sehen konnte ich von meinem Fenster aus nichts, Bäume und Häuser lagen dazwischen, die Entfernung war zu groß, aber ich hörte die Masse und sie allein, als spiele sich alles in nächster Nähe von mir ab. [...] Ich war nicht Partei, da ich die Parteien nicht kannte. Es waren zwei Massen, das war alles, was ich wusste, von gleicher Erregbarkeit beide und sie sprachen dieselbe Sprache. Damals [...] bekam ich ein Gefühl für das, was ich später als Doppel-Masse begriff und zu schildern versuchte. [...] Aber was immer es war, was ich schrieb, kein Laut vom Rapid-Platz entging mir. Ich *gewöhnte* mich nie daran, jeder einzelne Laut der Masse wirkte auf mich ein. In Manuskripten jener Zeit, die ich bewahrt habe, glaube ich noch heute jede Stelle eines solchen Lautes zu erkennen, als wäre er durch eine geheime Notenschrift bezeichnet."

Ob es heute bei Spielen mit einer Masse, die unvergleichlich größer ist, als die Masse auf dem Rapid-Platz sein konnte, auch so aufmerksame Zuhörer gibt? Auf jeden Fall können wir in diesem Aufschrei der Masse eine Keimzelle jenes Werkes vermuten, das Canetti auch als Denker berühmt gemacht hat: ‚Masse und Macht', das Werk, das 1959 vollendet wurde und 1960 auf den Markt kam. Als Rapidanhänger erfüllt es mich mit Stolz, dass gerade dieser Verein so wesentlich zu einer fundamentalen Schrift des 20. Jahrhunderts beigetragen hat, zu einer Schrift, ohne deren Kenntnis ein Urteil über politische, ethische, soziologische und philosophische Fragen kaum möglich ist. Canetti pflegt freilich eine gewisse Askese in der Wahrnehmung: Er schaltet optische Eindrücke aus und registriert in verständlicher Reduktion alles auf akustische Phänomene. Indirekt verdankt Canetti den ihm im Jahre 1981 verliehenen Nobelpreis denn auch Rapid; einen Teil der Summe zur Förderung dieses Klubs zu spendieren, wird ihm wohl kaum in den Sinne gekommen sein.

Immerhin hat Canetti, wenngleich indirekt, die eminente sozialhistorische Bedeutung des Fußballs erkannt, auch wenn ihn, was den Sport sonst angeht, eine geradezu sträfliche Unkenntnis auszeichnet. Es geht um eine Struktur; noch fehlen die katastrophalen Aspekte, durch die das Auftreten der Fußball-Massen im 20. Jahrhundert leider nur zu deutlich stigmatisiert werden sollte: Canetti hatte die Katastrophe des 15. Juli mit über 90 Toten erlebt. Dass sich 1985 ein ähnliches verheerendes Ereignis in Brüssel beim Europacupfinale abspielen sollte, ist meines Wissens in seinem Werk nicht mehr registriert worden.

In seinem 1991 erschienen Buch ‚Among the Thugs' hat Bill Buford diese Entwicklung auf den Fußballplätzen auch mit dem Kompetenz des Historikers und dem besorgten Blick des Zeitzeugen wahrgenommen. Daraus wird klar, wie sehr der Fußball, und alles, was damit zusammenhängt, unsere gesellschaftliche Wirklichkeit prägt, vor allem in Europa, aber auch in Südamerika und wahrscheinlich bald in allen Kontinenten. Canetti würde in einer Literaturgeschichte des Fußballs – wenngleich malgré lui – ein Ehrenplatz gebühren.

Über auffälliges Interesse bedeutender Persönlichkeiten am Fußball ist wenig überliefert. Wir haben allerdings einen sehr aufschlussreichen Bericht von Soma Morgenstern, dem Romancier, Essayisten und Musikkritiker und Freund Alban Bergs über dessen

Leidenschaft für den Sportklub Rapid. Er berichtet von dessen etwas derberen Bruder namens Charly, der offenkundig eine gewisse Leidenschaft für den Fußball hatte. Erst durch ihn wird Morgenstern klar, warum Alban Berg so für Rapid schwärmte: „Meine Bekanntschaft mit Charly hat mich sehr gefreut. Bis dahin konnte ich nie verstehen, wieso mein guter, edler Freund Alban ein fanatischer Anhänger des Sportklubs Rapid war. Das war eines der besten Soccerteams in Wien, aber es war ein Team, das mit rohen Mitteln kämpfte und nicht gerade zu den fairen Mannschaften zählte, die es in Wien auch gab." Morgenstern teilte seine Gunst zwischen der Admira, die ihm besonders fair zu sein schien, und der Hakoah, dem jüdischen Verein, auf.

Die Begeisterung kümmert sich nicht um Regeln. Man muss vom Fußball nichts verstehen, um von ihm begeistert zu sein. Er ist der Anlass, den Emotionen unkontrolliert nachgeben zu können. Nach dem Bericht Morgensterns war Alban Berg der geradezu idealtypische ahnungslose Fußballfan, der einem – freilich selten in so krasser Ausprägung – auf dem Fußballplatz begegnet:

„Trotz seines fanatischen Interesses für Fußball war Alban kein großer Kenner des Spiels. Nicht einmal ein Kenner der Spielregeln, […]. Soccer-Kenner werden es gewiss mit Heiterkeit lesen, dass Alban einmal in Aufregung und Entrüstung geriet, als der Schiedsrichter, infolge einer Rohheit, die Rapid im Strafraum begangen hatte, einen Elfmeter anordnete. ‚Das ist eine Gemeinheit, schrie er laut: ‚Das gibt's ja gar nicht! Da steht ja gar kein Verteidiger dazwischen!' Dass es so etwas gibt, wie einen Elfmeter, wollte er gar nicht glauben. […] Die fanatische Anhängerschaft zu einem Sportklub ist offenbar mit der Angehörigkeit in einer politischen Partei zu vergleichen; so was geht in Familien um."

Es ist aber fürwahr nicht ohne Reiz, in dem großen Musiker Alban Berg, den Schöpfer der Opern ‚Wozzeck' und der ‚Lulu', einen Prototyp des Rapid-Fans orten zu können. Er war dies zu einer Zeit, als Canetti von Ober St. Veit aus gebannt auf das Geschrei vom Rapid-Platz hörte. In diesem war wohl auch die Stimme von Alban Berg aufgegangen.

Der Ausflug in die Literaturgeschichte ist ein kurzer. Es ist schwer, diese Anhängerschaft mit dem Fach, mit dem ich beruflich zu tun habe, also mit der Literaturwissenschaft, irgendwie zu verbinden. Wir werden zwar immer wieder gefragt, ob wir uns nicht über den Fußball äußern wollen, während man Fußballer selten zu ihrer Meinung über Literatur fragt. Das ist für mich beruhigend; doch beschäftigt mich die Frage, ob Hans Krankl oder Herbert Prohaska meine Äußerungen über ein Fußballspiel mehr irritieren würden, als dies auf Grund ihrer Äußerungen über Robert Musils ‚Mann ohne Eigenschaften' bei mir der Fall wäre. Die Frage ist nur akademisch, da meines Wissens solche Äußerungen nicht vorliegen, und doch lässt sich daraus eine Folgerung ableiten: Das Verhältnis von Literatur oder Philosophie und Sport ist also in diesem Falle nicht reversibel, und das ist auch gut so: Fußball ist eine Angelegenheit der steten und höchst unmittelbaren Umsetzung von Theorie in Praxis; die anhaltende und grübelnde Anschauung, die die Literatur oder Philosophie, so wir sie ernst nehmen, von uns verlangt, kann nicht Sache der professionellen Fußballer sein. Als Interpreten hören wir die Fußballer nur als Sänger, und das eigentlich doch lieber nicht. Das heißt nun nicht, dass sich Fußballer durchwegs nicht sprachmächtig seien; mir scheint ganz das Gegenteil der Fall zu sein. Dahinter steckt oft mehr Ironie und Witz oder gar Einsicht als hinter manchem Statement, das geistreich sein will. Wer könnte an der moralischen und ontologischen Triftigkeit der Aussage Hans Krankls zweifeln, dass Schiedsrichterentscheidungen Tatsachenentscheidungen seien? In der letzten Zeit ist mir nur eine Äußerung eines bekannten Fußballers über Literatur untergekommen: Josef Hickersberger, derzeit Trainer der Fußballnationalmannschaft und früher unter andrem auch bei Austria und Rapid, wurde vor kurzem nach seiner aktuellen Lektüre gefragt. Er würde gerade Robert Menasses ‚Don Juan de la Mancha' lesen, das würde sich allerdings „ein wenig ziehen". Das haben Romane so an sich.

Fußball ist gerade deswegen für diejenigen, die als Kopfarbeiter oder Intellektuelle bezeichnet werden, so wichtig, weil es das schlechthin Andere zu ihrem Alltag und zu ihrer Arbeit ist, und ihnen doch die Möglichkeit gibt, sich dazu in der ihnen je eigenen Sprache zu äußern. Es ist ein Spiel, dessen ästhetische Qualitäten unbestreitbar sind, das jeden zum Mitdenken herausfordert. Nicht zu Unrecht hat Gerhard Roth, ein begeisterter Anhänger von Sturm Graz und zugleich das schriftstellerische Gedächtnis dieses Vereins, Fußball und Schachspiel miteinander verglichen. Der Vergleich trifft zu, nur kommt – wie Canetti anschaulich demonstriert – beim Fußball das Phänomen der Masse hinzu. Dieser Sport hat in Europa wie kein anderer bewusst gemacht, wie sehr die Erfahrung der Masse zu einer der entscheidenden Erfahrungen des 20. Jahrhunderts wurde. Und wenn ein Verein in Österreich in der Lage war, den Eindruck von Masse zu vermitteln, so war dies Rapid Wien. Der Anhang dieses Vereins liefert dafür von Spiel zu Spiel ein anschauliches Beispiel – im Guten wie im Schlechten. Man lese die einschlägigen Kapitel in Canettis ‚Masse und Macht', vor allem das, was da über die „Entladung" zu lesen ist: „Der wichtigste Vorgang, der sich innerhalb der Masse abspielt, ist die *Entladung*. Vorher aber besteht die Masse eigentlich nicht, die Entladung macht sie erst wirklich aus. Sie ist der Augenblick, in dem alle, die zu ihr gehören, ihre Verschiedenheiten loswerden wollen und sich als *gleiche* fühlen."

Als Anhänger des Vereins fühle ich mich davon abgestoßen und angezogen. Ich will dazu gehören und will doch auch zugleich ich selbst bleiben, ich weiß, dass es Woche für Woche auf diese – offenkundig therapeutisch notwendige – Entladung ankommt; Masse wie Individuum scheinen dem Wiederholungszwang nicht entrinnen zu können. Mich beklemmt der Eindruck der vollbesetzten Westtribüne im Hanappi-Stadion, zugleich bin ich ganz auf der Seite der Fans, nur wage ich es nicht, aus mir herauszugehen. In der Tat würde ich mir wünschen, dass die Zuschauer nicht durch den Lautsprecher eingepeitscht würden, dass in den Ankündigungen mehr Respekt für den jeweiligen Gegner und weniger Selbstlob mitschwingen würde, dass die Slogans frei von peinlicher Aggressivität wären. Doch wäre es falsch, die Rapid-Fans grundsätzlich zu verteufeln. Ich erinnere mich an eine in ihrer Spontaneität überzeugende und unvergleichliche Aktion: Beim Geburtstagfest für meinen damals elf Jahre alten Sohn, den ich im rechten Glauben erziehen wollte, nahm ich die jungen Gäste zu einem Rapidspiel mit. (Die meisten dieser Kinder hatten noch kein Fußballspiel gesehen, und dies war zweifellos der Höhepunkt des Festes.) Da gab es ein Hindernis: Ein Erwachsener dürfe nur zwei Kinder mitnehmen, hieß es an der Kasse. Da waren plötzlich sechs Anhänger, Herren mittleren Alters da, die dies unerhört fanden, jeder nahm zwei Kinder mit – und drinnen waren wir im Stadion. Diesen unbekannten Anhängern sei hier später Dank entrichtet.

Das sind die echten Anhänger, denen es um die Sache zu tun ist, wie etwa auch Reinhold Aumaier, in seinem schönen Buch ‚*Rapid, Rapid ... Ein Match-Tage-Buch*' (1999), das in literarischer Hinsicht gerade deswegen so gelungen ist, weil der Autor fünfzehn Monate Vereinsgeschichte anlässlich des hundertjährigen Bestehens des Vereins mit Selbstironie und doch mit der echten Überzeugung des Anhängers kommentiert, die Spieler punktgenau charakterisiert und Triumph und Enttäuschung ohne Emphase verzeichnet. Ich weiß nicht, ob je einem anderen österreichischen Verein eine so liebevolle und kontiuierliche Betrachtung durch ein Stück Literatur zuteil wurde.

Rapid und die Literatur: Auf der einen Seite über dem Wiental wohnte Elias Canetti, auf der anderen Seite wohnt Elfriede Jelinek, die sich auch als Rapid-Anhängerin deklarierte. Welcher Fußballplatz der Welt kann sich rühmen, einer Nobelpreisträgerin und einem Nobelpreisträger zu Füßen zu liegen?

Der Kuckuck

30 g ♦ 20 Pf. ♦ 1·60 c. K
4. Jahr ♦ Nr. 51
18. Dezember 1932

England gegen Österreich 4:3

Hiden wehrt ab

(Wienbibliothek im Rathaus)

„Wir müssen trachten, dass neben der Internationale der Sozialdemokratie, neben der der Wissenschaft und der des Kapitals eine Internationale des Sports entsteht, die Einfluss und Bestand hat."

Hugo Meisl

„Er spielte Fußball, wie ein Meister Schach spielt: Mit weiter gedanklicher Konzeption, Züge und Gegenzüge vorausberechnend, unter den Varianten stets die aussichtsreichste wählend, ein Fallensteller und Überrumpler ohnegleichen, unerschöpflich im Erfinden von Scheinangriffen, denen, nach der dem Gegner listig abgeluchsten Parade, erst der rechte und dann unwiderstehliche Angriff folgte. Er hatte sozusagen Geist in den Beinen, es fiel ihnen, im Laufen, eine Menge Überraschendes, Plötzliches ein und Sindelars Schuss aufs Tor traf wie eine glänzende Pointe, von der aus der meisterliche Aufbau der Geschichte, deren Krönung sie bildete, erst recht zu verstehen und zu würdigen war."

Alfred Polgar

Uridil und Sindelar zwei Typen des Stürmerspieles
Von Prof. Willy Schmieger

Das Publikum liebt den erfolgreichen Torschuß, es will Treffer sehen und Spiele, die torlos verlaufen, hinterlassen meistens einen nicht ganz befriedigenden Eindruck. Und gerade deswegen, weil die große Masse im Grunde genommen den positiven Erfolg, den erzielten Treffer, höher schätzt als den negativen, das verhinderte Tor, gerade deswegen, sage ich, hat der Stürmer, dem doch das Erzielen von Treffern sozusagen von Berufswegen zukommt, am allermeisten die Möglichkeit, sich populär zu machen. Sein Name wird am häufigsten genannt, er findet sich auch in jenen lakonischen Berichten, in denen es heißt: „A schlägt B so und so. Torschützen für A..., für B..."

Seit ich im Fußball zurückdenken kann, also so ungefähr dreieinhalb Jahrzehnte, hat es viele Moden des Stürmerspiels gegeben, immer hervorgerufen und bedingt durch starke Spieler-Individualitäten, die in den betreffenden Zeitabschnitten unseres Fußballsports auf der Höhe ihrer Leistungsfähigkeit standen und das Spiel der eigenen und das der gegnerischen Mannschaften bewußt oder unbewußt beeinflußten. Für die Kenner der Vorkriegszeit erinnere ich an Studnickas raffinierte Paßbälle und „geschraubte" Schüsse, die damals jeder Bub aus der Gegend des Schüttels nachzuahmen suchte, an Fischers vollendete Dribbelkünste, die auf Wiesen und richtigen Sportplätzen ungezählte Nachahmer fanden, an Luigi Hussaks rasante Läufe und placierte Schrägschüsse, wie sie den vielen Nacheiferern in solcher Vollendung doch nie so recht gelingen wollten. In der Zeit nach dem Kriege waren es die großen Angriffsreihen Rapids mit Kuthan als Führer und der Austria mit Kalman Konrad und Alfred Schaffer, die auf Jahre hinaus beispiel- und richtunggebend für die Art unseres Angriffsspieles waren.

Als Typen, als klassische Beispiele für zwei voneinander ganz verschiedene Arten des Angriffsspieles, mögen hier zwei Spieler in Wort und Bild dargestellt werden, von denen der eine, Josef Uridil, nicht mehr aktiv ist, der andere aber, Matthias Sindelar, erfreulicherweise noch nicht daran denkt, die Fußballstiefel auszuziehen.

Uridil war der Repräsentant des kraftvollen, Sindelar ist der des durchgeistigten Spieles. Es ist nach meiner Auffassung müßig, sich den Kopf darüber zu zerbrechen, welches Spielsystem im Fußball absolut vorzuziehen ist. Nicht jeder Spieler paßt für jedes System und jedes System, das nicht ganz dem gesunden Menschenverstand widerspricht, ist gut, wenn es gut ausgeführt wird. Und ein jeder Mannschaftsführer müßte auf die Frage, ob er lieber einen Spieler wie Uridil oder einen wie Sindelar in seiner Mannschaft haben möchte, die Antwort geben: „Am liebsten von jeder Sorte einen, denn sie würden sich wahrscheinlich vortrefflich ergänzen!"

Uridil führte den Rufnamen „Tank", Sindelar heißt „der Papierene". Diese Bezeichnungen charakterisieren aufs treffendste und sprechen eine deutliche Sprache. Uridil durchbrach die Reihen der Gegner mit elementarer Kraft, niemanden, am allerwenigsten sich selbst schonend. Nicht selten schleuderte er den gegnerischen Tormann mitsamt dem Ball, den dieser eben in Händen hatte, ins Netz. Dabei war Uridil, der zu seiner Zeit eine unglaubliche Popularität genoß und bei etwas weniger Leichtsinn sich eine sorgenlosere Zukunft hätte sichern können, durchaus kein absichtlich roher Spieler und sein bedenkenloses, auf sich selbst nicht die geringste Rücksicht nehmendes Dreingehen führte auch durch die Verletzungen, die ihm zugefügt wurden, das vorzeitige Ende seiner Spielerlaufbahn herbei.

Sindelar ist aus einem weicheren Holze geschnitzt, als es Uridil war. Er kann nicht durch physische Kraft seine Erfolge erzielen, dafür aber ist er der Meister der geistreichen und kunstvollen Aktion, der Überrumpelung und Schachmattsetzung des Gegners, er ist einer von jenen Spielern, die es begreiflich erscheinen lassen, daß man ein Fußballspiel einer Schachpartie mit lebenden Figuren vergleicht. Sindelar hat nicht lauter gute Tage, aber wenn er in Form und bei Laune ist, dann ist sein Spiel nicht weniger faszinierend und begeisternd als es einst die ungestüme Durchschlagskraft Uridils war. Das Fußballspiel ist heute mehr als früher auf Kraft aufgebaut, aber auch die spielerische Intelligenz wird immer von Bedeutung bleiben.

SPORT, 15. 11. 1935, S. 7

Mythos Wunderteam

„Der Tank" (Der Sport, 1935)

„Der Papierene" (Der Sport, 1935)

Heute spielt das Wunderteam!
Der Länderkampf Oesterreich—Tschechoslowakei.
Von
Robert Brum.

Heute spielt das „Wunderteam"!... Eine ungeschriebene Schlagermelodie von bezauberndem Rhythmus klingt aus diesen Worten, die Zehntausende in ihren Bann schlägt und als enthusiasmierte Zuschauer in die Fußballarena lockt. Dieser Zauber ist wohl jenen unverständlich, die als Epigonen einer aussterbenden Stubenhockerzeit der neuzeitlichen Sportbewegung jede Kulturberechtigung absprechen. Wer einmal im Reiche des Sports, wenn auch nur als passiver Beobachter, zu Gaste war, wird sich, wäre er auch ein noch so ungläubiger Thomas gewesen, sicher bekehren lassen. Ein Ereignis, das die Menschen so gefangen hält, daß sie all die Sorgen und Kümmernisse des Alltags vergessen, kann in einer wirtschaftlich und politisch zerklüfteten Zeitepoche wohl als Kulturgewinn bezeichnet werden.

Das österreichische Wunderteam 1932. Stehend (von links nach rechts): Blum, Gschweidl, Sindelar, Rainer, Gall, Vogl; knieend: Schall, Smistik, Zischek, Hiden, Mock. (Wiberal – Photoarchiv der AZ)

Mythos Wunderteam

Die Geschichte des „Wunderteams" ist gleichzeitig auch ein ruhmreiches Kapitel der österreichischen Fußballchronik. Es wurde eines Tages geschaffen, als dem Verbandskapitän die Erkenntnis kam, daß die besten Fußballer gerade gut genug sind, um in die Nationalmannschaft berufen zu werden, während vorher allzu sehr der handwerksmäßige, wenn auch tüchtige Durchschnitt bevorzugt wurde. Wie lange mußte ein Sindelar warten, bis er sich ein Plätzchen an der Sonne, den Mittelstürmerposten im Team, erobern konnte. Der Ballvirtuose, der zu den besten Spielern gehört, die der Fußball je hervorgebracht hat, wurde reichlich spät entdeckt, oder, besser gesagt, wegen seiner angeblichen körperlichen Inferiorität lange Zeit für Teamehren als untauglich befunden. Erst als der „Papierene" kam, spielte und siegte, wobei er gleich bei dem ersten Auftreten mit seinen kongenialen Kameraden im Mai 1931 auf der Hohen Warte den sensationellen 5:0-Erfolg über Schottland feierte, wurde es 60.000 Fußballenthusiasten und den „Wissenden" auf einmal klar, welch große Fußballtalente bisher in Oesterreich, wenn auch nicht im verborgenen geblüht, so doch nicht für das Team herangezogen worden waren. Der Sieg über Schottland war der glanzvolle Auftakt einer Siegesserie, wie sie die Geschichte des kontinentalen Fußballs nicht aufzuweisen vermag. Unsere Nationalmannschaft schlug ihre Gegner oft in einer Manier, die fast restlos bewundernde Anerkennung in der gesamten internationalen Kritik fand und ihr ob der wunderbaren Leistungen die von uns sicher nicht gewollte Titulatur „Wunderteam" eintrug.

Die Bilanz der letzten zwei Jahre unserer Nationalmannschaft weist einen geradezu fabelhaften Rekord auf. In sechzehn Spielen wurden dreizehn Siege erfochten, zwei Treffen blieben unentschieden und nur ein Spiel, das gegen England in London, ging knapp 4:3 verloren. Das Torverhältnis lautet 66:19 zugunsten Oesterreichs. Abgesehen von Schottland wurden Deutschland, Schweiz, Ungarn, Belgien und Frankreich mit großen Tordifferenzen abgefertigt und gerade die Niederlage in Stamford Bridge war nicht nur ein Ehrentag des österreichischen, sondern auch des kontinentalen Fußballs. In diesem sporthistorischen Treffen konnten die Oesterreicher ihren einstigen Lehrmeister wohl nicht niederringen, aber durch ihr Spiel das englische Publikum begeistern.

Auch für unser „Wunderteam" kommt der Tag, wo Können und Kampfbegeisterung an der Tücke des Zufalls oder an der Gegenwirkung eines besser disponierten Gegners scheitern werden. Im Stadion, als wir im vergangenen Herbst gegen die Schweiz 3:1 triumphierten, bekam unsere brave Elf reichlich den Undank der Menge zu spüren. Obwohl die Eidgenossen ziemlich sicher abgefertigt wurden, gab es seitens goalhungriger Fanatiker ein veritables Pfeifkonzert. Heute ist die Hohe Warte der Schauplatz des Länderkampfes Oesterreich – Tschechoslowakei. Zehntausende Lokalpatrioten werden die Zuschauerräume der Hohen Warte füllen, fest auf den Erfolg ihrer Lieblinge bauend.
[…]

Neues Wiener Journal, 9. 4. 1933, S. 19

Rudi Hiden, ein Grazer in Wien, Torhüter des W.A.C. und des Wunderteams. (Wiberal – Photoarchiv der AZ)

Nur ein Fußballmatch …?
Das kleine Oesterreich macht dem großen England die Vorherrschaft streitig

In London wird morgen nachmittag auf einem Fußballsportplatz eine von Hunderttausenden mit leidenschaftlicher Spannung erwartete Entscheidung fallen: innerhalb von neunzig Minuten wird sich erweisen, ob England, das Mutterland des Sports, noch imstande ist, seine Machtposition zu behaupten. Der englische Sport ist in den letzten Jahrzehnten in seiner Vormachtstellung immer mehr erschüttert worden: amerikanische Leichtathleten, französische Tennisspieler, kanadische Eishockeyspieler, ungarische und italienische Fechter, schwedische Turner, japanische Schwimmer – sie alle und viele andre noch haben den englischen Lehrmeister erreicht und vielfach überholt, der Sport ist eine weltläufige Bewegung geworden und Englands insularer Thron ist auch in dieser Hinsicht längst erschüttert. Nur ein Sportzweig blieb bisher noch – ungeachtet vieler und immer zahlreicher werdender Niederlagen englischer Mannschaften auf dem Kontinent – eine Domäne Großbritanniens: es ist just der populärste Sportzweig der Welt, Fußball, an dem sich der englische Machtwille am zähesten festgeklammert hat. Und da kommt nun dieser Zwerg Oesterreich und will den Riesen aus seinem letzten Sperrfort verjagen, da kommt nun dieses Oesterreich und will Weltmeister im Fußball werden – an Englands Statt.

Vor fünfundzwanzig Jahren.

Als vor fünfundzwanzig Jahren die Nationalmannschaft Englands zum erstenmal nach Wien kam und hier mit den Oesterreichern nicht Fußball, sondern Katz und Maus spielte, hieß es in den Berichten der Zeitungen, daß dem Spiel eine sensationell große Zuschauermasse beigewohnt habe: sechstausend Menschen!" Vor weni-

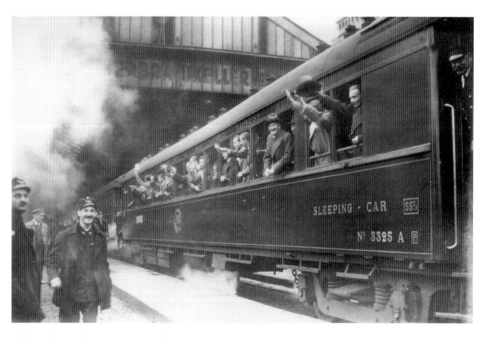

Abfahrt des Wunderteams zum Match gegen England (Hilscher)

Mythos Wunderteam

"Public Listening" am Heldenplatz.
Übertragung der Radio-Live-Reportage Willy Schmiegers (ÖNB)

gen Tagen haben allein sechstausend Menschen den Wiener Spielern, die nach England fuhren, das Geleite zum Bahnhof gegeben, und nicht viel weniger als sechstausend sind es, die aus allen Ländern Europas als Gäste nach England mitgefahren sind, um dabei zu sein, wenn David und Goliath ihre Kräfte messen. Und der Mann, der damals vor fünfundzwanzig Jahren in dem Katz-und-Maus-Spiel das einzige Goal der Oesterreicher geschossen hatte, Willy Schmieger, wird morgen auf dem Londoner Chelseaplatz am Mikrophon stehen und sozusagen ganz Europa über den Verlauf der Ereignisse informieren.

Und wir werden dabei sein – durchs Radio.

Schon dies, ein technisches Wunder, dessen Möglichkeit man vor fünfundzwanzig Jahren nur als einen schlechten Witz belacht hätte: Schmieger wird per Unterseekabel nach Wien sprechen, und in demselben Augenblick, in dem seine Stimme hier einlangt, wird sie also gleich per Radio in den Aether hinausgestrahlt. Und zugleich, wie er spricht und während er spricht, werden Photographien des Spieles in alle Welt hinausgefunkt. Am Morgen des nächsten Tages werden die Bilder bereits in den Zeitungen sein. Sechzigtausend Menschen werden in London zusehen, zumindest die zwanzigfache Anzahl wird zuhören. Von sechstausend Interessierten Anno 1908 zu Millionen – es ist eine andre Welt, in der wir leben ...

Jedes zweite Kaffeehaus in Wien kündigt an, daß man in seinen Räumen die Uebertragung hören wird. Die Winterhilfe ladet auf den Heldenplatz ein: für zwanzig Groschen könnt ihr dort Oesterreich – England „hören". Die Wiener Sportplätze stellen Lautsprecheranlagen auf und die Massen werden sich morgen auf ihnen drängen,

Hiden und Rainer segeln durch die Luft

Szenenphoto von der Stamford Bridge („Der Kuckuck")

nicht wie sonst, um etwas zu sehen, sondern, um zu hören, was sich zur selben Stunde, durch einen Ozean von ihnen getrennt, begibt.

Nur ein Fußballmatch, gewiß. Nur ein Spiel um einen runden Lederball, und die Welt hat zweifellos schwierigere Probleme. Aber, ob es uns gefällt oder nicht: wir müssen sehen, was ist, und wir wollen nicht einmal sagen, daß es kein Fortschritt ist. Von Hiden zu Haydn und von Sindelars Dribbelkünsten zu Goethe ist gewiß noch ein weiter Weg, den die Kultur zurückzulegen hat - aber von der Schnapsbudik zu Hiden und auf die Fußballplätze des Arbeitersports, wo die Massen nicht zuschauen, sondern selber spielen, ihren Körper erziehen und kräftigen, war der Weg noch viel, viel weiter.

Wenn ...

Ja was liegt denn schon dran, ob auf dem Boden des Chelseaplatzes und in den Nebelschwaden eines garstigen Londoner Frühwintertages die elf Wiener Jungen ihren „Heldenkampf" verlieren oder gewinnen? Freilich, die Welt wird weder so noch so untergehen und Oesterreich wird weder so noch so geholfen sein. Aber tadelt darob nicht die Menschen, tadelt nur die Armseligkeit der Zeit, die den Menschen kein höheres Ideal zu geben vermag! Im Rahmen dieser Zeitbedingungen, in der Enge und Kümmerlichkeit des Daseins, müssen notwendig auch die Ideale eng und kümmerlich sein. Wenn man gerecht ist, muß man anerkennen, daß diese „Wikingerfahrt" eines österreichischen Fußballfähnleins in das stolze Albion ein, sei es noch so ein bescheidener, Versuch ist, die Enge und Kümmerlichkeit des Daseins zu weiten. Einen Tag lang steht die klägliche Nichtigkeit Oesterreichs Schulter an Schulter mit einer Weltmacht, einen Tag lang spricht die Welt nicht von England, ohne gleichzeitig auch an „Austria" zu denken. Und wenn nun Austria gar gewänne ...

Wien fiebert in dieser Erwartung. Wenn heute irgendwo zwei Leute zusammenstehen und du hörst eine Zahl nennen, sei versichert, es ist kein Börsentip, es ist nicht einmal die Zahl seiner Schulden, es ist nur das Fußballresultat aus England, das jener dem andern haarscharf vorweg beweisen will. Wenn du in der Elektrischen sitzest und beobachtest, was die Leute heute in den Zeitungen lesen: heute einmal nicht die Morde und Gerichtsfälle und den Roman, nein, nur Oesterreich - England! Wenn du in den Aemtern heute lange warten mußt, es macht dir nichts, man plaudert halt über Oesterreich – England! Wenn du zum Friseur kommst und er dich just, da das Messer dich am Halse kitzelt, unverfänglich fragt: „Na, wer mas gewinnen?" – dich stört dann nicht einmal das Rasiermesser und unter Todesgefahr raunst du ihm zu: „Jawohl, drei zu ans!"

Zwei Methoden.

Aber was die Wiener schon jetzt tröstet: auch wenn Oesterreich verlieren sollte, haben wir eine gute Ausrede schon fix und fertig vorbereitet: „No, die Engländer ham's halt nur mit der Kraft g'macht." Und etwas Wahres ist in der Tat daran. In London stehen sich nämlich morgen nicht nur zwei Länder im Fußballkampf gegenüber, sondern sozusagen auch zwei Methoden. Das kleine Oesterreich war der gelehrigste Schüler des englischen Fußballsports, so wie wir ihn 1908 gesehen haben: ein feines, fintenreiches, die bloße Körperkraft durch raffinierte Technik und überlegte Kombination überwindendes Mannschaftsspiel. Unter allen Ländern des Kontinents hat sich Oesterreich diesen Stil am besten angeeignet und ihm durch den zweifellos auch aus dem Sport nicht wegzuleugnenden Wiener „Geist" eine eigenartige neue Färbung verliehen. Diese Eigenart des aus dem britischen Vorkriegsstil hervorgegangenen österreichischen Nachkriegsstils, der übrigens auch ein glänzendes Charakteristikum des in Europa ebenfalls führenden österreichischen Arbeiterfußballsports ist, hat den österreichischen Berufsfußballern in den letzten zwei Jahren eine Kette beispielloser Triumphe gebracht: in dreizehn aufeinanderfolgenden Spielen hat die österreichische Ländermannschaft unbesiegt den Nationalmannschaften Schottlands, Deutschlands, Ungarns, Italiens, der Tschechoslowakei, der Schweiz, Frankreichs, Belgiens, Schwedens, also fast ganz Europas, standgehalten. Der „Wiener Stil" ist also heute der anerkannte Repräsentant des kontinentalen Fußballsports.

Der englische Fußballsport hingegen hat sich seit dem Kriegsende von seinem eigenen leuchtenden Vorbild abgewendet: nicht mehr die vergeistigte Methodik, sondern harte Kraft, Schnelligkeit, Geradlinigkeit und Wucht sind die Kennzeichen der englischen Spielweise. Der Spiritus ist verflogen, die Schönheit ist zum Teufel gegangen, nur die Macht behalten ist alles!

Kraft gegen Geist – das ist die Formel, auf die in fast allen europäischen Sportzentren bei der Erwägung der Gewinnchancen die Spielmethode Oesterreichs und Englands gebracht wird. Das ist vielleicht eine zu einseitige Gegenüberstellung, aber sicherlich ist etwas dran: der Engländer ist besser genährt als der Oesterreicher, er kennt die lokalen Bedingungen besser, ist gewohnt, in Nebel und auf tiefem Boden zu spielen. Er hat diese Trümpfe alle in der Hand. Er kämpft um das Prestige eines Jahrhunderts, er wird sich mit Zähnen und Klauen wehren. Aber das kleine Oesterreich hat nichts zu verlieren als eine Hoffnung. Gewinnen kann es mehr als ein Fußballmatch: gewinnen kann es die Ueberzeugung der Welt, daß in dieser bitteren Armut, Austria genannt, ein freier, schöpferischer Geist und die Kraft junger Menschen lebt, die, wenn sie könnte, der Welt noch ganz andre Dinge böte, als den Sieg in einem Fußballmatch ...

j.h.

Arbeiter Zeitung, 6. 12. 1932, S. 6

Vienna, the 24th November 1932.

Herbert C h a p m a n , Esqur.
   The Arsenal Football Club,
                                    L o n d o n

                                    Avenell Road Highbury N.5

My dear Chapman,

   I feel already in advance the many excitements in connection with all the numerous advisers, journalists, well-wishers, friends and supporters. The cost would be without any importance.

   Our players, to be sincere are also tremendously ambitious to see London and to enjoy, -of course always under control- the life and the movement in your gigantic London Town. They are not accustomed to stay in training quarters or in health resorts whatever. It is a different mentality of people. Despite all however, if I had known your excellent idea only 3 weeks before, I had certainly done my best to avoid a stay at London and I had concentrated the headquarters, of our party, (the players, Jimmy and myself) at Brighton.
   When considering all these circumstances, you will dear Mr. Chapman, certainly agree with my arguments.
   I thank you very much for your really exact informations regarding the various gate possibilities. I remember very well when you were explicating a gentlemen at Prague, an Englishmen Mr. Less upon his critics in connection with the game ecc. that there is no, even the most religious institution, whose existance could be held up without money.
   It is a pity that the english value is just now in arrear. But we are happy to hear that the publicity is in favour of us and that very probably the gate will be a very good one. We want it. We fear that from the sporting point of view, we shall not be able to fulfil the expectations. I received invitations from several parts of England and Sotland to play one or the other game after our international match. Of course, we do not play more than this match and in the case that according to the game, result and impression of our team there may by any possibility of arrangements in the future, I wish first of all to speak with you, dear Mr. Chapman.

   Myself and all members of our party are looking forward with an undescribable interest and pleasure to our visit in London and believe me, dear Mr. Chapman, when training on saturday on the Arsenal ground at Highbury, I am sure, despite all athmosperical conditions, soft or slippery ground, they all will feel like at home. Is'nt that a wonderful thing?
   At last I must apply to you with a request. Do you have any possibility to get 3 or 4 seats, even at the double price and about 6 tickets for standing (4sh) for me?
   Thanking you in anticipation, with kindest regards, believe me, dear Mr. Chapman,
                           yours sincerely and grateful

Der Briefwechsel Hugo Meisl/Herbert Chapman – Gründungsdokumente des modernen Fußballs (Privatsammlung Familie Meisl)

Mythos Wunderteam

Das Wunderteam läuft ein: Hiden, Schall, Zischek (Wiberal – Photoarchiv des AZ)

Kaffeehaus, das Fußballgeschichte gemacht hat
Das vielgeliebte, vielgeschmähte Ringcafé

Wien und sein Sport haben mancherlei erfreuliche, aber auch vielbekämpfte Institutionen gehabt, und die meistumstrittene war eine Stätte, die offiziell mit dem Sport gar nichts zu tun hatte, wo aber tatsächlich Fußballgeschichte gemacht wurde: das Ringcafé, in dem nicht einmal absichtlich oder planläßig, sondern als natürliche Folge des Zusammentreffens aller möglichen Angehörigen von Fußballvereinen, Verbandsfunktionären, Managern aus dem In- und Auslande, Spielern Meinungen zwanglos geäußert und damit Ideen in die Tat gesetzt wurden. Ursprünglich war das Ringcafé das Klubheim der Cricketer, die sich auf dem Umwege über die Falschmeldung „Amateursportverein" zur Austria gewandelt haben. Sie sind grundsätzlich ihrem ureigensten Element, dem Kaffeehaus, treugeblieben, aber sie haben inzwischen mehrmals das Lokal gewechselt. Viele sind aber doch dem Ringcafé, das für die früheren Generationen im Fußball ein Begriff war, treu geblieben, andere aus anderen Vereinen haben sich dazu gesellt, und auf einmal war ein Fußballzentrum für alle, Fußballbörse, Geselligkeitsverein, Quatschbude und Zentrale für ernste Besprechungen ungewollt und ohne jede Planung entstanden.

Dieses Kaffeehaus war aber eine Notwendigkeit für den Fußballsport, gerade deshalb, weil dort nicht *ein* Verein residierte, sondern alle Meinungen, Vereinsfarben, Interessen vertreten waren. Wie viele Neuschöpfungen wurden dort geboren, wenn auch keineswegs beschlossen. Jeder konnte zu Worte kommen, jeder konnte seine Meinung vertreten, Meinungen, die oft genug in Hohn und Spott der anderen untergingen, aber es waren Meinungen, deren Kern dann von Maßgebenden aufgegriffen wurden, so daß sich oft genug eine hingeworfene Bemerkung, ein Einfall zwischen einer Kartenpartie und dem schwarzen Kaffee als Grundlage mancher Neuerung auswirkte. So kam es, daß dann, wenn vom Ringcafé irgendeine Anregung in die Welt gesetzt worden war, der Urheber gar nicht mehr festzustellen war. Ja, man sagt sogar dem Wunderteam nach, daß es eine Schöpfung des Ringcafés gewesen sei, eine Ansicht, die weder erwiesen noch schlagend widerlegt werden kann. Ueber die Nationalmannschaft wurde aber dort nächtelang debattiert, und als damals Mannschaften, in die man die Spieler mit der besten Tagesform geschickt hatte, peinliche Niederlagen erlitten hatten, setzte sich bei den kleinen und großen Fußballexperten des Kaffeehauses der Grundsatz durch, daß für die Wahl in unser Team eben nicht die Tagesform, sondern die absolute Klasse entscheidend sein müsse. Der Grundsatz war der Niederschlag der Meinungen aller, und so kommt es, daß jeder, der in dieser Zeit überhaupt nur die Straßenecke Stubenring-Falkestraße passiert hat, zumindest im Freundeskreis erzählen kann, er sei eigentlich der Schöpfer des Wunderteams. Damit tut man aber Hugo Meisl unrecht. ER hat beinahe unwillig den vorwiegend von Journalisten vertretenen Grundsatz akzeptiert und deshalb die Mannschaft vor ihrem Start

das „Schmieranski-Team"

genannt. Aber die Aufstellung war, was nicht bestritten werden kann, sein Werk, wobei ihm natürlich bei der Wahl einzelner Spieler auch der Zufall zu Hilfe gekommen ist, wie zum Beispiel das meteorartige Auftauchen des ebenso meteorhaft wieder verschwundenen Flügelstürmers Vogl.

Hugo Meisl war natürlich einer der prominentesten und auch regelmäßigsten Gäste des Ringcafés. Er war aber nur einer unter einer Unzahl anderer, denn dieses Ringcafé war ja eine wirklich demokratische Institution, bei der es gar nicht auf Rang und Ansehen oder eine Funktion ankam. Jeder konnte zum Wort kommen, keiner wurde ganz ernst genommen, aber auch keine Meinung von Haus aus abgelehnt. Die Tätigkeit des häufig genug anwesenden Verbandspräsidenten wurde einer ebenso schonungslosen Kritik unterzogen, wie die Leistungen von Spielern und Mannschaften, und viele nachher als richtunggebend verschrienen Zeitungsartikel waren lediglich Extrakt der Auseinandersetzungen an dem berühmtem runden Tisch, an dem jeder

Mythos Wunderteam

Der Fußballer als Cafètier – Karl Zischek (Wiberal – Photoarchiv der AZ)

dreinreden konnte, kein Präsident das Wort vergeben oder entziehen konnte, eine Art revolutionären Parlaments der Fußballfreunde und Fanatiker des Sports. Einseitige Vereinsinteressen konnten sich nie durchsetzen, weil ja fast alle Vereine vertreten waren – nur Rapid stand grundsätzlich abseits – und jeder Vereinsfanatiker sofort gegen die kompakte Majorität der anderen anzukämpfen hatte. Es wurden auch zahllose Transaktionen im Ringcafé besprochen, Auslandsreisen und Spielertransferierungen, aber es wurden keine Geschäfte abgeschlossen. Dazu waren ja die Ohren der Lauschenden zu zahlreich und zu gespitzt. Aber wenn man in Prag oder in Paris oder in Budapest irgendeinen Wiener „Fußballmacher" zu sprechen wünschte, dann wurde nicht der Verband und nicht ein Verein telephonisch angerufen, sondern nur das Ringcafé. Es hörte alles, es wußte alles, nicht ein Einzelner, alle waren über alles auf dem laufenden. Man hat ihm viel Böses nachgesagt, man hat die Unverantwortlichen verantwortlich zu machen gesucht, man hat schlechte Teamaufstellungen dem Ringcafé angelastet, aber man hat im Unrecht getan.

Sein Einfluß bestand nur darin, daß von dem, über das uferlos geschmust wurde, doch bei jenen, die zu entscheiden hatten, etwas hängen geblieben ist. Und so hatte das Ringcafé Einfluß, aber keine Verantwortung, es war eine Institution, auf die Bismarcks Ausspruch über Oesterreich Gültigkeit hatte: „Wenn es nicht vorhanden wäre, müßte man es erfinden!" Es wurde auch in den letzten Jahren versucht, es neuerlich zu „erfinden", aber ohne Erfolg, was dem Fußball aber keineswegs zum Vorteil gereichte.

Nestor

Welt am Montag, 22. 3. 1948, S. 12

Die Violetten

Persönliche Anmerkungen zu einem großen Wiener Fußballklub, der stets mehr war als nur ein Verein

Von Peter Pelinka

In (fast) jeder größeren Stadt Europas gibt es (vorrangig) zwei berühmte Fußballvereine, deren Spiele gegeneinander als Derbys absolute Höhepunkte der Saison sind: etwa in Mailand der AC und Inter, in Rom den AS und Lazio, in Madrid Real und Atletico, in Glasgow Celtic und die Rangers, in München die Bayern und die 60er, in Lissabon Benfica und Sporting, in Manchester United und City, in Liverpool den FC und Everton – und in Wien die Austria und Rapid, historisch die Klubs der intellektuell-urbanen Mittelschicht und des vorstädtischen Proletariats.

Das war nicht immer so klar. Im Wien der späten Fünfziger Jahre, in dem ich als Bub aufwuchs, gab es dazu noch drei, vier Klubs, welche national und international von ähnlicher Bedeutung waren: die Vienna, der älteste, „großbürgerlich" auf der Hohen Warte, dem frühesten großen Stadion des Landes, daheim. Admira in Floridsdorf, über der Donau angesiedelt, gemeinhin die „Botaniker" genannt – nicht einmal das allwissende Google kann mir heute die exakte Genese dieses angeblich auf einer Holland-Tournee des Vereins basierenden Begriffes erklären, vielleicht weiß ihn der Wiener Bürgermeister, der in jungen Jahren, solange die Admira noch in Wien daheim war, ihm anhing. Wacker in Meidling, das sich Anfang der Siebziger Jahre mit der in die Südstadt emigrierten Admira zu einer unseligen Ehe verführen ließ, nachdem die traditionelle Spielstätte in der Rosasgasse nahe Schönbrunn verbaut worden war.

Und schließlich und vor allem der Wiener Sportklub in Dornbach, damals am Höhepunkt seiner Bedeutung angelangt: Am 1. Oktober 1958 fegte er Juventus Turin mit 7:0 aus dem Praterstadion, den schwarz-weißen Paradesturm kann ich heute noch auswendig, ganz ohne online-Unterstützung aufzählen: Horak-Knoll-Hof-Hamerl-Skerlan. Diesen mindestens bis Cordoba international am meisten Aufsehen erregenden Auftritt eines österreichischen Teams erlebte ich live an der Hand meines Vaters, wurde aber dadurch nicht Fan der Schwarz-Weißen wie er. Sondern der Vienna – denn dort geigte ein Jungstar: Hans Buzek hatte 1956 mit 17 Jahren im Nationalteam debütiert und wurde in dieser Saison auch Torschützenkönig der Staatsliga, wie sich Österreichs oberste Spielklasse ab 1949/50 (bis 1964, danach wurde sie als „Nationalliga" direkt dem Österreichischen Fußballbund ÖFB unterstellt) nannte. Bald besuchten wir öfter die Hohe Warte als den Sportklubplatz an der Hernalser Hauptstraße, mein Vater war schließlich kein Fanatiker.

(Diese Seite seiner Seele war unterklassig besetzt: In Ottakring aufgewachsen, pilgerten wir jeden zweiten Sonntag vormittag auf den Red Star-Platz, der citynächsten Spielstätte der ganzen Stadt. Auch dieser 1903 gegründete Traditionsverein musste 1975 einem Bauvorhaben weichen, der Parkgarage der Wiener Stadthalle.) Eine Szene aus Döbling ist mir im Gedächtnis geblieben: Ein Tormann einer Gastmannschaft hatte mit einem schlechten Ausschuss den knapp außerhalb des Strafraums getroffenen Buzek im Rücken getroffen, der drehte sich um und knallte den Ball ins Tor – die an sich nicht sonderlich heldenhafte Tat erschien mir mit meinen sieben, acht Jahren unglaublich überlegt und überlegen. In der Sommerübertrittszeit 1962 wechselte der 24-jährige Mittelstürmer zur Wiener Austria. Und ich – opportunistisch wie Zehnjährige sein können – mit ihm.

Die Violetten waren bei uns daheim emotional neutral (Vater) bis freundschaftlich (mein zehn Jahre älterer Bruder) besetzt. Auf jeden Fall besser dran als Rapid, absolutes Feindbild der Familie – warum wurde kaum begründet, musste es auch nicht. Ich wurde zunehmend zum heftigen Verehrer der „Veilchen", obwohl Buzek seine Zeit brauchte, um sich durchzusetzen. Der Kopfballspezialist, ein für einen Mittelstürmer erstaunlich begabter Techniker, stand ein wenig im Schatten des ebenso schwergewichtigen wie durchschlagskräftigen bulligen Horst Nemec, der seine Position erfolgreich gegen den Neuankömmling verteidigen konnte. Erst in der vierten, seiner vorletzten Saison bei der Austria, blühte „Hansi" richtig auf. Zum zweiten Mal in seinem Leben wurde er 1965/66 Schützenkönig der Staatsliga, zehn Saisonen nach seiner diesbezüglichen Premiere.

Mit ihm war im Sommer 1962 um 250.000 Schilling übrigens der Brasilianer Waldemar Graziano – Künstlername Jacare (Krokodil) – zur Austria gewechselt, der erste dunkelhäutige Spieler in Österreich. Ein fast ebenso Aufsehen erregender Transfer wie der von Jose Aguas: Der portugiesische Stürmer wurde auf Betreiben von Austria-Manager Norbert Lopper ein Jahr später um 720.000 Schilling vom damals stärksten europäischen Klub Benfica Lissabon erworben, die Summe wurde allein durch den Publikumsansturm bei den beiden Probespielen gegen Stoke und Köln verdient. Sportlich lief es für den bereits 33-jährigen Star weniger gut: er wurde in der Saison 1963/64 nur neunmal eingesetzt und erzielte zwei Tore. Wesentlich länger hielt die Liebe der Fans zu Jacare: Auf Anhieb wurde der bald fast zärtlich „Murl" genannte kleine quirlige Stürmer zum Liebling des Publikums.

Das war bei den Violetten im Vergleich zum Erzrivalen Rapid stets spärlicher vertreten. Bei großen internationalen Spielen oder beim damals sehr beliebten Osterturnier (die beiden Wiener Großklubs kreuzten dabei mit zwei deutschen oder ungarischen Teams die Klingen) füllten zwar bis zu 70.000 Zuseher die Ränge, die heimische Kost wurde aber – natürlich abgesehen von den Derbys – von weit weniger Zusehern goutiert. Zwischen 3000 und 6000 waren in den Sechziger Jahren dabei, wenn die Austria gegen „Provinzklubs" aus Graz, Linz, Kapfenberg, Krems oder Salzburg antrat. Die Überheblichkeit aller Wiener Fußballvereine gegenüber den Kollegen aus den Bundesländern endete erst 1965: Mit dem LASK wurden erstmals „Nicht-Wiener" Nummer 1 in Österreich.

Der relativ schwache Zuspruch für die Wiener Austria hing auch damit zusammen, dass der Verein lange Jahre „obdachlos" kickte: Das meistbespielte Stadion im Prater erwies sich bei „kleinen" Partien als zu stimmungslos, sodass man auf fast alle anderen Plätze in und nahe Wien auswich: Heimspiele wurden auch am Wacker-Platz in Meidling, in Dornbach beim Sportclub, auf der Hohe Warte bei der Vienna, in Schwechat-Rannersdorf, in der Südstadt bei der Admira oder am Platz des WAC ausgetragen, eines längst nicht mehr in der Ersten Liga kickenden Traditionsvereins aus dem Prater, mit dem sich die Austria 1973 fusionierte: Der neue Vereinnsname „Austria-WAC" hatte freilich nur kurzen Bestand. Ein ähnlicher Fusionsversuch mit der Admira war zuvor an den Mitgliederversammlungen beider Klubs gescheitert. Am 26. August 1973 konnte immerhin das Ortsproblem gelöst werden: Seit damals ist das Horr-Stadion nahe dem Favoritner Verteilerkreis Spielstätte der Wiener Austria, das Eröffnungsspiel, ein 4:1 gegen die Vienna ist mir auch aus persönlichen Gründen im Gedchtnis geblieben: Es war der letzte Spielbesuch mit meinem Vater.

Die neue Heimstätte wurde Kern einer neuen Identität: Seit 1973 figurieren die Violetten als „Favoritner", als Klub im zehn Wiener „Hieb", dem größten Wiens, mit seinen fast 170.000 Bewohnern die viertgrößte „Stadt" Österreichs. Dass die Verpflanzung der Austria inzwischen komplett gelungen ist, dokumentiert jede zweite Woche der Schlachtruf der Hard-Core-Fans auf der berühmten „Westtribüne", die nach dem Umbau im Herbst 2008 auf die Osttrübe wechseln werden: „Wir sind die Jungs aus Favoriten". Es ist eine historisch stimmige Beziehung, die selbst dann bestehen bleibt, sollte der Verein – wie jahrelang angedacht, jetzt aber weniger wahrscheinlich geworden – doch noch einmal in ein neues Frank Stronach-Stadion nach Rothneusiedl (und damit weiter in Favoriten) umsiedeln.

Auf der offiziellen Homepage des Bezirks wird nämlich die Galionsfigur der frühen Austria (jene der späteren Austria, Herbert Prohaska, wuchs im benachbarten Simmering auf, jene der Nachkriegsära, Ernst Ocwirk, in Stadlau) quasi im Bezirkswappen geführt: „Eine der bekanntesten Persönlichkeiten Favoritens war der Fußballer Matthias Sindelar (1903–1939). Wegen seines zarten Körperbaus trug er den Spitznamen ‚der Papierene'; in 12 Jahren spielte er in 58 Länderspielen und trug damit zum Ruhm des sogenannten ‚Wunderteams' bei." In dieser Würdigung fehlt der entscheidende Bezug zur Wiener Austria: Der Mittelstürmer des österreichischen Wunderteams, mehmals posthum zum „Spieler des Jahrhunderts" gewählt, stand wie kein anderer für die traditionelle Spielweise der Wiener Austria: mehr Spielwitz als Kampfkraft, mehr

Technik als Athletik, viel Lust und Laune. Ganz nach dem Gusto des – wohl ebenso Klischee behafteten – Bildes vom Anhänger der Austria: Mehr Kaffee- als Wirtshaus, mehr Hirn als Masse, jedenfalls aber mit viel Leidensfähigkeit ausgestattet. Nicht umsonst heißt der deklarierte Wahlspruch der Fans nach Friedrich Torberg: „Austrianer ist, wer es trotzdem bleibt".

Die Urgeschichte der Violetten

Als offizieller Geburtstag der Wiener Austria – unter dem Namen „Amateure" – figuriert der 15. März 1911. Seine Wurzeln reichen aber in die Urzeit des Fußballsports in Österreich zurück. Bereits seit 1892 existierte der „Vienna Cricket Club", der 1894 auch eine Fußballsektion gründete, gemeinsam mit dem „First Vienna Football Club", der späteren Vienna, und dem WAC bis zum Ersten Weltkrieg die wichtigste Kraft im heimischen, stark von England beeinflussten Fußballgeschehen. Die in blau-schwarzen Dressen antretenden Cricketer spielten auf der Prater-Radrennbahn, später auf einem Platz an der Vorgartenstrasse. Nach Streitigkeiten mit der Klubführung riefen am 29.10.1910 im Uraniakeller – die eigentliche Geburtsstunde der späteren Austria – einige Dissidenten und fast die gesamte Mannschaft der Cricketer, einen neuen Verein ins Leben. Mit dem Sportjournalisten Erwin Müller als Präsident wurde der Klub ursprünglich unter dem Namen „Wiener Cricketer" ins Vereinsregister eingetragen, dann bald in „Wiener Amateur-Sportverein" umbenannt. Die Vereinsfarben: Violett, gespielt wurde auf einem eigenen Platz an der Auhofstraße in Ober St. Veit.

In der ersten (Wiener) Meisterschaftssaison 1911/12 erreichten die Amateure unter elf Teilnehmern nur Platz 8, erster Meister wurde statt der favorisierten Vienna der „Erste Wiener Arbeiter-Fußball-Klub" Rapid. In einer der ersten Vereinsbroschüren wurde die Identität des Klubs beschrieben: „Die Violetten repräsentieren eine eigene Marke im Wiener, ja im österreichischen Fußballleben. Sie waren nie das, was man eine harte Mannschaft nennt, wohl weil ihr Verein lange Zeit darauf bedacht war, Gesellschafts- wie Fußballklub zu sein. Die Mehrzahl der Spieler waren Intellektuelle, Studenten wie Kaufleute. An der Spitze stand ganz unabsichtlich fast stets ein Doktor oder ein Professor." Eine Vorwegnahme eines Gegensatzes, der – freilich längst mit sozialen und kulturellen Verwerfungen – bis heute gilt: Hier die intellektuell-bürgerliche Austria, da die rau-proletarische Rapid, auf die Spielart der Idole bezogen: hier der elegant-filigrane Matthias Sindelar, da der einfach-wuchtige Josef Uridil. Wobei anzumerken bleibt, dass auch die moderneren Heroen der Austria, ein Horst Nemec, Alfred Fiala, Herbert Prohaska, Anton Ogris oder Toni Polster individuell – so wie Sindelar, das typische Kind eines Favoritner „Ziegelbehms" – ihre proletarischen Wurzeln auch im „geistreichen" Umfeld der Violetten behielten. Gerhard Hanappi dagegen, ein großer Rapidler der Nachkriegszeit, hätte von seiner Ausbildung her – er plante als Architekt das heutige Stadion von Rapid – eher zu den „Violetten" gepasst.

Nachdem der Erste Weltkrieg das Fußballgeschehen praktisch zum Erliegen gebracht hatte, stellten sich für die Amateure die ersten großen Erfolge ab 1919 ein: Dafür verantwortlich: Der legendäre Hugo Meisl, ehemals Spieler bei den Cricketern, ein klassischer deutsch-jüdischer „Böhm", im Ersten Weltkrieg als Offizier ausgezeichnet. Der „Vater" des späteren österreichischen „Wunderteams" der frühen Dreißiger Jahre hatte 1919 wieder die sportliche Leitung der „Amateure" übernommen (bereits 1912 hatte er den englischen Trainer Jimmy Hogan abgelöst) und mit einem ungewöhnlichen Coup deren Schlagkraft entscheidend verstärkt. Er verpflichtete mit den Brüdern Konrad vom Budapester Klub MTK die ersten berühmten „Legionäre". Von da an ging es aufwärts mit den Amateuren: In der Meisterschaft 1919/20 verloren sie den Meistertitel an Rapid nur durch das schlechtere Torverhältnis, 1921 wurden sie erstmals Cupsieger, 1924 erstmals Meister, im nächsten Jahr wurden sie erst in der letzten Runde vom jüdischen Klub Hakoah abgefangen. 1926 – die Amateure gewannen in diesem Jahr zum zweiten Mal das „Double" – benannten sie sich um.

Ein Spieler als Symbol: Matthias Sindelar

Nachdem Meisl 1924 in Österreich die erste europäische Fußball-Profiliga außerhalb Englands etablieren hatte können, erschien der Name Amateure unpassend, ab 29. November 1926 hieß der Verein F(ußball) K(lub) Austria. Dabei fiel auch der berühmte „Intelligenzler-Paragraph", der von Neuzugängen zwar keinen Doktortitel, aber entsprechendes „Bries" verlangt hatte.

Seit zwei Jahren spielte damals bereits Matthias Sindelar beim Verein, der zum Symbol des trickreichen „Scheiberlspiels" der Wiener Schule und der Wiener Austria werden sollte, zu einem der ersten „Werbeprofis" im Fußballgeschehen (für Molkereiprodukte) – und zum Liebling des Wiener Kulturlebens. Alfred Polgar: „Er spielte Fußball, wie ein Meister Schach spielt." Hans Weigel: „Er war ein Wunder, ein Künstler, ein Phänomen. Nie wurde Sport anmutiger, geistreicher, überlegener und entmaterialisierter betrieben". Noch einmal Torberg: „Er spielte Fußball wie kein anderer, voll Witz und Phantasie".

Vor allem international: Sindelar war der wichtigste Spieler in Hugo Meisls „Wunderteam" und bildete dort mit Hans Mock, Karl Gall und Walter Nausch eine starke violette Achse. Mit Sindelar wurde Austria zwar niemals Meister, aber dreimal Cupsieger und zweimal Sieger im Mitropacup, dem Vorläuferbewerb der heutigen Champions-League. Bereits 1926 soll Rivale Rapid ein Handgeld von 35 Millionen Schilling geboten haben, um ihn zu einem Wechsel zu bewegen, die Prager Slavia jagte ihn jahrelang, auch englische Klubs sollen 40.000 Pfund für ihn geboten haben. Seine Sternstunde im violetten Dress schlug am 8.September 1933: Beim 3:1 Mitropacup-Finalsieg gegen die Ambrosiana (das heutige Inter) im Praterstadion (das Hinspiel in Mailand war 1:2 verloren gegangen) erzielte er alle drei Treffer der Wiener – die Austria war Nummer eins in Europa. So wie auch 1936: nach einem torlosen Remise in Wien wurde im Mitropacupfinale Slavia Prag auswärts mit 1: 0 bezwungen.

Die Einverleibung Österreichs ins nationalsozialistische Deutschland traf die Wiener Austria von den österreichischen Fußballvereinen am härtesten: Unter den Spielern und Funktionären gab es viele Juden, nicht nur der legendäre Präsident „Michl" Schwarz musste sofort nach dem Einmarsch emigrieren – aus dieser Zeit rührt noch das Image des „Judenklubs", das bis vor kurzem noch durch antisemitische Sprechchöre gegnerischer Anhänger „gepflegt" worden ist. Sindelar soll sich von Schwarz mit den Worten verabschiedet haben: „I, Herr Doktor, wird Ihna oba immer griaß'n" – und das, nachdem die neuen Verantwortlichen den Spielern untersagt hatten, den jüdischen Präsidenten auch nur zu grüßen. Ein offener Widerstandskämpfer war er freilich nicht. Einige Monate nach dem deutschen Einmarsch erwarb er ein „arisiertes" Kaffeehaus auf der Laxenburgerstraße, freilich um einen handelsüblichen Preis. Und die Nazis ärgerte er beträchtlich, als er bei einem „Versöhnungsspiel" zwischen der „Ostmark" und dem „Altreich" am 3. April 1938 im Praterstadion ein Tor zum 2:0 Sieg gegen die Deutschen beisteuerte und das demonstrativ enthusiastisch feierte.

Während in der „Ostmark" der Fußballbetrieb auch im 2. Weltkrieg auf Sparflamme aufrecht erhalten werden konnte, war jüdischen Sportlern „natürlich" jede Tätigkeit untersagt. Die Austria versank in sportliche Bedeutungslosigkeit. Am 17. März 1938 wurde die vorläufige Sperre des Vereins verfügt, auch die „arischen" Spieler konnten nicht mehr in dem als Kaserne verwendeten Praterstadion trainieren, die Funktionäre durften das Sekretariat nicht mehr betreten und konnten die Geschäfte des Vereines nicht mehr führen. SA-Sturmbannführer Hermann Haldenwang wurde vom NS-Regime zum „kommissarischer Leiter" des kurze Zeit (vom April bis Juli 1938) sogar in „Ostmark" unbenannten Vereins ernannt.

Der Platz des Präsidenten wurde von den authentischen Funktionären aber ‚Michl' Schwarz frei gehalten – mit Erfolg: Im Sommer 1945 konnte er wieder das Ruder bei der Austria übernehmen. Ihr großer Star war bereits am 23. Jänner 1939 verstorben: In der Wohnung seiner Freundin fiel Mathias Sindelar einem Rauchgasunfall zum Opfer, lange hielten sich Gerüchte, es könne sich dabei um Mord oder Doppelselbstmord gehandelt haben. Torberg hat ihm dann noch ein eigenes Gedicht gewidmet:

„Es jubelt die Hohe Warte, der Prater und das Stadion,
  wenn er den Gegner lächelnd narrte und zog ihm flinken Laufs davon –
  bis eines Tags ein andrer Gegner ihm jählings in die Quere trat,
  ein fremd und furchtbar überlegner, vor dem's nicht Regel gab noch Rat.
  [...]
  Das Tor, durch das er dann geschritten, lag stumm und dunkel ganz und gar.
  Er war ein Kind aus Favoriten und hieß Matthias Sindelar."

Die Austria zwischen 1945 und 1965

Nach 1945 – am 6.Juni gab es das erste Nachkriegsderby mit einem 2:2 gegen Rapid vor dem Minusrekord von 3000 Zusehern – erlangte die Austria bald wieder ihre frühere Bedeutung. Vom alten Erfolgsteam um Sindelar spielten in den ersten Nachkriegsjahren noch Camillo Jerusalem (Schütze des Goldtores im Mitropacupfinale gegen Slavia Prag), Pepi Stroh und Karl Adamek, dazu kamen bald neue Stars wie Dolfi Huber, Harry Aurednik, Fritz Kominek, Ernst Melchior, Karl Stotz, Walter Schleger (später ein Rektor an der Tierärztlichen Hochschule) und Ernst Ocwirk, der in seiner Glanzzeit bester Mitteldspieler der Welt und zweimal Kapitän des FIFA-Weltteams werden sollte.

Mit Ocwirk – er verließ Österreich 1956 in Richtung Italien – errangen die Violetten fünf Meister- und drei Cupsiege. Und erregten bei internationalen Freundschaftsspielen – noch gab es keinen Bewerb – weltweites Aufsehen: 1951 wurde in Rio de Janeiro die mit sechs Spielern des Weltmeisters Uruguay angetretene Starelf von Nacional Montevideo mit 4:0 geschlagen. Bis heute ein mit dem Erfolg des Sportclubs gegen Juventus vergleichbarer Höhepunkt: 1954 ein 9:2 in einem Freundschaftsmatch im Praterstadion gegen den deutschen Meister Kaiserslautern. Ocwirk war 1954 auch Kopf der österreichischen Mannschaft bei der Weltmeisterschaft in der Schweiz, die der Nationalelf den größten Erfolg ihrer Geschichte bescherte (bei der WM 1934 in Italien war man Vierter geworden): mit 3:1 gegen Uruguay wurde der 3.Platz errungen, nach legendären Spielen gegen die Schweiz (7:5 im Viertelfinale) und Deutschland (1:6 im Semifinale). Ein fast ebenso „nationalstiftendes" Ereignis wie das „Wunder von Bern" für die Deutschen (3:2 Finalsieg gegen Ungarn). Dieses internationale Großereignis brachte dem österreichischen Klubfußball nicht nur Vorteile. Im Zuge der wieder einsetzenden Professionalisierung des Sports wurde die Auslandssperre für Spieler über 30 Jahren aufgehoben. Auch die Austria verlor einige ihrer besten Spieler: Stojaspal, Kominek, Melchior und Aurednik wechselten nach Frankreich, Ocwirk zwei Jahre später nach Italien, die erste Glanztruppe nach dem 2.Weltkrieg zerfiel. Zwischen den beiden Meisterjahren 1953 und 1961 verharrte die Austria im (oberen) Mittelfeld der Abschlusstabelle. In diese Periode fiel eine Premiere besonderer Art: Am 27.April 1958 endete ein Derby gegen Rapid 1:1; die erste Fußball-Liveübertragung im jungen Medium Fernsehen führte dazu, dass nur 6700 das Praterstadion bevölkerten.

Ab 1959 übernahm bei der Austria Joschi Walter für 33 Jahre zuerst als Vizepräsident, dann als Geschäftsführer, zuletzt als Präsident das Ruder und sanierte den finanziell darbenden Klub. Unter seiner Führung gewannen die Violetten zwölf Meister- und neun Cuptitel. Er führte nicht nur bei der Austria, sondern im gesamten österreichischen Fußball professionelle, nach ökonomischen Kriterien geformte Strukturen ein. 1963 und 1964 legte er zudem als Bundeskapitän des ÖFB (das Nationalteam leitete er mit dem genialen Weltenbummler Béla Gutmann, den er zehn Jahre später für kurze

Zeit auch noch für die Austria gewann) ein Zehnpunkte-Programm vor, das sich an der ein Jahr zuvor erfolgten Schaffung der deutschen Bundesliga orientierte. Hauptpunkte: Die Vergabe der Plätze für die neue „Nationalliga" sollte auch nach regionalen Gesichtspunkten erfolgen, die Lizenz dafür erst nach genauer Wirtschaftsprüfung und nur an Klubs aus Orten mit mindestens 30.000 Einwohnern vergeben werden.

Im ÖFB stießen einige von Walters Pläne auf Widerstände, bei der Austria nicht – er ging nur kurzzeitig frustriert, nachdem seine Fusionspläne mit der Admira abgelehnt worden waren. Ab 1960 wurde dreimal hintereinander der Meistertitel geholt, die bisher erfolgreichste Periode des Vereins. Damals wurden Horst Nemec und Alfred Fiala zu neuen Stars, Jacare und Buzek wurden geholt, vom Sportclub Ernst Hof, Talente wie Robert Sara (spielte 21 Jahre für die Violetten), Thomas Parits, Karl Kodat, Alfons Dirnberger, und „Buffy" Ettmayer kamen in die Mannschaft. Walter gelang es auch, mit der Schwechater Brauerei (und dem bald als Präsident fungierenden Manfred Mautner Markhof) einen Sponsor zu finden, der mit dem Bierglas 1965 erstmals ein Logo auf dem Dress platzierte. Ganz gemäß seiner frühen Erkenntnis: „Die Zeiten haben sich geändert. Ein Fußballverein ist heute längst kein Hobby mehr, das man so schlecht und recht durch die finanziellen Wirrnisse steuert, ganz besonders gilt dies bei den Spitzenklubs. Sie sind in unseren Tagen Unternehmen, die neben dem sportlichen Ziel auch die wirtschaftlichen Gesetzmäßigkeiten beachten müssen."

Epilog: Die Austria bis heute

Ende der Sechziger Jahre die nächste Erfolgsphase der Austria: Zwischen 1968 und 1970 wurde sie zweimal hintereinander Meister, wesentlich dafür verantwortlich waren neue Leistungsträger wie Josef Hickersberger, Alfred Riedl oder Helmut Köglberger. Nationaler Glanzpunkt dieser Phase: ein 6:0 gegen Rapid im Oktober 1969. Der absolute sportliche Höhepunkt der violetten Erfolgsgeschichte war dann ab Mitte der Siebziger Jahre zu verzeichnen: Zwischen 1975 und 1994 gewannen sie 11 Meistertitel und rangierten nie schlechter als auf Platz 3. Die Austria war unbestrittene Nummer 1 in Österreich. Absoluter Höhepunkt der Vereinsgeschichte nach 1945: Das Finale im Europacup der Cupsieger 1978, das in Paris gegen Anderlecht freilich 0:4 verloren ging. Zur Leitfigur dieser Periode wurde Herbert Prohaska, „unsterblich" für seinen „Spitz" von Izmir, der die Qualifikation für „Cordoba" bedeutete, Mittelpunkt eines genialen Mittelfeldtrios mit Felix Gasselich und Ernst Baumeister. Besonders herausragend – in nachfolgenden Generationen – weiter die Torleute Friedl Koncilia, Hubert Baumgartner und Franz Wohlfahrt, die Verteidiger Ernst Obermayer, Eduard Krieger, Johann Dihanich, Manfred Zsak, Toni Pfeffer und Josef Degeorgi, die Mittelfeldspieler Peter Stöger, Thomas Flögel und Christian Prosenik, die Legionäre Julio Morales, Alfred Martinez, Tibor Nyilasi und Valdas Ivanauskas, die Stürmer Hans Pirkner, Gerhard Steinkogler, Alfred Drabits, Walter Schachner, Andi Ogris und Toni Polster. Mitentscheidend: die seit 1977 beständige finanzielle Unterstützung der Austria durch die Austria Tabakwerke.

Interne Reibungsverluste (die Austria war schon unter Joschi Walter der Verein, der am häufigsten Trainer wechselte, oft auch am Höhepunkt ihres Erfolgs) sowie die wachsende Kluft zwischen den in Österreich möglichen materiellen Mitteln und den für Erfolge im internationalen Fußballgeschäft nötigen Geldquellen – dokumentiert durch die Schaffung der Champions League – führten die Austria in eine schwere finanzielle und sportliche Krise: zwischen 1995 und 1999 belegte sie keinen besseren als den fünften Tabellenplatz, die finanzielle Krise spitzte sich zu. 1998 wurde dann der Magna-Konzern des Austrokanadiers Frank Stronach Hauptsponsor, dann ab 2000 Betriebsführer des Vereins. In dieser siebenjährigen Ära – sie endete im vergangenen Jahr – wurden mit Christoph Daum und Joachim Löw zwei international bekannte Trainer und zwei Meistertitel geholt, mit der Stronach-Akademie in Hollabrunn eine professionelle Nachwuchsschmiede geschaffen.

Dennoch symbolisiert der partielle Ausstieg Stronachs – beschleunigt durch Fehler auf beiden Seiten – eine negative Trendwende im gesamten österreichischen Fußball: Schon in den Neunziger Jahren konnte Rapid nur mit einer politisch durchgesetzten Geldspritze der Bank Austria gerettet werden, später gelang das dem Meister Tirol nicht. Und die international einst ebenso erfolgreichen Klubs Austria Salzburg und Sturm Graz stürzten nach jeweils drei Glanzjahren fast ebenso brutal ab wie der GAK nur drei Jahre nach einem Meistertitel. Natürlich auch aus Verschulden ursprünglich extrem erfolgreicher Präsidenten (Rudi Quehenberger, Hannes Kartnig), die geglaubt haben, einen Fußballverein auf Dauer so patriarchalisch weiter führen zu können wie eine Familienfirma. Das spielt es aber nicht mehr im Profifußball: Der ist auf international konkurrenzfähiger Ebene ein kommerzielles Showgeschäft, in dem Milliarden umgesetzt werden. Und selbst im bescheidenen österreichischen Maßstab agieren Quasi-Firmen mit Jahresbudgets zwischen fünf (Altach) und 50 Millionen (Salzburg) Euro, die man auf Dauer nicht mehr nach dem Vereinsrecht führen kann, sondern eben wie eine Wirtschaftsfirma. Freilich: Finanzielle Gewinne wird man im und mit dem österreichischen Fußball nie mehr machen können, dazu ist die globale Konkurrenz zu groß und der heimische Markt zu klein.

Die Wiener Austria hat aber wenigstens im heimischen Rahmen exzellente Chancen: Ihre Geschichte und ihr Umfeld garantieren, dass sie auch nach den 5300 Spielen ihrer Vereinsgeschichte wie der Vereinshistoriker Erich Krenslehner bilanziert hat) weiter ein unverzichtbarer Bestandteil des Wiener Fußballgeschehens bleibt – und der gesamten österreichischen Gesellschaft. Zum 100. Geburtstag 2011 wird man wohl mit Hans Weigel wieder staunen können: „Die violette Austria-Elf ist hinreißend, hochbegabt, unverlässlich, launisch, verspielt, dilettantisch, ungeschickt, improvisatorisch, überindividualistisch, eine Elf von Künstlern".

(Wiberal – Photoarchiv des AZ)

Krise und Instrumentalisierung

„Wenn der Rechtsaußen den linken Half überspielt und zentert, wenn der Mittelstürmer den Ball in den leeren Raum vorlegt und der Tormann sich wirft, wenn der Halblinke seine Verteidigung entlastet und ein Flügelspiel forciert, wenn der Verteidiger auf der Torlinie rettet, wenn einer unfair rempelt oder eine ritterliche Geste macht, wenn der Schiedsrichter gut ist oder schwach, parteiisch oder parteilos, dann existiert für den Zuschauer nichts auf der Welt außer dem Fußball, ob die Sonne scheint, obs regnet oder schneit. Dann hat er alles vergessen. Was ‚alles'?"

Ödön von Horváth, Jugend ohne Gott

Marxisten pfeifen die „Volkshymne" aus.
Eine Büberei sondergleichen.

Das offizielle Organ der Partei, das Sprachrohr des Parteivorstandes, sagt unter dem eindeutigen Titel „Das Volk pfeift die „Volkshymne" aus" folgendes: „In Wien hat es gestern ein freudiges Ereignis gegeben: beim Länderfußballmatch England – Oesterreich. Es war nicht das Spiel selbst, das wohl keinen der sechzigtausend Besucher entzückt hat, sondern ein Begleitumstand, der nicht im Programm stand. Als die Engländer das Spielfeld betraten, begrüßte sie eine übrigens ganz entsetzlich schlechte Militärmusik mit der englischen Nationalhymne. Achtungsvoll erhob sich die gewaltige Masse der Sechzigtausend und mit entblößtem Haupte hörte alles in feierlichem Schweigen zu. Dann begann das Match und es war bereits einige Minuten im Gange, als plötzlich – der Bundespräsident und der Bundeskanzler kamen zu spät – das Blech der Musikanten neuerdings einsetzte. Man hörte ein paar Töne: „Sei gesegnet ohne Ende ..." Mehr aber hörte man nicht. Denn im nächsten Augenblick antwortete der „Volkshymne" – die Volksstimme! Aus fünfzigtausend Kehlen erdröhnte es über den Riesenplatz: „Pfui, pfui, pfui!" Gellende Pfiffe, lautes Schreien, zorniges Gelächter und allgemeiner Jubel über den spontanen Ausbruch der Verachtung des Volkes gegen das Lied der Reaktion – fünfzigtausend Menschen waren begeistert! Angesichts der englischen Gäste, angesichts der in den Logen sitzenden fremden Diplomaten, angesichts der Vertreter der ausländischen Presse ist unseren hohen Regierungsherren gründlich gezeigt worden, wie das Volk von Wien über ihre reaktionären Streiche denkt. Zum erstenmal, wo sich das Kernstocksche Machwerk wirklich vor die Massen des Volkes getraut hat, ist ihm spontan ein Empfang bereitet worden, daß seinem Urheber dabei Hören und Sehen vergangen sind. Fein stehen die Herren vor dem Ausland da, das nun abermals einen Begriff bekommen hat, daß das österreichische Volk anders denkt und empfindet, als es ihm irgendein Herr Vaugoin mit seinen Blechhymnen vorschreiben möchte. Die durch dieses Ereignis in Stimmung gebrachten Massen haben dann in der Pause um so stürmischer unsere Genossen Sever, Tandler und Weber begrüßt. „Freundschaft!" schallte es über den Platz und Winken und Tücherschwenken gab's, daß den bürgerlichen Herren die Laune gründlich verdorben ward."

Es ist selbstverständlich, daß es sich bei diesem Vorfall während des Länderspiels um eine von „oben" arrangierte Büberei handelt, die als „Ausbruch des berühmten Volkswillens" parteipolitisch ausgeschrotet werden soll. Der Bundespräsident und der Bundeskanzler haben wohl aus Takt gegen die ausländischen Gäste die einzig mögliche Antwort, die im sofortigen Verlassen des Spielplatzes bestanden hätte, nicht erteilt. Aber der Kanzler, der im letztvergangenen Sommer und Herbst klar und deutlich die Auffassung vertrat, daß es mit den Elementen, die im Rathaus die Diktatur ausüben, keine Freundschaft geben könne, wird sicherlich die notwendigen Folgerungen aus den vorgestrigen Skandalszenen ziehen. In dem Jubel der „Arbeiter-Zeitung" sehen wir nur eine neue Bestätigung der Anschauung, daß mit diesen staatsfeindlichen Austromarxisten in keiner Weise paktiert werden kann.

[…]

Neues Wiener Journal, 16. 5. 1930, S. 1–2

Krise und Instrumentalisierung

(Wiener Montagsblatt, Wienbibliothek im Rathaus)

Das ist kein Sport für die Wiener!

Immer wieder versucht der Faschismus, die Beliebtheit des Sports bei den Massen als Vorspann für seine Propaganda zu mißbrauchen. So wurde bei dem Mitropacupspiel Austria gegen Budapester F.T.C. (das übrigens zuungunsten der Österreicher ausging) ein „Vorprogramm" geboten, das geradezu eine politische Provokation war: eine Mannschaft der Wiener Polizei, außerdem zwei Mannschaften vom klerikalen Reichsbund, die in ihrem Leben noch nicht vor mehr als fünfzig Zuschauern gespielt hatten und nun auf einmal einer Menge von fünfzigtausend vorgesetzt wurden. Die Fünfzigtausend antworteten darauf, wie sich's gehört: die Wachmannschaft wurde gründlich ausgepfiffen und auf die Darbietungen der Reichsbündler erwiderten die Zuschauer, indem sie ihnen ihre Hinterseite darboten und Spottlieder sangen. Wohl wurden einige Verhaftungen vorgenommen, aber gegen die Riesenmasse, die das Stadion füllte, waren die Behörden machtlos; als einigen Wachleuten die Kappen heruntergeschlagen und sogar die Gummiknüttel entrissen wurden, wurde die Polizei abgezogen und durch Ordner ersetzt, was die Menge mit einem Beifallsturm quittierte. Schließlich wurde so nachdrücklich „Schluß!" gerufen, daß die erschreckten Kerzelschlicker tatsächlich das Spiel abbrachen. Mit seinen sportlichen Experimenten hat der Faschismus bei den Wienern kein Glück; und lange noch wird man in Wien das im Stadion spontan entstandene Lied singen: Fort, fort, fort – mit dem Reichsbundsport!

Arbeiterzeitung (Brünn), 11. 8. 1935, S. 5

Der Kapitän und der Diktator – Hugo Meisl im Handschlag mit Bundeskanzler Dollfuß (Privatsammlung Blimlinger)

Krise und Instrumentalisierung

Demonstrationen beim Ländermatch

Das Ländermatch Österreich – Italien am 24. März hat nicht nur gezeigt, wie rasend schnell die Sportleistungen Österreichs unter dem Sportführer Starhemberg zurückgehen. Es hat auch das Verhältnis zwischen der Wiener Sportjugend und dem Faschistenstaat anschaulich gezeigt. Wo immer Wiener Jugend zusammenkommt, hat die Faschistenregierung Angst vor ihr. Schon vor dem Match wurden die Wiener im Radio, im „Telegraf" und der „Stunde", schließlich sogar in einer Kundmachung des Sportführers Starhemberg vor Demonstrationen gewarnt. Zum Spiel wurden die größten Sicherheitsvorkehrungen getroffen. Einige tausend Mann Wiener Polizei waren im und um das Stadion postiert. Im Stadion auf den Stiegen, in den Kammern und rund um die Laufbahn war ein Wachmann neben dem anderen zu sehen. In der Meierei Krieau, beim Schwimmstadion, Criketerplatz, Trabrennplatz waren weitere große Wachebereitschaften. Außerdem waren im Stadion einige hundert Heimwehrleute, die vor allem den oberen Kranz des Stadions, die Ehrentribüne und die Radioanlage zernierten. Vor dem Spiel wurde in den Sektoren A und C eine Reihe von Personen zur Ausweisleistung und Visitierung angehalten. Die Bundesregierung und sonstige offizielle Körperschaften hatten es vorgezogen, still und unauffällig zu kommen. All das hat aber nur wenig genützt. Als die Italiener vor Beginn des Spieles das Spielfeld betraten und sich mit dem Faschistengruß am Mittelkreis des Spielfeldes aufstellten, brach im Stadion tosendes Pfuigeschrei los. Die Demonstrationen gegen die Italiener nahmen auch kein Ende, als das Spiel begann; das Publikum benützte jede Gelegenheit, den Faschisten seine Antipathie zu zeigen. In der ersten Spielhälfte gab es ein ununterbrochenes Gepfeife und Gejohle gegen die Italiener. In der Pause machten fünf Heimwehrleute vom Stab in Uniform, geführt vom Heimwehrführer Kommerzialrat Willi Kurz, einen Rundgang um die Laufbahn. Beim Sektor C wurden sie schon mit Pfiffen bedacht, die sich ins Maßlose steigerten, als sie zum Sektor D kamen. Dort wurden sie durch die Polizei zum rascheren Weitergehen verhalten. Den Sektor E (Sitzplätze) konnten sie verhältnismäßig glimpflich passieren. Als sie aber gegen Ende des Sektors, knapp vor Beginn des Sektors F, die Hand zum Faschistengruß hoben, um einige dort provozierende italienische Faschisten zu begrüßen, brach der Entrüstungssturm verstärkt von neuem los. Plötzlich wollte einer der Heimwehrleute über eine Stiege in den Sektor F eindringen, um einen der Demonstranten dingfest zu machen; da brach von allen Sektoren ein ungeheurer Entrüstungssturm los. Einige Wachleute hinderten im letzten Moment den Heimwehrmann an seinem Vorgehen und drängten nun die Heimwehrleute beim Sektor A aus der Laufbahn. Als die Italiener wieder das Spielfeld betraten, wurden sie neuerdings mit wüsten Schimpfworten und den Rufen „Nieder mit den Faschisten!" empfangen. Die Demonstrationen hielten an und fanden bei Ende des Spieles einen würdigen Abschluß, als sich die Italiener mit dem Faschistengruß verabschiedeten. Solange ein Italiener auf dem Spielfeld zu sehen war, hielt die Demonstration an. Während des Spieles versuchten wiederholt die Anhänger der Italiener ihre Landsleute durch Sprechchöre aufzumuntern, wurden aber sofort durch Gegenaktionen – Pfeifkonzerte usw. – niedergeschrien.

Da die Behörde von den beabsichtigten Demonstrationen Kenntnis hatte, sind diesmal alle offiziellen Begrüßungen entfallen, insbesondere wurde es auch unterlassen, die ursprünglich angesetzten Nationalhymnen der beiden Länder zu spielen.

Arbeiterzeitung (Brünn), 31. 3. 1935, S. 8

Politische Instrumentalisierung des Fußballs – Bundespräsident Miklas und Verbandspräsident Gerö
(Privatsammlung Blimlinger)

Wien im Zeichen des Länderspieles.

Österreich – England 6. Mai 1936; Walter Nausch und Torhüter Peter Platzer in Aktion (Wiberal – Photoarchiv der AZ)

England gegen Oesterreich! Das war gestern Stunden hindurch das Ereignis von Wien. Alle Sorgen, alle Weltgeschehnisse waren vergessen. Zweiundzwanzig Sportler bekämpften sich im Wiener Station mit einem Fußball, und sechzigtausend Menschen standen neunzig Minuten lang in ihrem Bann. Und die vielen Hunderttausende, die keine Karten mehr bekommen konnten, waren gestern um Lautsprecher versammelt, saßen mit Kopfhörern da, um wenigstens mit den Ohren das große Ereignis mitzuerleben.

Und es war ein Ereignis. Das kam schon dadurch zum Ausdruck, daß der Bundespräsident Miklas, daß der Oberste Sportführer Vizekanzler Fürst

Krise und Instrumentalisierung

Starhemberg mit seinem Sportadjutanten Hauptmann Winkler und dem Generalsekretär der Sport- und Turnfront Baron Seyffertitz, daß die Minister Berger-Waldenegg, Baar-Baarenfels, Stockinger und Dobretsberger, der Präsident des Bundestages Graf Hoyos, daß der englische Gesandte Sir Walford Selby, daß die Bürgermeister der Stadt Wien, Polizeipräsident Dr. Skubl, der Olympiapräsident Dr. Schmidt, daß ein großer Teil der guten Wiener Gesellschaft, Aristokratie, Künstler, Industrielle, Gewerbetreibende, Aerzte, daß selbstverständlich alle Funktionäre der verschiedensten Sportzweige sich im Stadion Rendezvous gaben. Ein Sportfest war deutlich zu einem gesellschaftlichen Ereignis geworden.

Schon zeitig am Nachmittag sprach man in Wien nur vom Ländermatch. In den meisten Büros war am Dienstag eine Stunde länger gearbeitet worden, damit man am Mittwoch eine Stunde früher fort konnte. Und Chefs und Angestellte, männliche wie weibliche, fuhren gemeinsam in Taxis hinunter in den Prater. Schon ab 14 Uhr waren die vielen Straßenbahnzüge, die zum Stadion führten, dicht besetzt. Auto auf Auto rollte über die Hauptallee. Es klappte vorzüglich. Die Polizei hatte diesmal einen ganzen Schlachtplan entworfen. Ein ungewöhnlich großes Aufgebot von Wachebeamten regelte den Verkehr sowohl vor als nach dem Spiel, neue Parkplätze waren angelegt worden, und alle Privatautos von Wien, der Großteil seiner Motorräder und Fahrräder sammelte sich rings um das Stadion. Dazu die lange Kolonne der vielen, vielen Taxis.

Ob man nicht doch noch eine Karte bekommen würde? Das schöne Wetter lockte zwischen die ehrwürdigen Kastanienbäume des Praters und viele versuchten ihr Glück. Hie und da gab es auch gegen hohen Aufschlag noch eine Karte. Und sechzigtausend Menschen füllten schließlich das Betonrund um den grünen Rasen im Stadion. Sechzigtausend schrien begeistert, als Oesterreich seine Treffer erzielte. Sechzigtausend winkten mit Fahnen und Tüchern, sechzigtausend bangten und haderten mit dem Schiedsrichter. Sechzigtausend waren schließlich glücklich und dankten unseren Spielern. Telephon und Telegraph waren rasend tätig, Filmoperateure und Photographen: arbeiteten fieberhaft. Länderspiel!

„Hier wird das Länderspiel übertragen". Fast in allen Kaffeehäusern hing diese Tafel schon seit Tagen. Man las keine Zeitung, erzählte sich nicht den neuesten Klatsch, die Bridgekarten lagen vergessen da, man hörte nur zu, was Professor Schmieger von Sindelars Künsten, was er vom Können Nausch', was er von den Engländern erzählte. Und auch im Kaffeehaus, weit vom Schuß (im wahrsten Sinn des Wortes) wurde man zu Klatschen hingerissen, begeistert, als ob die Spieler es hören könnten. Jubelstimmung herrschte auch hier, als der Sieg feststand.

Vor Radiogeschäften staute sich die Menge. Hie und da fanden sich Autos, in denen Chauffeure den Radioapparat angedreht hatten. Sie waren bald umringt. Der Verkehr schien überall zu stocken. Wo Büros noch arbeiteten, wurde auch diese Arbeit eingestellt und der Lautsprecher mußte vom Länderspiel erzählen.

Am Abend schwelgte ganz Wien in einer seligen Siegesstimmung. Sie wurde vielfach im Prater gefeiert, denn viele Matchbesucher blieben gleich dort, um das Glück in Weingläsern fassen zu können. Aber auch in Grinzing beim Heurigen, in den Kaffeehäusern, in den Nachtlokalen, auf der Straße, in Gesellschaften, kurz überall, wo sich abends Menschen trafen, hörte man: „Sie waren doch auch beim Match …? Was sagen Sie zum Papierenen?" „Das war einmal ein Sieg!" Und Erinnerungen wurden ausgetauscht. Das Spiel Oesterreich – England ist nicht nur in der Geschichte des Sports als Ehrentag für Oesterreich eingezeichnet. Es ist auch ein wichtiges Kapitel in der Wiener Lokalgeschichte geworden …

Neue Freie Presse, 7.5.1936, S. 6

Eindrücke vom Mailänder Mitropacupspiel.

Von **Dr. Emanuel (Michel) Schwarz.**
Präsident der Austria.

Das schwerste Hindernis auf dem Wege zum Endsiege im Mitropacup liegt hinter uns. Die Kampfmannschaft der Austria hat am vergangenen Sonntag in der Arena von Mailand alle Erwartungen voll erfüllt. Die Elf hat sich ausgezeichnet geschlagen und im Spielverlauf eine deutliche Ueberlegenheit gezeigt, die für den am Freitag stattfindenden Endkampf das Beste erwarten läßt. Im Fußball sind zwar Vorhersagen immer äußerst gefährlich, aber diesmal hoffe ich doch, daß es meiner Mannschaft gelingen wird, den Mitropacup zum drittenmal für Oesterreich zu erobern.

Unsere Vorbereitungen für den Mailänder Kampf haben sich als richtig erwiesen. Wir waren in erster Linie bestrebt, jede überflüssige Nervosität von den Spielern fernzuhalten, und zogen es deshalb vor, in Mailand so spät wie möglich einzutreffen. Deshalb wurde in Venedig Station gemacht. Leider zeigte sich dort, daß Nausch über Schmerzen am rechten Fußbein klagte, aber mit Massagen und Bädern bis knapp vor dem Spiel konnten wir dieses Uebel noch im letzten Moment beheben. Der Besuch der Autorennbahn in Monza, wenige Stunden vor dem Spielbeginn, bot mit den Trainingsfahrten für den Pokal von Europa, der am kommenden Sonntag dort ausgetragen wird, reichlich viel Interessantes, und vor allem Abwechslung.

Als wahre Plage empfanden wir die unzähligen Besuche von „Sportfreunden", die meist in einer alles nur nicht repräsentativen Kleidung zu Fuß aus Oesterreich durch Italien pilgern, und sich vor unserem Quartier ein Stelldichein gegeben hatten, um Freikarten für das Spiel zu verlangen. Wir waren selbstverständlich nicht in der Lage, diesen lawinenartig anwachsenden Wünschen zu entsprechen.

Der Kampf stand im Mittelpunkt des sportlichen Interesses in der ganzen Lombardei. 35.000 Zuschauer füllten im Sonnenglast die ganz aus Stein gebaute Arena, in der die Sitzgelegenheiten mit großen roten Pölstern bedeckt und je nach dem Preis mit mehr oder weniger Schatten bedacht sind. Mustergültig war das Publikum. Freilich grenzenlos begeistert für die eigene Mannschaft, aber doch von sportlich einwandfreier Auffassung, die auch dem Gegner nicht die Achtung versagt. Beifall allerdings gab es nur für die italienische Mannschaft, währed man bei dem Treffer der Austria nur vollkommenes Stillschweigen beobachten konnte. Zum Teil wohl auch der Ausdruck der Enttäuschung über das Spiel der italienischen Repräsentativen. Da wird es wohl in drei Tagen im Wiener Stadion anders sein, und dieser Umstand ist es, der mich sicher macht.

Der Spielverlauf hat meine zuletzt in der „Neuen Freien Presse" geäußerte Auffassung bestätigt. In Mailand gab es nur das erwartete knappe Resultat, die Entscheidung bringt nun der Kampf in Wien. Freilich wird die Austria tüchtig kämpfen müssen. Sindelar wird sicher mehr Energie aufbringen als zuletzt am Sonntag und auch die beiden Flügelstürmer werden mehr beschäftigt werden müssen, aber auch ihre Aktionen exakter auszuführen haben. Spielt die Hintermannschaft, besonders Mock, so wie im ersten Spiel gegen Ambrosiana, dann bin ich beruhigt. Es war besonderes Pech, daß gerade in einer nur nach Minuten währenden Schwächeperiode beide Verlusttreffer zustande kamen. Dabei fielen beide Verlusttore, durch Regelwidrigkeiten begünstigt. Dem ersten Treffer ging ein grobes Foul an Gall voraus, der, durch einen Stoß von rückwärts irritiert, den Ball Meazza auf dem Fuß köpfelte. Der zweite Treffer resultierte aus einer klaren Abseitsstellung Levrattos, der sich im Moment des Torschusses mindestens zwei Meter hinter den Verteidigern befand.

Aus diesem Grund war ich auch mit dem Schiedsrichter Klug nicht zufrieden, der überdies zwei schwere Fouls an Austria-Stürmern im Strafraum übersah. Das sind eben die Nachteile der Spiele im Ausland, wodurch dann meist das Resultat entscheidend beeinflußt wird.

Wenn wir in Mailand besser spielten als in Turin, so ist dies in erster Linie auf die elegantere Spielweise der Milanesen zurückzuführen, die weit weniger rohe Kraft gebrauchen als die Spieler des F.C. Juventus. Ambrosiana hat zuletzt

Krise und Instrumentalisierung

in Wien in der ersten Runde des Mitropacups gegen Vienna nur eine bescheidene Rolle gespielt. Ich glaube, man wird diesmal die Italiener weit besser spielen sehen. Besonders imponiert hat mir Levratto, der mit echt südländischer Begeisterung die Schmerzen einer schweren Muskelzerrung überwand und sich neben dem vorzüglichen Meazza als gefährlichster Stürmer entpuppte. Ein technisch guter Spieler ist sicher auch der Mittelläufer Faccio, der allerdings das Treffen nicht ganz durchstand. Er und Levratto werden wohl kaum in Wien spielen.

Auch in der Mannschaft der Austria wird es eine Veränderung geben. Obwohl die Aufstellung erst am Donnerstag endgültig erfolgt, scheint es jetzt schon ziemlich sicher, daß an Stelle des verletzten Spechtl Jerusalem spielen wird.

Meine Mannschaft ist fest auf Sieg und mit ihr wohl auch fast die ganze Sportgemeinde. Das kam wohl am besten auf der Fahrt von der österreichischen Grenze bis nach Wien zum Ausdruck. Ueberall fanden sich Fußballanhänger ein, die uns gratulierten, als ob eigentlich nicht Ambrosiana, sondern wir das Mailänder Spiel gewonnen hätten. Aber die Leute werden schon wissen, warum sie mit dem Resultat zufrieden waren. Hoffentlich sind sie es auch am Freitag mit der Austria.

Neue Freie Presse, 5. 9. 1933, S. 7

Er prägte das Spiel seines Vereines Austria wie des Wunderteams: der „Papierene" Matthias Sindelar
(Wiberal – Photoarchiv der AZ)

Mitropa-Cup-Fieber in Wien

Von

Robert Brum.

Wieder einmal ist Zauberer Fußball am Werk, die Massen in seinen Bann zu ziehen. Die große internationale Cupkonkurrenz, der Mitropa-Cup, ist in vollem Gang, die Mannschaften Oesterreichs Admira, Austria und Vienna haben sich in der ersten Runde mit sportlichem Ruhm bedeckt und in erbitterten Kämpfen ihre Gegner zur Strecke gebracht, und jetzt, wo es gilt, den zweiten Gang zu bestreiten, ist ganz Fußballösterreich in ihrem Lager. Wien ist vom Mitropa-Cup-Fieber befangen, das heute wohl zehntausende Sportbegeisterte ins Stadion locken wird. Mag der Wettergott seine Launen haben, glühende Hitze oder strömenden Regen vom Himmel herabsenden, den unentwegten Fußballenthusiasten kann dies alles nicht abhalten, seiner Lieblingsmannschaft treue Gefolgschaft zu leisten. Der Film des grünen Rasens hat sich die Welt erobert. Seine Akteure jagen einem unscheinbaren Lederball nach, und den Weg, den dieser nimmt, verfolgen die Zuschauer mit atembeklemmender Spannung. Im diesmaligen Mitropa-Cup-Film haben bisher unsere Fußballer eine große Rolle gespielt, hoffentlich gibt es einen für uns günstigen Verlauf und ein Happyend für Oesterreich.

Neues Wiener Journal, 4. 7. 1937, S. 14

Dr. Josef Gerö, Wiener Verbandspräsident, gehörte 1938 dem sogenannten „Prominenten"-Transport in das KZ Dachau an. Nach dem Zweiten Weltkrieg ÖFB-Präsident und Justizminister (Privatsammlung Blimlinger)

Krise und Instrumentalisierung

Kundgemacht!
Wien, am 2. März 1937 **5A** 127/37

HUGO MEISL
SECRÉTAIRE GÉNÉRAL DE LA
FÉDÉRATION AUTRICHIENNE DE FOOTBALL
ASSOCIATION

Dr. Franz Hauer
öff. Notar, Ger. Abg.

VIENNE, 21. September 1934
IX, BERGGASSE 9

Mein letzter Wille!

Wenn ich mit Tod abgehe, so soll mein gesamtes bewegliches und unbewegliches Vermögen meiner Familie, unter Aufsicht bis zur Volljährigkeit meiner Kinder Martha, Helga und Herbert von den Herren Oberlandesgerichtsrat Dr. Richard Eberstaller, Staatsanwalt Dr. Josef Gerö und Redakteur Otto Howorka, zufallen.

Bis in die fernste Zukunft Ehre dem österreichischen Sporte, seinen Organisatoren und Führern.

Hugo Meisl

Testament Hugo Meisls (Wiener Stadt- und Landesarchiv)

Hugo Meisl und die Erfindung des modernen Fußballs

„Fußball ist der wahre Volkssport"[1]

Von Andreas Hafer und Wolfgang Hafer

Hugo Meisl,[2] geboren 1881 in Maleschau (Malešov) in Böhmen als Sohn eines jüdischen Kaufmanns, kam Mitte der neunziger Jahre nach Wien und gehörte zu der Generation junger Männer, die begeistert waren von dem neuen Sport, der ganz langsam in Wien Fuß fasste, zunächst als Fußballspieler, dann als Schiedsrichter und schließlich auch als Funktionär. Er war von 1912 bis zu seinem Tode 1937 Verbandskapitän des Österreichischen Fußballbundes (bzw. seiner Vorgängerorganisation), fast ebenso lang dessen internationaler Sekretär, seit 1907 FIFA-Delegierter seines Verbandes, seit 1927 Generalsekretär des ÖFB. Mit seinem Namen sind untrennbar der Aufstieg des österreichischen Fußballs zur europäischen Spitze in den dreißiger Jahren verbunden,[3] insbesondere die Entstehung des österreichischen „Wunderteams", der stärksten Nationalmannschaft des Kontinents zu Beginn der dreißiger Jahre, sowie die Entwicklung Wiens zur europäischen Fußballmetropole, vielleicht noch vor London. Weniger allgemein bekannt sind andere Veränderungen im österreichischen und europäischen Fußball, die gleichfalls auf Hugo Meisl zurückgehen: die Einführung des Professionalismus in Mitteleuropa (1924), die Begründung einer ersten Form eines Europapokals für Vereinsmannschaften (Mitropa-Cup 1927), einer Europameisterschaft für Nationalmannschaften (Internationaler Cup, auch Svehla-cup, 1927), die Reform der FIFA nach 1926 und die Begründung der für Amateure wie Professionals offenen Fußballweltmeisterschaft (die erste Weltmeisterschaft fand 1930 in Uruguay statt). Im österreichischen Fußball war er seit Beginn der zwanziger Jahre die entscheidende und unbestrittene Führungspersönlichkeit. In Europa war er eine der zentralen Personen, die zusammen mit einigen anderen – Henry Delaunay, Giovanni Mauro und Herbert Chapman könnte man nennen – entscheidende Veränderungen bewirkten. Meisl kämpfte um seine Vorstellung von Fußball als einem Sport, der auf wirtschaftlich angemessenen Grundlagen stand und der internationalistisch ausgelegt war. Gerade Letzteres enthielt wesentliche Elemente eines Modernisierungskonzeptes, das über die Entwicklungsschritte des modernen Fußballs in England deutlich hinausging: Nämlich weg vom selbstgenügsamen Inselsport hin zu einer globalen Bewegung mit einer Fokussierung auf internationale Wettbewerbe.

Der moderne Fußball entstand bekanntlich Mitte des 19. Jahrhunderts in England.[4] In einer ersten Modernisierungsphase wurden durch die Etablierung allgemein verbindlicher Fußballregeln und einer zentralen Institution, die die Einhaltung der Regeln überwachte, die Grundlagen dieser Sportart gelegt. Noch aber war der Fußball Teil einer bürgerlich-elitären Sportbewegung, nicht zufällig an den englischen Eliteschulen entwickelt, um bürgerlichen Sportsgeist einzuüben. Fußball wurde zu einem den Charakter stärkenden Freizeitvergnügen gutsituierter junger Männer. Dieser Gentlemen-Fußball blieb als eine Traditionslinie lange bestehen, daneben aber verbreiterte sich die soziale Basis des Fußballs; nicht zuletzt trugen gutsituierte Bürger dazu bei, weil sie glaubten, mit Hilfe des Fußball könnte man jene Sport-Tugenden wie „Selbstdisziplin und Durchsetzungsvermögen, Mannschaftsgeist und Härte gegen sich selbst"[5] erzieherisch auf die Arbeiterklasse übertragen. Das Unterfangen war zumindest insoweit erfolgreich, als der Fußball in England zum Sport auch der Arbeiter wurde. Damit war die Basis geschaffen für eine zweite Modernisierungsphase, die spätesten in den achtziger Jahren des 19. Jahrhunderts in England wirksam wurde: Fußball wurde zum Zuschauersport. Etwas pointiert ausgedrückt kann man nämlich sagen, dass der moderne Fußball, im Gegensatz zum frühen Fußball, ein Sport ist, bei dem „Massen" zuschauen, mehr und mehr sozial übergreifend, verbunden mit einer spezifischen, demokratischen Arbeiterkultur. Dieser Wandel vom Athletensport zum Zuschauersport war die Voraussetzung für die Herausbildung all jener Merkmale, die wir im modernen Fußball kennen und die sich – zumindest in wesentlichen Ansätzen – im England des ausgehenden 19. Jahrhunderts entfalteten: seine Kommerzialisierung, der Professionalismus, die umfassenden Wettbewerbe in Form eines leistungsmäßig differenzierten Liga- und Pokalsystems und schließlich die Herausbildung einer Fankultur, die immer auch Krawalle mit einschloss.

Während sich so in England der Massenfußball zu einem professionell betriebenen Massenvergnügen entwickelte, standen die Anfänge des kontinentalen Fußballs noch ganz im Geiste des Gentleman-*Sports*, importiert von englischen, zumeist bürgerlichen Immigranten in Mitteleuropa, die zum großen Teil selbst dem Wandel des Fußballs in ihrem Heimatland wenig abgewinnen konnten. Und dieser Import war erfolgreich, vor allem weil Fußball Teil einer umfassenderen Sportbewegung war, die auch auf dem Kontinent den Nerv der Zeit traf. Sport wurde von vielen der jungen Mitglieder der gebildeten, liberalen Mittel- und Oberschichten -- wie Hugo Meisl -- nicht nur als bloße Freizeitbeschäftigung rezipiert, er wurde zu einer Lebensform, die in hohem Maße zu einem Kriterium der Selbstwahrnehmung von Menschen jener Jahre wurde, zu einem Objekt identitätsstiftender Projektionen, zu denen auch die Idee der Modernität gehörte, nicht umsonst galt England am Ausgang des 19. Jahrhunderts als ein Modell von Fortschritt und Toleranz.

Schon in dieser Form also repräsentierte der Fußball für den Kontinent Modernität, es war *sport*, es waren keine Leibesübungen, kein Turnen, nicht wie dieses aufgeladen mit deutschtümelnder Ertüchtigungsideologie oder militärischer Disziplin, sondern ein an fair-play und Leistungsprinzip ausgerichtetes Spiel. Nicht einmal die „männliche Haltung" war nötig, wie zahlreiche Gruppenaufnahmen von Fußballern der Frühzeit belegen, auf denen sich die Fußballer als fröhliche, offene und legere Gemeinschaft präsentieren. Darum hing diesem wilden Sport von Anfang an etwas Rebellisches an. Auch auf symbolischer Ebene drückte diese angelsächsische Modernität so etwas wie Widerständigkeit gegen die verkrusteten Strukturen etwa in Österreich aus.

Die gesellschaftliche Modernisierung nach 1870 ging einher mit dem allmählichen gesellschaftlichen Aufstieg der Juden,[6] sie waren es, die wesentliche Neuerungsprozesse in Wirtschaft und Kultur trugen, auch in Österreich und nicht nur im Sport. Von Sigmund Freud über Victor Adler und Arthur Schnitzler – bis zu Hugo Meisl – finden wir immer das gleiche Muster: Juden aus der habsburgischen Provinz, die nach Wien kamen und dort ihre Wirksamkeit entfalteten. Dieses „nach Wien kommen", in die Millionenstadt, die Metropole, beschreibt dabei auch auf symbolischer Ebene eine Bewegung, die für die Moderne steht, den Prozess der Urbanisierung. Nur in den Städten konnte sich die Moderne entfalten, wie auch der Fußball als Sport, dem „Massen" zuschauen. Und mit diesem Prozess der Urbanisierung – Wolfgang Maderthaner beschreibt diesen Prozess anschaulich als „Transformation einer urbanen Volkskultur zur modernen Massen- und Metropolenkultur"[7] – kamen die jüdischen Immigranten offenbar besser zurecht als andere Gruppen. So ist nicht verwunderlich, dass in der ersten Hälfte des 20. Jahrhunderts überall in Europa gerade viele Juden – wie Hugo Meisl – von dem „jungen", modernen, von England geprägten Fußball fasziniert waren und entscheidend an seiner Entwicklung mitwirkten.[8]

Erst in den zwanziger und dreißiger Jahren wurde die zweite englische Modernisierungsvorlage auf dem Kontinent nachvollzogen. Der Weg des Fußballs von dem von Engländern dominierten Gentleman-Sport zum modernen Massen-Sport führte nicht zuletzt über die Schützengräben des Ersten Weltkrieges: An der Front wurde der Fußball verbreitet, heißt es. Dies war ein Grund dafür, dass er nach dem Ersten Weltkrieg so schnell populär wurde. Eigentümlich bleibt dennoch, warum der ursprünglich rein bürgerliche Fußballsport in Deutschland und Österreich nach dem Ersten Weltkrieg so grundlegend von den Arbeitern als „ihr" Sport angenommen wurde.[9] Vielleicht war es einfach so, wie es Jimmy Hogan, unter Hugo Meisl immer wieder Trainer der österreichischen Nationalmannschaft zwischen 1912 und 1936, in seiner „praktischen Fußball-Lehre" einleitend bemerkt: „Die über die ganze Welt verbreitete Anziehungskraft des Fußballspiels ist ein klarer Beweis für seine Volkstümlichkeit. Es gibt kein Spiel und keine Sportart, die mit ihm zu vergleichen wären."[10] Dabei verleugnete der Fußball in Österreich nie seine britischen Wurzeln, anders als in Deutschland, wo der Fußball offenbar nur durch „Entanglisieren" erfolgreich werden konnte, was insbesondere in der „Ausmerzung" der englischen Fußballbegriffe und ihre Ersetzung durch entsprechende deutsche Wörter sinnfällig wurde.[11]

Nach dem Ersten Weltkrieg ging es um die Anpassung der Strukturen an die Dynamik der sportlichen wie der gesellschaftlichen Entwicklung, es ging dabei auch um Anpassung an britische Vorbilder. Entsprechend bemühte sich Meisl zunächst, britische Spielkultur nach Österreich zu importieren. Bereits vor dem Krieg gelang es ihm mehrfach, englische Vereine für Gastspiele in Wien zu verpflichten und den Engländer Jimmy Hogan als Trainer der österreichischen Auswahlmannschaften und einiger Vereinsmannschaften zu gewinnen. 1921 holte er zwei weitere englische Trainer nach Wien, weil, wie er im „Neuen Wiener Sportblatt" schrieb, die durch die „harte professionelle Schule" gegangenen Fußballer Englands als Trainer ungleich besser geeignet seien als die „bescheidenen Fußballveteranen" Österreichs. Aber Hugo Meisl hatte auch noch darüber hinausgehende Ideen, vielleicht kann man es auch Visionen nennen, worin moderner Fußball bestehen solle. Zu diesen zählte vor allem ein Programm der Internationalisierung des Fußballs. Entsprechend forderte er 1919 „neben der Internationale der Sozialdemokratie, neben der der Wissenschaft und der des Kapitals eine Internationale des Sports, die Einfluss und Bestand hat."[12] Für Meisl war offenbar die Internationalität ein Kennzeichen der Moderne und der Fußballsport gehörte als Teil dieser Moderne zu der umfassenden Globalisierungsbewegung, wie man heute sagen würde, die das Wesen des zwanzigsten Jahrhunderts ausmachte. In diesem Sinne ging Meisl noch weiter: Er fragte sich, wozu es überhaupt noch national organisierten Fußball geben solle. Er antwortet geradezu provozierend pragmatisch, dass in der „gegenwärtigen Situation" nationale Meisterschaften „im maßvollen Rahmen heute noch eine Notwendigkeit" seien.[13] Aber der wirkliche Fußball entstehe durch den internationalen Austausch, durch internationale Spiele und – das lässt sich als fast postmoderne Vision herauslesen – durch eine internationale Meisterschaft.

II

Moderner Fußball ist Fußball, dem „Massen" zuschauen. Das verlangt Strukturen, die den Fußball massentauglich machen, zum Beispiel ein attraktives Angebot an Spielen, Leistungssteigerungen der Spieler, Identifizierungsmöglichkeiten, aber auch den Neubau von Stadien. Nicht umsonst forderte Hugo Meisl seine Mitbürger schon 1919 in einem Aufruf auf: „Deutschösterreichische Sportsleute! Wichtiger als alle Zukunftsbauten ist ein Stadion! Eine gesunde Generation bedarf keiner Spitäler. Eine unerlässliche Pflegestätte für eine kräftige deutschösterreichische Jugend ist ein S t a d i o n!"[14] Mag auch die genannte Begründung für die Priorität eines Stadionbaues reichlich gewagt erscheinen, so hat Meisl doch zumindest insofern recht, als „Massen" große Stadionbauten brauchten, um zuschauen zu können. Der Neubau von Stadien ist Teil der Modernisierung des Fußballs, das lässt sich auch daran erkennen, dass in Deutschland, dem Land, das sich am ausdauerndsten gegen die Entwicklung eines modernen Zuschauersportes stemmte, der Bau von Fußballstadien im Vergleich zum benachbarten Ausland weit hinterher hinkte.[15] Wien verfügte entsprechend zu Beginn der dreißiger Jahre – neben zahlreichen kleineren Anlagen – über zwei Großstadien mit einem Fassungsvermögen von jeweils über 60.000 Personen.

Moderner Fußball ist Fußball, der „Massen" bewegt. Dazu muss er „neutral" unterhalten, er muss also „schaubar" sein über politische und soziale Grenzen hinaus. Der moderne Fußball schafft eine besondere Wirklichkeit, unabhängig von anderen gesellschaftlichen Bereichen und ist damit offen für alle, um sich mit ihm zu identifizieren, sich an ihm zu vergnügen und ihre Begeisterung auszudrücken: Das Fußballspektakel in seiner idealtypischen Form kennt weder politische Parteien noch soziale Schichten, es gibt nur noch Fans und ihre spezifischen Rituale und Gesänge. Der Fußball ist also Spektakel, Unterhaltungsshow, aber er hat eine Art neutralen Kern – das unterscheidet ihn vom Varieté oder vom Zirkus, die Dramatik der auf Konkurrenz beruhenden Spielgeschichte selbst, die jedem die gleiche Chance eröffnet zu siegen, als praktische Demonstration von Chancengleichheit, fairer Konkurrenz und demokratischem Leistungsprinzip: „Im Schausport konnte man die kapitalistische Moderne noch einmal als Abenteuer erfahren."[16]

Diese Besonderheit des Fußballs als Ereignis und die damit verbundene Möglichkeit einer eigenwertigen Fußballkultur waren Bedingungen dafür, dass er zum Zuschauersport der Massen und zugleich Bestandteil der modernen Gesellschaft werden konnte. In diesem Sinne blieb er offen für allerlei Begehrlichkeiten, ohne die der Fußball eine solche Massenwirksamkeit nicht hätte entfalten können, sei es seine wirtschaftlichen Vermarktung, sei es seine politischen Instrumentalisierung, sei es aber auch seine „metaphorische Überhöhung",[17] die Fußball überhaupt erst zum Thema der Kaffeehausintellektuellen in Wien machen konnte. Das bedeutet auch, dass man über Fußball reden und schreiben konnte, ohne über Politik, Kultur oder Gesellschaft schreiben zu müssen und doch über etwas schreiben zu können, was nicht nur in Ästhetik aufging.

Hugo Meisl hat keine theoretischen Abhandlung zu dieser Seite des Fußballs geschrieben, aber er hat sie praktisch umgesetzt, indem er die Autonomie des Fußballsports vertrat, als ein zukunftsweisendes Gegenmodell zur ideologischen Auflading etwa des „deutschen Turnens" oder zur parteipolitischen Orientierung des Arbeitersports,[18] obwohl er den Sozialdemokraten politisch durchaus nahe stand.

Mit dieser Eigenweltlichkeit ist auch die Entstehung eines internationalen Taktikdiskurses verbunden, der über rein formale Anweisungen zum Spielsystem hinausgeht, und sogar weltanschauliche Komponenten enthält. Die öffentliche Diskussion über Spielsysteme seit der Mitte der zwanziger Jahre führte zu einer Art paradigmatischer Gegenüberstellung der mitteleuropäischen „Donauschule", zu der die „Wiener Schule" gehörte und dem englischen WM-System, der Spielweise, die Herbert Chapman bei Arsenal eingeführt hatte und in der die traditionelle, offensiv ausgerichtete 2-3-5-Anordnung der Spielerpositionen durch ein eher defensiveres 3-2-2-3 ersetzt wurde. Das Spiel England gegen Österreich am 7. Dezember 1932 wurde zu einem Höhepunkt dieser dichotomischen Wahrnehmung, indem es in den Wiener Zeitungen zu einer Art „Kampf der Systeme" hochstilisiert wurde, zum Aufeinandertreffen des als „schön" wahrgenommenen Fußballs der „Wiener Schule" und dem „modernen" Zweckfußball, der durch das WM-System repräsentiert wurde.[19] Aber diese Gegenüberstellung war ungenau. Der Fußball Englands war nicht identisch mit dem Arsenals, und vor allem nicht identisch mit dem Modernisierungsprogramm Herbert Chapmans, weil die Nachahmer, so Meisl, nicht den *Geist* dieses Konzeptes erfasst hätten, sondern nur eine „W-Systemschablone" praktizierten.[20] Und Meisls Spielauffassung war nicht konservativ. Im Gegenteil: Meisl erklärt sich zum „admirer of Arsenals team's spirit and braining game".[21] Im gleichen Sinne formulierte Herbert Chapman vor dem legendären Spiel an der Stamford Bridge: „Die Engländer sind im nüchternen System erstarrt, die Vorzüge ihrer Kunst vor 30 Jahren sind die Vorzüge von heute geblieben, die Nachteile aber, vor 30 Jahren bedeutungslos, wirken sich heute auf Schritt und Tritt hemmend aus. Österreich dagegen hat die englischen Richtlinien längst mit eigenen, modernen vertauscht – den Erfolg können wir zu Genüge beobachten."[22] Das „Moderne", von dem Chapman spricht, ist die Verbindung des „rasanten" körperbetonten englischen Spieles mit der in Wien vorfindbaren technischen Raffinesse der „Wiener Schule", des „geistreichen und immer beschwingten flachen Kurzpassspiels,"[23] wie Meisl es nannte und der taktischen Variabilität – „the braining game" –, die Chapman in das Spielsystem eingeführt hatte. In anderem Zusammenhang beschreibt Meisl 1934 diesen Dreiklang der modernen Spielweise seiner Österreicher im Vergleich zum englischen Fußball: „In taktischer Hinsicht haben wir die Briten schon überflügelt, in technischer Hinsicht sind wir [...] zumindest ihnen gleichrangig. Dagegen überragen die britischen Spieler die unseren an Körperkraft, Gewicht, Konstitution, Härte und auf dem Gebiet der Schießkunst."[24] Die Modernität bestand nach Auffassung Meisls also gerade darin, „Schönheit", „Körperlichkeit" und „taktische Intelligenz" zu kombinieren. Das gelang nicht immer – vor allem konnten die körperlichen und athletischen Defizite der österreichischen Spieler gegenüber denen Großbritanniens nie völlig ausgeglichen werden – aber mit der Art, wie das Wunderteam Fußball spielte, war Meisl schon recht nahe an seine Vorstellung von modernem Fußball herangekommen, gerade auch weil die Spielweise mit ihrem „Ideenreichtum" und ihrer „Individualität" attraktiv für die Zuschauer war: „Für welche Richtung sich da das Publikum entscheidet, das hat man ja am Chelseaplatz gesehen," schrieb Jimmy Hogan ganz im Sinne Meisls.[25] Die Spielweise des Wunderteams hat, soweit wir es erkennen können, auch in England eine Ahnung von einer möglichen Zukunft des Fußballspiels vermittelt – auch wenn der Erfolg nicht garantiert war: Am 7. Dezember 1932 im Stadion an der Stamford-Bridge gewann England gegen Österreich 4 : 3.

Untrennbar verknüpft mit der eben beschriebenen Massenwirksamkeit des Fußballbetriebs ist seine Kommerzialisierung. Roman Horak und Wolfgang Maderthaner zeigten in einer Pionierarbeit sehr anschaulich am Beispiel des Wiener Fußballs in der Zwischenkriegszeit, wie der Fußball damals zum modernen Massenspektakel wurde;[26] der Fußballsport wurde eingebunden in den Unterhaltungsbetrieb einer Gesellschaft, in der Dienstleistungen dieser Art immer wichtiger und von einer immer größeren Gruppe von Menschen nachgefragt wurden.

Für alle Bereiche der aufblühenden Unterhaltungsindustrie erwies sich die Herausbildung einer gegenseitigen Beeinflussung von Unterhaltung und Medialisierung, von Wahrnehmung durch die Presse und seit den zwanziger Jahren durch den Rundfunk als zentral. Erste Sportzeitschriften begannen in Wien am Ende des 19. Jahrhunderts ausführlich auch über den Fußball zu berichten, seit den zwanziger Jahren konnte es sich kaum mehr eine Zeitung leisten, nicht eine gesonderte Sportseite einzurichten, auf der ausführlich über Fußball berichtet wurde. Die mediale Präsenz des Fußballs wurde noch verstärkt durch die allmählich einsetzenden Direktübertragungen im Radio, mit dem unbestrittenen Höhepunkt der Übertragung des erwähnten Fußballländerspieles England gegen Österreich am 7. Dezember 1932.

Fußball konnte nur zu dem Massenphänomen werden, weil seine Wirkung medial multipliziert wurde. Umgekehrt konnten die nach heutigem Verständnis unglaublich zahlreichen Zeitungen ihre vielen Tagesausgaben nur füllen, wenn sie entsprechendes Material hatten, das möglichst spektakulär war. Der größte Teil der Nachrichten bestand entsprechend aus „Sensationsmeldungen", Berichten über Brandstifter, Frauenschänder, Bankräuber, Serienmörder und Artisten, die auf dem Riesenrad Handstände machten, aber eben auch über Fußball. Die unverkennbare Beziehung zwischen diesen Bereichen dokumentierte die Zeitung „Sport-Montag", indem sie fast jede etwas ungewöhnlichere Sportmeldung mit dem Etikett „sensationell" versah. Ein Stilmittel, mit dem die Redakteure der Zeitung offenbar bewusst spielten.

Hugo Meisl war sich dieser Verknüpfung bewusst und er spielte mit, aus Überzeugung und Einsicht und verband Medien und Sport in seiner Person, schon dadurch, dass er sich selbst, obschon bis 1925 seinen Hauptberuf als Bankangestellter ausübend, immer als Journalist verstand.[27] Schon vor 1914 war er neben seiner Banktätigkeit als Sportjournalist beim „Neuen Fremdenblatt" tätig, nach 1919 gründete er eine eigene Sportzeitung („Neue Wiener Sportzeitung"), nach seinem Ausscheiden aus dem Bankdienst bestanden seine Einkünfte zum erheblichen Teil aus den Tantiemen für seine zahlreichen Artikel in in- und ausländischen Zeitungen – und nicht zuletzt inszenierte er sich selbst und „seinen" Fußball medial. Er provozierte die Presse, wenn er es brauchte, bemühte mitunter öffentlichkeitswirksam die Gerichte, um gegen deren Behauptungen anzugehen, saß andererseits täglich (wenn er nicht auf Reisen war) in seinem Wiener „Ringcafé" und plauderte friedlich mit zahlreichen Journalisten, die dort das Neueste aus dem Bereich des Fußball erfahren wollten und erfuhren, aber mitunter spielte er selbst da mit der Presse, indem er gezielt Informationen an einzelne Zeitungen weitergab, indem er Informationen bewusst zurück hielt, um sie bisweilen dann im letzten Moment mit großer Geste zu verkünden. Auch in diesem Sinne ist die berühmteste Anekdote über Meisl zu verstehen, sein berüchtigter Zettel mit der Aufstellung des „Wunderteams", den er mit abfälliger Geste und den Worten „Hier habt's euer Schmieranski-Team" im Mai 1931 kurz vor dem Spiel gegen Schottland auf einen Tisch im „Ringcafé" geknallt haben soll. Auch das war Selbstinszenierung, von den Legendemachern begierig aufgegriffen, und heute ist es unentscheidbar, was an der Geschichte Legende und was Wahrheit ist. Das Meisterstück dieser medialen Inszenierung gelang aber Hugo Meisl nach 1930, indem er seine eigen Person zum Medium machte: der Joschi, der pelzbesetzte Mantel, die Melone auf dem Kopf, bewusst seine anglophile Grundhaltung dokumentierend – schließlich war England das Mutterland des modernen Fußballs – und sein Stock, als Zuchtrute, Dirigentenstab oder was auch immer.

Hugo Meisl begriff, bei aller ernsthaften Beschäftigung mit fußballerischer Taktik und Trainingsarbeit, Fußball als eine Art Unterhaltungsbetrieb, und seine Aufgabe auf der einen Seite als einer, der durch die sportliche Arbeit an dem „Gebrauchswert" des Fußballs zu arbeiten hatte, an Erfolg und Attraktivität des Spieles, andererseits aber auch als einer, der für die Realisierung ihres „Tauschwertes" zu sorgen hatte, für die finanzielle Leistungsfähigkeit. Meisl verstand sich mehr und mehr als ein Fußballmanager im umfassenden Sinne, so wie Herbert Chapman, den Meisl darum auch so sehr als Vorbild bewunderte und den man mit Detlev Claussen durchaus als „ersten [Fußball-] Manager in einem modernen Sinne" bezeichnen kann.[28] Es ist in diesem Zusammenhang hochinteressant, die Korrespondenz von Hugo Meisl mit Herbert Chapman zu lesen. Hier unterhalten sich die beiden vielleicht wichtigsten Modernisierer des europäischen Fußballs darüber, wie Fußball angemessen und bestmöglich in Szene gesetzt werden kann. Vor allem aber schreiben sie – über Geld, über Einnahmequellen, mögliche Zuschauerzahlen, Risiken bei Auslandsspielen von Nationalmannschaft und Vereinen. Der Briefwechsel ist insofern ein Dokument des modernen Fußballs.

Der moderne Fußball ist nicht nur Show, aber eben auch. Die Grenzen verwischen sich. In einem Film der dreißiger Jahre („Roxy und ihr Wunderteam") wirkt Matthias Sindelar mit und spielt sich selbst im Film. Und 1936 wurde ein Theaterstück in Wien über das Wunderteam aufgeführt (Titel: Halbzeit – 2 : 0), in dem die verlorene Weltmeisterschaft gegen Italien von 1934 noch einmal korrigierend nachempfunden wird, auf der Bühne gewinnen die Österreicher und – hier verwischen sich die Grenzen endgültig – einige Spitzenspieler des Wunderteams wirken als Schauspieler mit. Die Analogie von Fußball und Theater hat bekanntermaßen schon Friedrich Torberg zu der längst legendären Erklärung veranlasst, warum er zum Spiel der Austria gegen Bologna ginge: Weil ihn interessiere, wie Sindelar diesmal die Rolle des Mittelstürmers auffassen werde. Fußball als theatralisches Rollenspiel.

Wenn man den Fußball als „Theater" auffasst, dann verlangt das natürlich, ihn anders zu lesen, als wenn man ihn als Kampfertüchtigungsspiel wie in Deutschland definiert, in dem der Einzelne sich der Mannschaft vollständig unterzuordnen habe.[29] Von Willy Meisl stammt der Begriff der Fußballmannschaft als „Orchester".[30] Eine vielsagende Zuschreibung, denn sie betont zwar einerseits diesen Darstellungscharakter, verweist aber auch auf eine andere Wahrnehmung der Rolle der Spieler in der Mannschaft: Mannschaftsspieler gewiss, aber doch als einzelne Solisten, die ihre spezifischen Fähigkeiten einbringen. Der Wahrnehmung des modernen Fußballs als einem Massenspektakel, das die Anonymisierung der zuschauenden „Massen" beinhaltet – hier findet sich ein Hinweis auf den nivellierenden Charakter der Moderne –, entspricht auf der anderen Seite die Individualisierung der Protagonisten, der Spieler und der Trainer. Anders ist auch kein Starkult denkbar, der dem modernen Sport strukturell zugehört und entsprechend schon in den zwanziger und dreißiger Jahren das Wiener Fußballleben beherrscht hat, man denke nur an Uridil von Rapid und später eben an Sindelar von der Austria. Dieser modernen begrifflichen Wendung zu einer Individualisierung der Akteure, die Willi Meisl mit dem Wort „Orchester" ausgedrückt hat, dürfte auch Hugo Meisl zugestimmt haben, auch wenn er dem Begriff des „Orchesters" den der „Familie" vorzieht – und damit doch einen konservativeren Grundton anschlägt: „Nur wenn der Trainer sich jedem einzelnen Spieler widmet, ihn studiert, ihm beisteht, ihm auch für sein Privatleben ein beratender, teilnehmender Freund ist, wird er sein Vertrauen gewinnen. Nur so wird die Gruppe der Spieler zur Familie vereinigt, die eine Mannschaft auch kameradschaftlich darstellen soll."[31] Im Grundsatz geht es nicht um Unterordnung, sondern um Respekt, nicht um Aufgehen im Ganzen, sondern um Individualität. Seine Überlegungen zu den Mannschaftsaufstellungen kreisen immer um die Frage, wer an welchem Platz seine individuellen Fähigkeiten am Besten einsetzen konnte. Meisl spricht von den Spielern als „Spezialisten",[32] ein Begriff, den er von Chapman übernommen haben dürfte. In diesem Sinne interpretierte er auch die Planungen zur Neuformulierung der Abseitsregel, wie sie im Jahre 1925 dann endlich auch umgesetzt wurde, schon 1919 als modernisierendes Element: „Zweifellos würde durch die derart geänderte Abseitsregel die Individualität jedes einzelnen Spielers zu größter Entfaltung gelangen."[33]

III

Dass Fußball eine Art Dienstleistungscharakter annahm, war selbst auf dem Kontinent schon vor dem Ersten Weltkrieg zu erkennen, danach war dieser Prozess unübersehbar. Eine andere Frage war es, daraus entsprechende Konsequenzen zu ziehen, also den Fußball anderen Branchen des Unterhaltungssektors gleichzustellen. Es gab vor allem ideologische Widerstände, Leibesübungen, auch wenn sie als Sport daherkamen, wurden im deutschen und deutschösterreichischen Raum immer noch verbunden mit Körperertüchtigung: Das Ideal war der ausübende Sportler, nicht der zuschauende Teilnehmer. Das war das alte Konzept des Turnens, während dem englischen Sport durch seine Orientierung am Konkurrenz- und Leistungsprinzip schon die Tendenz zur Zurschaustellung innewohnte. Deshalb hatten die konservativen Turner immer schon etwas gegen diesen englischen Sport gehabt. Darin trafen sich übrigens die Konzepte der nationalen Rechten in Deutschland wie in Österreich mit den Ideen der organisierten Arbeiterbewegung. Von beiden wurde vehement Widerstand organisiert, in Deutschland mit „Erfolg", weil die Rechten stärker waren, in Österreich ohne Erfolg. Das mag an der Konzentration des österreichischen Fußballs auf Wien und der sich daraus ergebenden besonderen Atmosphäre in der Stadt gelegen haben, es hat aber sicher auch zu tun gehabt mit der Persönlichkeit von Hugo Meisl, der mit professioneller Kompetenz und umfassender Überzeugungsarbeit in der Lage war, seine Vorstellungen durchzusetzen, die er im Übrigen schon seit 1919 immer wieder formuliert hatte.

Mit Unterstützung der leistungsstärkeren Fußballvereine Wiens und der Duldung des sozialdemokratisch geführten ÖFB hat Hugo Meisl im Jahre 1924 ein Statut ausgearbeitet, das es auf dem Kontinent bisher noch nicht gab: Ein Regelwerk für einen professionellen Fußballbetrieb. Meisls Professionalismusmodell war der Versuch, die realen ökonomischen Entwicklungen – also den Prozess des Fußballs zum Zuschauersport – nachzuvollziehen, anderseits Regeln zu finden, die eine gewisse Transparenz und Kalkulierbarkeit dieses Prozesses zuließen. Auch sollte dadurch das undurchschaubare System der heimlichen Zahlungen an die Spieler unterbunden werden, das im Fußball Europas längst üblich geworden war. Im Jahre 1924 startete die erste Profiliga des Kontinents ihren Spielbetrieb in Form einer zweiklassigen Konkurrenz, in der ausschließlich Wiener Vereine vertreten waren. Erster Profi-Meister Österreichs wurde übrigens die jüdische *Hakoah*, die sich mit einigen ungarischen Spielern verstärkt hatte.

In der öffentlichen Wahrnehmung erschien die Profi-Liga mitten im hoffungsarmen Österreich als ein zukunftsweisendes Erfolgsmodell, das die Massen faszinierte und bewegte. So schrieb Fritz Gstaltner 1925 voller Optimismus: „Der Wiener Professionalismus marschiert, die Besucherziffern zeigen an, dass das Publikum fast noch mehr Interesse aufbringt als in der abgelaufenen Saison und so wird sich der wagemutige Schritt unseres Verbandskapitäns, des Initiators der großen sportlichen Tat, segensreicher für den heimischen Fußball gestalten als die Versuche, den Massen mit allen erdenklichen Kniffen einen Amateurbetrieb vortäuschen zu wollen."[34] Tatsächlich war das österreichische Modell ein Erfolgsmodell im doppelten Sinne. Zum einen wurde es, nur marginal modifiziert, nachgeahmt: in der Tschechoslowakei (1925), Ungarn (1926), der Schweiz (1931),[35] und in Frankreich (1932 unter tätiger Mithilfe Hugo Meisls). Zum anderen erfüllte es die sportlichen Erwartungen hinsichtlich einer Qualitätssteigerung der Spieler: Die professionalisierten Länder, allen voran Österreich, wurden im kontinentalen Fußball zum Maß aller Dinge. Die beiden Erfolge der österreichischen Nationalmannschaft im Jahr 1931 gegen Deutschland (6 : 0 in Berlin, 5 : 0 in Wien) dokumentierten diese Entwicklung ebenso wie die zahlreichen Erfolge der Vereinsmannschaften gegen europäische Gegner.

Den Gesetzen eines – wenn auch etwas regulierten – Marktes folgend, waren die wirtschaftlichen Folgen der Einführung des Professionalismus in Wien freilich zwiespältig. Als im Dezember 1925 erstmals Bilanz gezogen wurde, konnten lediglich Hakoah, die Amateure, Vienna und Rapid einigermaßen zufrieden sein. Die ständige Geldnot zwang die Clubs zu ausgedehnten und kräftezehrenden Gastspielreisen im Ausland. Wiener Vereine bereisten ganz Europa. Man findet Wiener Mannschaften in Südfrankreich, Italien, Spanien und Portugal, die Türkei wird bereist, selbst Nordafrika, der Balkan, Palästina, die USA, man spielt in Polen, den skandinavischen Ländern, den Beneluxländern, Frankreich, Deutschland und natürlich in Großbritannien. In manchen Jahren absolvieren die Wiener Spitzenvereine neben ihren Pflichtspielen bis zu 50 Auslandsspiele in einer Saison.

Allerdings hatten diese Gastspielreisen neben den finanziellen Einnahmen und den körperlichen Anstrengungen noch ganz andere Effekte. Sie führten gleichermaßen zur Verbreitung einer spezifischen Wiener Art (Kunst) des Fußballspiels, wie daheim zu einem wachsenden Identitätsbewusstsein[36] hinsichtlich der Existenz einer „Wiener

Schule"; zudem trugen sie zu einer Vernetzung der europäischen Spielkulturen bei. Eine europäische Fußballkultur entstand wohl nicht zuletzt durch diese Auslandsreisen der Fußballteams aus Wien.

Der Schritt in die Professionalisierung machte noch deutlicher, wie sehr der moderne Fußball darauf angewiesen war, die wirtschaftlichen Grundlagen der Vereine auf eine breite Basis zu stellen, neue Attraktionen mussten gefunden werden, um die Zuschauer, auf deren Eintrittsgeldern das Finanzbudget der Vereine in den zwanziger und dreißiger Jahren noch überwiegend beruhte, in die Stadien zu locken. Meisl sah nach Gesprächen mit seinen Funktionärskollegen aus der Tschechoslowakei und Ungarn, deren Vereine ähnliche wirtschaftliche Probleme nach der Einführung des Professionalismus in ihren Verbänden hatten, die Lösung in der Schaffung internationaler Pokalwettbewerbe.[37]

Er entwickelte zwei Modelle. Zum Einen einen jährlichen Pokalwettbewerb für Vereinsmannschaften, der im K.o.-System in Hin- und Rückspiel in den Stadien der jeweiligen Kontrahenten zwischen den jeweils besten Mannschaften der teilnehmenden Verbände ausgespielt werden sollte. Die besondere Qualität der teilnehmenden Mannschaften als Spitzenmannschaften und die Evozierung von patriotischen Identifikationsprozessen sollten die Attraktivität sichern – hier entstand die Grundlage einer Fankultur, die sich als solche nicht nur in der Auseinandersetzung mit anderen lokalen Vereinen entwickelte, sondern international.

Daneben entwickelte er noch das Modell eines Cups der Nationalmannschaften, der in einer losen Folge von Gruppenspielen in einem Zeitraum von zwei bis drei Jahren als eine Meisterschaft ausgespielt wurde.[38] Wichtig war Meisl auch hier, dass die Spiele nicht in neutralen Ländern ausgetragen wurden, sondern in den Teilnahmeländern selbst, weil er nur so eine hinreichend hohe Zuschauerzahl garantiert sah.

Sein Modell für eine Europameisterschaft differierte erheblich von dem Konzept für die FIFA-Weltmeisterschaft, das Meisl als Mitglied der Planungskommission der FIFA zwar mittrug, aber nur notgedrungen, weil er sich nicht durchsetzen konnte. Er hielt nichts davon, solche Meisterschaften in einem Land auszutragen, wesentlich aus finanziellen Gründen. Die Spiele mussten seiner Meinung nach dort stattfinden, wo die Zuschauer sind. Fußball ist eben ein Spiel, bei dem die Massen zuschauen. Aber welche Massen sollten zum Beispiele zu der in Italien ausgetragenen zweiten Weltmeisterschaft kommen, wenn dort Österreich gegen Frankreich spielte? Entsprechend versuchte er nach der WM in Italien mit dem ganzen Gewicht seines Einflusses eine Wiederholung der Weltmeisterschaft in der Form eines Turniers in einem Land zu verhindern. Aber er stand auf verlorenem Posten. Man kann darüber spekulieren, warum das so war. Vielleicht hatte ja gerade die WM in Italien trotz des finanziellen Drahtseilaktes, den sie darstellte, gezeigt, wie wertvoll eine WM in einem Land für die Selbstdarstellung dieses Landes sein konnte. Ein posthumer Erfolg war ihm dennoch beschieden: Die Europameisterschaft der UEFA, der „Europapokal der Nationen", der 1958 begann und wesentlich in die Wege geleitet worden war von Hugo Meisls altem Weg- und

Kampfgefährten, Henri Delaunay, wurde nach einem Modus ausgespielt, der dem Meislschen Modell sehr ähnlich war: eine lange Meisterschaftsrunde mit Gruppenspielen in den beteiligten Ländern. Nur die letzten vier Mannschaften trafen sich dann zu einer Endrunde mit drei Spielen in einem Finalland. Ein Modus, der bis 1976 Bestand hatte, und ein Kompromiss, dem Meisl sicher seinen Segen hätte geben können.

Am 16. und 17. Juli 1927 wurde im Rahmen einer glanzvollen Konferenz im italienischen Venedig die letzten Fragen geklärt und die Pokale auf den Weg gebracht. Am Mitropa-Cup sollten jeweils zwei Vereine (der Meister und ein weiterer Verein) der Verbände Österreichs, Ungarns, der Tschechoslowakei und Jugoslawiens teilnehmen, schon 1929 ersetzten Vereine aus Italien die leistungsschwachen Jugoslawen,[39] ab 1934 qualifizierten sich jeweils vier Vereine aus einem Verband, so dass nun 16 Vereine teilnahmen. Ab 1936 beteiligte sich die Schweiz, die Teilnehmerzahl stieg so auf 20. Ab 1937, schon nach dem Tode Meisls, kamen noch Vertreter Rumäniens und wieder Jugoslawiens hinzu, allerdings mit reduzierter Teilnehmerzahl. Für den Internationalen Cup der Nationalmannschaften meldeten sich die Verbände Österreichs, der Tschechoslowakei, Ungarns, Italiens und der Schweiz.

Über die politische Dimension dieser Zusammensetzung wurde viel spekuliert – zu Recht.

Auffällig ist, dass die Keimzelle des Cups in den Beziehungen innerhalb des alten Habsburgischen Imperiums lag.[40] Zunächst hatte die Zentrierung um die drei Länder Österreich, Tschechoslowakei und Ungarn natürlich etwas mit dem Umstand zu tun, dass in diesen Ländern der Professionalismus eingeführt worden war, sie also ähnliche Interessen hatten. Andererseits ist schon auffällig, dass es Hugo Meisl gelungen war, gerade die beiden Nachbarländer von der Einführung des Professionalismus nach österreichischem Vorbild zu überzeugen. So wütend sich die österreichischen, ungarischen und tschechoslowakischen Verbände, Vereine und Zuschauer auch gelegentlich bekämpfen mochten, so verblüffend deutlich wird doch immer wieder, dass für diese drei Länder der geografische Raum der alten Monarchie das gemeinsame Bezugssystem für ihre Sportbeziehungen blieb, ein Raum, für den man nun den Begriff „Zentraleuropa"[41] oder auch „Mitteleuropa" benutzte – bis hin zu der viel sagenden Tatsache, dass das Sekretariat der internationalen Wettbewerbe in der alten imperialen Hauptstadt Wien angesiedelt wurde.

Italien war fußballerisch gesehen der Aufsteiger der zwanziger Jahre. Zum ersten Mal hatte ein diktatorisches Regime den Nutzen des Fußballs für die Identitätsstiftung erkannt und auf massive Förderung dieses Sportes gesetzt.[42] Auch politisch wurde Italien zum Aufsteiger, entwickelte unter Mussolini einen außenpolitischen Führungsanspruch, der sich insbesondere auf die Länder Österreich und Ungarn erstreckte. So kann man vermuten, dass die Bereitschaft des italienischen Fußballverbandes, an den mitteleuropäischen Pokalen teilzunehmen, auch Teil einer außenpolitischen Strategie war.

Die auch ganz persönlichen von Zuneigung getragenen Beziehungen Meisls zu Italien mögen eine weitere Rolle gespielt haben. Nicht umsonst kamen aus Italien die größten Bewunderungsrufe für Meisl und den Mitropa-Cup. „… Meisl, che é stato il creatore e l'animatore di questa Coppa Europa Centrale" schrieb 1934 der Präsident des Fußballclubs von Bologna: Der Schöpfer des Mitropa-Cups und derjenige, der ihn am Leben erhält.[43] Jenseits aller politischen Spekulation, eines drückt auch dieser Brief aus: Die mitteleuropäischen Cupwettbewerbe wurden von Wien aus dirigiert, genauer gesagt, vom Schreibtisch Hugo Meisls aus im Verbandsheim des ÖFB, denn obschon andere die Ehrenämter inne hatten (die ersten Präsidenten waren der Tschechoslowake Bendar beim Mitropa-Cup und der Italiener Mario Ferretti beim Internationalen Cup), blieb Hugo Meisl auf Dauer der Sekretär und hatte als solcher die eigentliche Leitungsfunktion inne. In einem Brief an seinen Freund Herbert Chapman formulierte er diesen Umstand, nicht ohne kokettierendem Unterton: „I am responsible for the whole organisation and unfortunately for all business of Austria and all the central European countries."[44]

Am 14. August 1927 begann die erste Mitropa-Cup-Runde mit dem Spiel Rapid Wien gegen Hajduk Split (Rapid gewann 8 : 1) und die Erwartungen an diesen Wettbewerb wurden vollauf bestätigt. Die „Massen" nahmen ihn an und kamen in großer Zahl in die Stadien. In einer Wiener Sportzeitung war 1928 entsprechend zu lesen: „Der Mitropa-Cup hat den beteiligten Vereinen Admira und Rapid große sportliche und finanzielle Vorteile gebracht, aber auch die Eifersucht der anderen Klubs erregt […]"[45] Auch wenn es in der Zuschauergunst über die Jahre hin Schwankungen gab, insgesamt erwies sich der Mitropa-Cup-Wettbewerb als Erfolgsmodell. Allerdings waren die Spiele auch Anlass zum Ausleben nationaler Gefühle, die nicht selten zu Tumulten und Ausschreitungen führten.[46] Dies wurde gängiger Teil der Praxis, unangenehm natürlich für die Funktionäre, zumal für Hugo Meisl, der eines ums andere Mal durch Europa reisen musste, um diverse Funktionäre zu beruhigen und Konflikte zwischen Verbänden und Vereinen zu schlichten. Aber gerade diese Identifikations- und Abgrenzungsvorgänge der „Massen" waren doch ein nicht unwesentlicher Teil der Attraktivität des Wettbewerbes. Nicht umsonst formulierte Hugo Meisl kurz nach Beginn des Mitropacup-Wettbewerbes des Jahres 1932: „Jedenfalls zeigt der bisherige Verlauf des Mitropacups, dass diese Konkurrenz, unbeschadet aller Schwierigkeiten, berufen erscheint, in diesen schweren Zeiten ein doppelt schätzbarer Magnet für das Publikum zu sein."[47]

Auch der Internationale Cup – die Europameisterschaft der Nationalmannschaften – war sportlich, vor allem aber finanziell ein Erfolg. Insbesondere die Österreicher konnten bei ihren Heimspielen ausverkaufte Stadien verbuchen. Insgesamt wurden drei Pokalrunden ausgetragen, der erste Europameister wie auch der dritte war Italien, die zweite Meisterschaftsrunde gewann Österreich, das sich 1932 Europameister nennen durfte. Die vierte Runde wurde nicht mehr zu Ende gespielt: die politischen Ereignisse setzten dem ein Ende, wie auch dem Mitropa-Cup. In umfassender Weise vernichteten die Deutschen, die sportlich dem Mitropacup immer ferne standen, die hinter den mitteleuropäischen Cup-Wettbewerben stehende Idee eines friedlichen Mitteleuropas grundlegend und langfristig. Zwar gab es auch nach dem „Anschluss" Österreichs 1938 eine Fortsetzung des Vereinswettbewerbes, allerdings nur noch als eine Art Nachklang, 1940 war es damit endgültig vorbei.

Die Versuche auf Seiten der CSSR und Österreichs, den Wettbewerb nach dem Zweiten Weltkrieg neu zu beleben, kamen über wenig beachtete Veranstaltungen nicht hinaus. Die Zukunft gehörte den von der UEFA organisierten europäischen Pokalwettbewerben für Landesmeister und Pokalsieger. Eine europäische Liga, die der Visionär Hugo Meisl zumindest für den mitteleuropäischen Raum anstrebte, gibt es immer noch nicht. Dafür aber eine Champions League, die auf erstaunliche Weise dem Teilnehmermodus des Mitropacups ähnelt.

Der Zweite Weltkrieg bedeutete auch für den europäischen Fußball eine tiefe Zäsur, diejenigen, die Hugo Meisls Namen oft nur noch vom Hörensagen her kannten, prägten das Bild des Wiederaufbaus des europäischen Fußballsportes in den fünfziger Jahren. Dennoch ist unübersehbar, dass die von Hugo Meisl erarbeiteten Strukturen den Neuanfang erleichterten. Die FIFA konnte im Wesentlichen in den bewährten Formen weiter arbeiten, die Meisl mit erkämpft hatte. Der Profifußball setzte sich in ganz Europa durch und die von ihm „erfundenen" und organisierten Wettbewerbe blieben Vorbilder, auf die sich die Europapokalwettbewerbe und selbst die Europameisterschaften seit den sechziger Jahren stützten. Er war seiner Zeit voraus und blieb dadurch über seine Lebenszeit hinaus wirksam.

1 Hugo Meisl in: Neue Wiener Sportzeitung, 14. November 1920, S.3
2 Allgemein zu Hugo Meisl: Vgl. Andreas Hafer, Wolfgang Hafer: Hugo Meisl oder: Die Erfindung des modernen Fußballs. Göttingen 2007
3 Vgl. Christiane Eisenberg: Der Weltfußballverband FIFA im 20. Jahrhundert. Metamorphosen eines Prinzipienreiters, In. Vierteljahrshefte für Zeitgeschichte 54 (2006) 2, S. 209–239, sie spricht davon, dass Österreich „das europäische Fußballland dieser Jahre war". S. 214.
4 Als kurzer Überblick über die frühe Entstehungsgeschichte des englischen Fußballs vgl: Eric Dunning: Die Entwicklung des Fußballspiels zu einer Weltsportart. In: Holger Brandes, Harald Chista, Ralf Evers (Hg.): Hauptsache Fußball, Gießen 2006, S.19–48; zur weiteren Entwicklung als Überblick vgl: Tony Mason: Großbritannien. In: Christiane Eisenberg (Hg.): Fußball, soccer, calcio. Ein englischer Sport auf seinem Weg m die Welt. München 1997, S.22–40
5 Kaspar Maase: Grenzenloses Vergnügen. Der Aufstieg der Massenkultur 1850–1970. Frankfurt am Main 1997, S. 84.
6 Vgl. André Tautenhahn: Pioniere eines modernen Sport. Über die Rolle der Juden bei der Verbreitung des Fußballs. www.stud.uni-hannover.de/user/57106/Fussball/Bundesliga/Fussballgeschichte, 18. Mai 2005
7 Wolfgang Maderthaner: Kultur macht Geschichte. Studien zur Wiener Stadtkultur im 19. und 20. Jahrhundert. Wien 2005. S. 18.

8 Vgl. Dierich Schulze-Marmeling (Hg.): Davidstern und Lederball. Die Geschichte der Juden im deutschen und internationalen Sport. Göttingen 2003; Hugo Meisl ist hierfür nur ein Beispiel, erinnert sei hier nur noch der heute fast völlig vergessenen Dr. Ignaz Abeles, der vom Ende des 19. Jahrhunderts bis in die zwanziger Jahre hinein eine der einflussreichsten Persönlichkeiten im österreichischen Fußball war.

9 Vgl. Christiane Eisenberg: Fußball in Deutschland 1890–1914. Ein Gesellschaftsspiel für bürgerliche Mittelschichten. In: Geschichte und Gesellschaft 20 (1994), S. 181–210, hier S.208.

10 Jimmy Hogan: Praktische Fußball-Lehre (im Auftrag des Verbandes Mitteldeutscher Ballspiel-Vereine), Leipzig 1927, S.5

11 Roman Horak: Gegenwart gegen Vergangenheit? Eine Skizze zum komplizierten Verhältnis der Fußballländer Deutschland und Österreich. In: Jürgen Mittag, Jörg-Uwe Nieland (Hg.): Das Spiel, mit dem Fußball. Interessen, Projektionen und Vereinnahmungen. Essen 2007 S.435–450, hier S.436. In diesem Zusammenhang ist es begrifflich hilfreich, wenn man die deutsche Typus der Übernahme des englischen Fußballs mit dem Begriff korrelativ beschreibt, während etwa der Vorgang in Österreich als assimilatorisch bezeichnet werden kann. Dazu: Andreas von Seggern: Bal(l)sam der Globalisierung? Skizzen zur Kultur- und Sozialgeschichte des globalen Fußballs. In: Mittag, Nieland (Hg.) a.a.O. S. 31–50, hier S.47.

12 Hugo Meisl – Unsere Zukunft, in: Neues Wiener Sportblatt Nr. 19 vom 25. Dezember 1918, S. 1

13 Sport-Tagblatt vom 14. Februar 1922

14 Neues Wiener Sportblatt, Nr. 20, 1. Jänner 1919, S. 3

15 Lutz Budraß: Helmut Schön Kv. In: Jürgen Mittag, Jörg-Uwe Nieland (Hg.): Das Spiel, mit dem Fußball. Interessen, Projektionen und Vereinnahmungen. Essen 2007. S.51–68, hier S.56

16 Kaspar Maase a.a.O. S. 95.

17 Roman Horak: Gegenwart gegen Vergangenheit? Eine Skizze zum komplizierten Verhältnis der Fußballländer Deutschland und Österreich. In: Jürgen Mittag, Jörg-Uwe Nieland (Hg.) a.a.O. S.435–450, hier S.441

18 Eine deutliche Gegenposition zu der „neutralen" Auffassung von Fußball, formulierte etwa Dr. Ignaz Guder, Mitglied des Vorstandes des ÖFV und Obmann der Freien Vereinigung im Jahre 1924: „In erster Linie sind wir Sozialdemokraten und dann erst Sportler. […] Die sozialdemokratische Partei braucht die Arbeitersportler, und wir müssen dafür sorgen, dass sie Sturmtruppen der Partei werden." (zit. in: Matthias Marschik: „Wir spielen nicht zum Vergnügen": Arbeiterfußball in der Ersten Republik. Wien 1994, S.70.

19 Etwas weiter gefasst könnte man diese Diskussion im Grunde in den viel breiteren Kontext einer Diskussion über das Verhältnis zwischen Funktionalität und Ornament einordnen, die zum Beispiel in der Architekturtheorie dieser Zeit geführt wurde, wobei die Funktionalität, die „neue Sachlichkeit" in diesem Zusammenhang als die zukunftsweisende Variante eines erfolgreicheren Konzeptes erschien.

20 Reichspost, 30. August 1935, S.15

21 Brief Hugo Meisl an Herbert Chapman, Nachlass Hugo Meisl

22 Sport-Montag, 2. Oktober 1933

23 Sport-Montag, 4. Mai 1936, S.8

24 Sport-Montag 4. Januar 1934, S.8

25 Reichspost 10. Dezember 1932, S.9

26 Roman Horak/Wolfgang Maderthaner: Mehr als ein Spiel. Fußball und populäre Kulturen im Wien der Moderne. Wien 1997. S.10

27 Damit war Meisl allerdings kein Einzelfall, oft betätigten sich die Fußballspieler der ersten oder zweiten Generation auch als Fußballjournalisten, im Umfeld von Hugo Meisl kann man dafür z.B. John Mac Leuthe nennen, Meisls bester Freund oder aber auch Meisls eigenen Bruder Willy. Vgl. dazu: Christiane Eisenberg: Medienfußball. Entstehung und Entwicklung einer transnationalen Kultur. In: Geschichte und Gesellschaft, 31 (2005), S. 586–609, hier S. 591.
28 Detlev Claussen: Belá Guttmann. Weltgeschichte des Fußballs in einer Person. Berlin 2006, S.42
29 Vgl: Rudolf Oßwald: Vom Ursprung der deutschen Fußball-Tugenden im Volksgemeinschaftsideal. Die Berichterstattung der Fachpresse 1919–1954. In: Mittag, Nieland (Hg.) a.a.O. S.83–94
30 Vgl. Willy Meisl: Der Fußballsport, Berlin 1925, S.10–14
31 Hugo Meisl zit. in: Sport-Montag, 6. März 1933, S.13
32 Reichpost, 30. August 1935, S.15
33 Hugo Meisl: Die bevorstehende Änderung der Abseitsregel. In: Neues Wiener Sportblatt, 22. Februar 1919, S.5
34 In: Franz Gstaltner (Hg.): Österreichischer Fußballtaschenkalender, Korneuburg 1925, S. 160
35 Vgl. Beat Jung: Die Nati. Die Geschichte der Schweizer Fußball-Nationalmannschaft. Göttingen 2006, S.44. Treibende Kraft für die Einführung des Berufsfußballs in der Schweiz war seit 1929 Otto Eicher, ein enger Freund von Hugo Meisl.
36 Roland Binz: Räumliche Sozialisation und Fußball in Europa. Eine Einführung in die Bedeutung der Reisen im Fußballsport, S.15. (2003) www.ruhr-uni-bochum.de/fußball/sozialisation.pdf
37 Ein weiter Aspekt ist von Bedeutung: die Europäisierung der Fußballwettbewerbe sollte auch der Gefahr der sportpolitischen Isolation jener Länder vorbeugen, die sich für die Einführung des Professionalismus entschieden hatten.
38 Es ist möglich, dass sich Meisl bei seinem Modell auch von der Skandinavischen Fußball Meisterschaft inspirieren ließ, die seit 1924 ausgetragen wurde, deren ersten Runde aber erst 1928 beendet wurde mit dem Sieg Dänemarks.
39 Jugoslawien erwies sich schon bald aus praktischen Gründen als ungeliebter Partner. War man von mitteleuropäischer Seite davon ausgegangen, dass als Gegner für den Mitropacup sich vor allem das relativ nahe gelegene Zagreb qualifizieren würde, so waren es für die erste Runde des Mitropacups Mannschaften aus Split und Belgrad. Gewissermaßen als Trostpflaster für das ausgebootete Jugoslawien wurde 1929 ein Balkan-Cup installiert, an dem neben Jugoslawien noch Rumänien, Bulgarien und Griechenland teilnahmen und der zu Beginn ähnlich der wie Internationale Cup ablief, später wurde er als ein Turnier in einem der vier Teilnehmerländer ausgetragen. Vgl. Sebastian Balta: Die Goldenen Dreißiger. Das „legendäre Jahrzehnt" des rumänischen Fußballs von 1930–1940. In: Dittmar Dahlmann et. al. (Hg.): Überall ist der Ball rund. Zur Geschichte und Gegenwart des Fußballs in Ost- und Südosteuropa. Essen 2006, S.251–274, hier S.262.
40 Vgl. Sport-Tagblatt, 23.5.1925: „Österreich, Ungarn und die Tschecho-Slowakei bilden, wenngleich sie getrennt marschieren und unabhängig voneinander an der Entwicklung ihres Sportes arbeiten, eine sportliche Einheit im internationalen Getriebe." Vgl. Mathias Marschik/ Doris Sottopietra: Erbfeinde und Hasslieben: Konzepte und Realität Mitteleuropas im Sport. Münster 2000.S. 205.
41 Dazu ausführlich Marschik/Sottopietra a.a.O.
42 Vgl. Birgit Schönau: Calcio. Die Italiener und ihr Fußball. Köln 2005, S. 28.
43 Briefabschrift von Hugo Meisl, Nachlass Hugo Meisl
44 Brief Hugo Meisl an Herbert Chapman, 11. November 1932, Nachlass Hugo Meisl.
45 Der Montag, Sport-Montag, 24.9.1928, S.9
46 Vgl. dazu Marschik/Sottpietra a.a.O. S.213 ff.
47 Reichpost 24. Juni 1932, S.10

„Übereinstimmend wird berichtet, Österreich sei nationaler als jeher. Preußenhaß eint. Das ist die neue Lage seit der Besetzung Österreichs, sie hat Österreich als nationale Einheit geschaffen."

Die neue Weltbühne, 1938

„Keine Sportveranstaltung zwischen ostmärkischen und altreichsdeutschen Mannschaften oder auch nur mit einem Schiedsrichter aus dem Altreich geht vorüber, ohne daß es zu Reibereien und unliebsamen Auftritten kommt."

Sicherheitsdienst des Reichsführers-SS, 23. 10. 1940

An alle deutschösterreichischen Fußballvereine!

Der österreichische Fußballbund gibt an seine Vereine und Unterverbände nachstehende Mitteilung hinaus:
Alle jüdischen Sportler sind aus dem Sport- und Spielbetrieb der Vereine ausgeschlossen. Bis zum Einlangen weiterer Weisungen der deutschösterreichischen Turn- und Sportfront bleibt der Fußballbetrieb unverändert aufrecht.

Der deutsche Gruß.

Vor Beginn jedes Spieles begeben sich beide Mannschaften mit den Linienrichtern unter Führung des Schiedsrichters in tadelloser Ordnung zur Mitte des Spielfeldes. Sie stellen sich in einer Linie, parallel den Längsseiten, rechts und links vom Schiedsrichter auf und grüßen schweigend mit dem deutschen Gruß. Sie machen sodann nach links kehrt euch und grüßen in der gleichen Art zur anderen Seite. Nach der Beendigung des Spieles treten einander die Mannschaften auf der Mittellinie gegenüber und bringen auf das Zeichen des Schiedsrichters ein dreifaches „Sieg Heil" auf die deutsche Sportkameradschaft aus. Die Platzwahl vor Wettspielbeginn darf der Schiedsrichter erst nach Erweisung des deutschen Grußes vornehmen. Auf gar keinen Fall darf die Feierlichkeit des Grußes beeinträchtigt oder verkürzt werden. An die Schiedsrichter ergeht die Aufforderung, das bisherige österreichische Staatswappen von ihrem Sportkleid zu entfernen.
Die platzbesitzenden Vereine haben bei ihren Veranstaltungen die Hakenkreuzfahne zu hissen, neben dieser kann auch die Klubfahne gehißt werden.

Die Abgaben bleiben.

Die bisherigen Wettspielabgaben an Staat, Gemeinde und Verband bleiben, bis weitere Weisungen ausgegeben werden, unverändert aufrecht.

Reichspost, 19. 3. 1938, S. 15

Reichsdeutsche Auswahl gegen Slowakei, 15.9.1940 in Bratislava mit Hahnemann, Jelinek und Durek. (Wiberal – Photoarchiv der AZ)

Gleichschaltung mit Widerständigkeit

Hakenkreuzfahnen über dem Stadion

Triumph der Wiener Fußballschule

Strahlende Sonne liegt auf dem Stadion. Kopf an Kopf reihen sich die Massen. Als die beiden deutschen Mannschaften das Feld betreten, dröhnt jubelnder Beifall aus sechzigtausend Kehlen auf. Fiebernd verfolgt man die Ereignisse der ersten Spielhälfte. Pause: der Reichssportführer spricht. Und dann stehen Sechzigtausend still, die Hände ausgestreckt zum deutschen Gruß. Deutschlands Hymne und das „Horst-Wessel"-Lied verklingen. Man spürt die Weihe dieser Stunde. Zum letztenmal stehen einander hier zwei deutsche Auswahlmannschaften gegenüber. Aber dieses letzte Gegenüberstehen trägt bereits den Keim für das Gemeinsame, tatsächlich schon Vereinigte in sich – eine symbolische Handlung. Als später deutsche Sportler, vor kurzem noch Reichsdeutsche und Oesterreicher genannt, in einer Reihe, Arm in Arm, vor den Reichssportführer hintreten und ein Sieg Heil! auf den deutschen Sport ausbringen, ist diese symbolische Handlung sichtbare Wahrheit. Ein Sturm der Begeisterung fegt durch das Wiener Stadion, wie ihn die Arena noch nie erlebte. Bekenntnis für Großdeutschland, sechzigtausendfaches „Ja"!

Es war einer der schönsten Kämpfe, die man in letzter Zeit im Stadion zu sehen bekam. Ein einziger Fehler haftete dieser Begegnung an: die reichs-deutsche Elf trat gegen ihre Brüder aus Deutschösterreich an und war darum von Haus aus um ihre stärkste Waffe, den harten, unbeugsamen Kampfeswillen gebracht. Man gebe sich keiner Täuschung hin. Dieselbe Mannschaft hätte gegen jeden anderen Gegner mit einer ganz anderen Leistung aufgewartet! Damit soll aber der Erfolg der Deutschösterreicher in keiner Weise geschmälert werden. Diese elf Burschen, denen man nicht allzu großes Vertrauen entgegengebracht hatte, liefen nach einer matteren ersten Halbzeit, in der sie aber Gelegenheit hatten, sich mit den Methoden des Gegners vertraut zu machen, zu einer imponierenden Form auf. Lediglich Binder fiel aus dem Rahmen. Der lange Rapidler war wieder einmal von einer beängstigenden Langsamkeit und dürfte durch die häufigen Mißfallkundgebungen der Menge schließlich

3. April 1938: „Versöhnungsspiel" zwischen Ostmark und „Altreich" (Hilscher)

um den letzten Rest seines Selbstvertrauens gebracht worden sein. Sindelar wurde ausgezeichnet bewacht und konnte sich daher nicht richtig entfalten, dafür war Stroh, wenn er sich auch des öfteren zu weit rückwärts aufhielt, blendend bei Laune. Die Träger aller Angriffe jedoch und auch die gefährlichsten Leute im Sturm waren die beiden Flügel Pesser und Hahnemann, die immer wieder die Abwehrformationen des Gegners in Unordnung brachten und dem Innensturm ideale Skoremöglichkeiten eröffneten.

Ausschlaggebend für den Endsieg war aber doch die Ueberlegenheit im Läuferspiel. Mock bot eine Standardleistung, Skoumal stand ihm nicht viel nach und Wagner verrichtete stets nützliche Arbeit. Von der Verteidigung wußte man, daß sie verläßlich ist. Sesta war in seinem Element, agierte weit effektvoller wie Schmaus, der darum aber nicht weniger leistete. Platzers Qualitäten sind hinreichend bekannt. Er bekam genug schwere Arbeit und bereinigte sie fehlerlos. Zusammenfassend: Es war ein starkes Team, das unsere Farben vertrat, und wir können stolz darauf sein, dem deutschen Sport ein mächtiges Aktivum mitbringen zu dürfen.

Neue Freie Presse, 4. 4. 1938, S. 9

Sicherheitsdienst des Reichsführers-SS
Wien

Geheim

Wien, den 23. Oktober 1940.

II. Kulturelle Gebiete.

Skandalszenen anläßlich des Tschammerpokalspieles Rapid Wien gegen SV. Fürth (6 : 1).

Anläßlich des Fußballspiels SV. Fürth gegen Rapid Wien im Rahmen des Tschammerpokal-Wettbewerbes gab es ausgesprochene Skandalszenen. Es war schon eine Explosivstimmung vorhanden, bevor das Spiel überhaupt los ging. Die Zuschauer waren besessen von dem Gedanken, daß Rapid siegen muß. Der Krach ging schon los, als der Schiedsrichter das Feld betrat und bekannt wurde, daß es ein Berliner sei. Er wurde mit Pfeifen und Gejohle empfangen. Nach Meinung der Zuschauer ließ er sich auch bald zu Anfang eine Fehlentscheidung (11 Meter gegen Rapid) zuschulden kommen. "Neues Wiener Tagblatt" und "VB" erklären die Entscheidung als richtig. Das Publikum setzte ihm von da ab mit Geschrei, Drohungen und Gejohle so zu, daß er sichtlich die Nerven verlor und durch seine Unsicherheit die Lage verschlechterte. Es waren genug gegnerische Elemente unter dem Publikum, denen es gelang, mit der Parole "gegen die Altreichsdeutschen" auch selbst Gutwillige und Parteigenossen mitzureissen. Die Demonstrationen gingen zweifellos über das beim Fußball übliche Maß hinaus. Mehrfach versuchten die Zuschauer, in den Spielraum einzudringen und konnten nur mit Mühe von der Wache zurückgehalten werden. Hiebei gab es mehrfach Schlägereien, bei denen mit unflätigsten Schimpfworten ein blinder Hass zum Vorschein kam.
Von vielen Fußballfreunden und selbst von Rapidanhängern wird das unsportliche Verhalten des Wiener Publikums anläßlich dieses Spiels scharf abgelehnt und als ausgesprochen peinlich und unwürdig empfunden. Es wird darauf hingewiesen, daß, wenn es nicht gelingt, daß diesen sportlichen Ereignissen durch entsprechende Maßnahmen der politische Unterton (Wien - Altreich) genommen wird, es das Beste wäre, reichswichtige Spiele eine Zeit lang nicht mehr nach Wien zu legen.

Gleichschaltung mit Widerständigkeit

Wiener Sportplätze dürfen nicht „heißer Boden" werden
Zu den Vorfällen im Spiele Admira gegen Schalke

Es war vor Jahren einmal Redensart geworden, daß die Sportplätze in Budapest oder auch in mancher italienischen Stadt „heißer Boden" wären. Damit sollte gesagt sein, daß dort Gastmannschaften seitens der leidenschaftlichen, temperamentvollen Anteilnehmer das Leben heiß gemacht, ihnen tüchtig eingeheizt wurde. Man erblickte darin eine Benachteiligung der auf Reisen gegangenen Mannschaft und stellte deshalb auch die Forderung, daß das Wiener Publikum sich genau so verhalten solle, wenn einmal der umgekehrte Fall eintrete und Auslandsfußballer hier in Wien an den Start gingen. Damals könnte man unsern heimischen Fußballfreunden eben noch zum Vorwurf machen, daß sie sich durch das Spielgeschehen zu wenig mitreißen ließen, mehr oder minder den Wurstigkeitsstandpunkt einnahmen. Es gab zwar auch früher schon hie und da Schiedsrichterskandale – der arme Pfeifenmann ist ja nun einmal vom ersten Tag seiner Betätigung her der willkommene Prügelknabe –, aber sonst ereigneten sich kaum Zwischenfälle andrer Art. Da kam dann der Mitropa-Cup unseligen Angedenkens, der die Leidenschaften in einem bis dahin unbekannten Maße entfesselte. Es ging da häufig sehr wüst zu, ob nun Budapest, Prag, Turin oder Mailand Schauplatz der Kämpfe waren. Na und Wien wollte da nicht zurückstehen, unsre Sportanlagen wurden Tummelplatz radaulustiger Elemente, denen in erster Linie daran gelegen war, „Wirbel" zu verursachen. Mit dem Umbruch und dem Fortfall dieser Mitropa-Cup-Spiele zog wieder Ruhe und Ordnung auf den Spielplätzen ein, bis nun vor einiger Zeit sich wieder eine Wandlung vollzog. Die Rivalität zwischen Altreichs- und Ostmarkmannschaften schoß üppig in die Halme, ein an und für sich wünschenswerter Zustand, der der Sache nur dienlich sein könnte. Aber leider auch ein gefundenes Fressen für diejenigen, die nun wieder Gelegenheit wittern, sich ihrer niedrigsten Instinkte entäußern zu können. Die Leute, die sich als klassenbewußte Plattenbrüder geben, gewinnen allmählich wieder die Oberhand und bringen das gesamte Wiener Publikum, aber auch unsre Heimatstadt selbst in Mißkredit. Es ist am letzten Sonntag übler hergegangen als in allen „belebten" Spielen vorher, und dabei bot der Kampf der Akteure kaum Anlaß zu den Wutausbrüchen, die kein Ende nehmen wollten. In eine solche Arena, erfüllt von Tollwütigen, gestellt, kann von Gastmannschaften, von wo immer sie kommen mögen, nicht als Vergnügen empfunden werden. Sie dürften mit einem solchen Erlebnis genug haben und nicht wiederkommen. Dergleichen darf sich aber nicht mehr ereignen, Wien darf den Gastmannschaften nicht als „heißer Boden" gelten, sie müssen hier die gleichen Vorbedingungen treffen, wie sie unsern Fußballern, wenn sie auf Reisen gehen, wünschenswert erscheinen. Das muß mit allen Mitteln angestrebt werden, sollte es nicht gelingen – dann lieber gleich die Bude ganz sperren! Alles für ehrlichen, männlichen Kampfsport, aber Krieg den Raufbolden und den Hetzern!

Neues Wiener Tagblatt, 20. 11. 1940, S. 11

Szene aus Admira gegen Schalke im Wiener Stadion, November 1940 (Photoarchiv der AZ)

Rapid Deutscher Meister

Von 0:3 auf 4:3! — Dramatischer Entscheidungskampf im Olympiastadion

Drahtbericht unsres nach Berlin entsandten Sonderberichterstatters

Der Sonntagnachmittag der Berliner Sportler stand im Zeichen des Endspiels um die Viktoria. Tausende und aber Tausende beförderten S- und U-Bahn hinaus zum Reichssportfeld. Um 14 Uhr, als der Schiedsrichter das Jugendspiel zwischen Brandenburg und Berlin anpfiff – die Brandenburger gewannen 4:1 –, waren 40.000 im Olympia-Stadion, als die ersten Programmnummern des Festes abrollten, das unter dem Titel „Bunter Rasen" für die Leibesübung warb, 75.000, aber als der Lautsprecher die Mannschaftsaufstellungen der Endspielteilnehmer bekanntgab, waren alle Glücklichen da, alle Glücklichen, die eine Karte für das Endspiel um die große Deutsche Fußballmeisterschaft besaßen. 90.000 in den Erwartungen hochgespannte, beifallsfreudige Zuschauer erwarteten das Erscheinen beider Mannschaften auf dem Spielfeld. Als der junge Stuttgarter Schiedsrichter Reinhart dann mit den beiden Endspielgegnern ins Feld lief, brauste zur Begrüßung ein Jubelsturm auf, wie er als Vorschußlorbeer wohl selten zwei Mannschaften zuteil geworden ist. Das Berliner Publikum zollte damit den Leistungen Anerkennungen, die beide Vereine auf ihrem kampfreichen Weg ins Endspiel vollbracht hatten. Nach dem Abspielen der Nationalhymne nahm der Schiedsrichter mit Binder und Szepan als Mannschaftskapitäne die Platzwahl vor. Szepan gewann und wählte für seine Mannschaft die Seite beim Marathon-Tor. Rapid hatte Anstoß. Punkt 16 Uhr pfiff der Schiedsrichter Reinhart das große Spiel an.

[…]

Des großen Kampfes zweiter Teil

Nach der Pause fängt Gernhart den Anstoß der Knappen auf, und was nun folgt, kann man am besten als „energiegeladenen Ansturm" der Hütteldorfer bezeichnen. Klodt bekommt schwere Arbeit, zu dem großen Können des Gelsenkirchner Tormannes gesellt sich aber noch eine reichliche Portion Glück, eine Hilfe, die ihn in die Lage versetzt, die gefährlichen Situationen zu bereinigen. In der 52. Spielminute legt Dworacek Schors in den leeren Raum vor, der Verbinder stürmt mit Riesenschritten vor, stürzt aber im Strafraum über den Ball. Wenig später hat Rapid kolossales Glück, als Wagner I, als letzter Retter im Tor stehend, Kurzurras scharfen Schuß den Eintritt in den Kasten verwehrt. Dadurch wurde ein anscheinend sicherer Treffer verhütet, aber zwei Minuten später schlägt es doch wieder im Tore Rapids ein. Wagner II bringt den Ball nicht weg, sein schwacher Abwehrstoß kommt zu Szepan, der den Rapid-Verteidiger überspielt und wuchtig aufs Tor schießt. Raftl kann nur mit dem Fuß abwehren, und Hinz hebt den Ball über den liegenden Rapid-Tormann – 3:0 für Gelsenkirchen! – ins Netz.

Wenig später hatten aber die Anhänger Rapids zum erstenmal Grund zum Jubel. Schors verwandelte ein Zuspiel Binders zum ersten Treffer für Wien; unhaltbar sauste der Ball in der 60. Minute in Schalkes Tor. Kaum ist der Jubel über den wunderbaren Treffer verebbt, haben die Neunzigtausend Grund, von den Sitzen aufzuspringen und in einem einzigen Aufschrei ihrer Begeisterung Ausdruck zu geben. Binder hat einen Freistoß nach einem Vergehen Bornemanns aus 25 Meter Entfernung unhaltbar eingeschossen. Es steht nunmehr 3:2 für Schalke, und Rapid hat nun so viel vom Spiel, daß der Ausgleich förmlich in der Luft hängt. Zwei Minuten später ist es auch so weit. Schweißfurth kann einen Sturmlauf von Schors im Strafraum nur mehr durch eine Regelwidrigkeit unterbrechen, und Reinhart deutet auf die Elfmetermarke. Binder naht. Diesmal saust das Leder wie aus der Kanone geschossen in den Kasten Klodts. Es steht 3:3, und die Neunzigtausend im Olympiastadion geraten vor Begeisterung aus

Gleichschaltung mit Widerständigkeit

(Wienbibliothek im Rathaus)

Schalke 04 – Rapid, 22. Juni 1941. Shakehands der Kapitäne Szeppan und Binder (Privatsammlung Franz Binder)

Rapid ist nun nicht mehr zu halten. Gernhard, Wagner I und Skoumal sind ganz groß in Form und drücken den Angriff immer wieder nach vorn. In der 80. Minute wird Schors an der Strafraumgrenze von Schweißfurth regelwidrig vom Ball gedrängt. Unter atemloser Spannung tritt Binder zur Exekution an und vollbringt das Unwahrscheinliche, den Ball aus ungünstigstem Schußwinkel in die linke obere Ecke des Knappentores zu setzen. Klodt konnte nicht einmal die Hand rühren, um diesem Treffer den Weg ins Netz zu verwehren. Nun kannte die Begeisterung der Neunzigtausend, die, durch die wunderbare Leistung der Wiener beeindruckt, schon lange auf ihrer Seite standen, keine Grenzen mehr. Taktmäßig gespendeter Beifall sollte Rapid zu neuen Treffern ermuntern.

Das Spiel wurde jetzt noch schärfer. Schalke, dem in wenigen Minuten ein schon sicher scheinender Triumph entwunden worden war, griff wütend an, aber nun bot Raftl eine ganz große Leistung. Er meisterte eine ganze Anzahl schwerer Schüsse von Szepan und Eppenhoff und Kurzurra in bestechendem Stil. Es war einfach großartig, was der Rapid-Tormann noch in den letzten Spielminuten leistete. Noch ein paar gefährliche Situationen vor dem Hütteldorfer Tor, noch ein Bombenschuß Binders, der knapp neben dem Tor der Knappen ins Aus geht, dann pfiff der ausgezeichnete Schiedsrichter ein Spiel ab, das Rapid im besonderen und dem Wiener Fußball im allgemeinen einen einzigartigen Triumph gebracht hat. Die Massen strömten in das Spielfeld, und die siegreichen Hütteldorfer können sich kaum des Ansturms und der Glückwünsche erwehren, die ihnen von allen Seiten dargebracht werden. Mit dem Siegeskranz der Großdeutschen Kriegsmeisterschaft 1941 geschmückt, verlassen die glückstrahlenden Sieger, tosend umjubelt, das Spielfeld.

[…]

Der Sieg Rapids war nach dem Spielverlauf ein vollkommen verdienter. Die Hütteldorfer haben das Kunststück zuwege gebracht, innerhalb weniger Minuten einem großen Gegner einen schon sicher dünkenden Erfolg zu entwinden. Das allein hat den Zuschauern so imponiert, daß sie zuletzt gänzlich auf der Seite der Wiener Fußballer standen.

Neues Wiener Tagblatt, 23. 6. 1941, S. 9

dem Häuschen. Die Rapidler haben den Berlinern gezeigt, was so eine Rapid-Viertelstunde eigentlich ist, und innerhalb weniger Minuten drei Tore aufgeholt. Dabei wäre es in der 75. Minute fast 4:3 für Rapid gestanden, wenn eine Bombe Binders nicht an der Latte gelandet wäre, sondern den Weg ins Netz gefunden hätte.

Gleichschaltung mit Widerständigkeit

Die Fans in Vorbereitung des Endspiels (Privatsammlung Franz Binder)

Matchszene aus Schalke 04 – Rapid. Einen 0:3 Rückstand verwandelt Rapid dank drei Bimbo-Binder-Tore in ein 4:3 (Privatsammlung Franz Binder)

Das Wiener Stadion nach Bombenangriffen 1945 (Wiener Stadt- und Landesarchiv)

Gleichschaltung mit Widerständigkeit

Wir waren ihnen ein Dorn im Auge
Oesterreichs Fußball unter der Berliner Fuchtel

Wenige Wochen nach jenem verhängnisvollen Märztag 1938, der Oesterreich auf sieben Jahre der Freiheit beraubte, kam der Reichssportführer v. Tschammer und Osten nach Wien. Er wurde hier wie ein regierender Fürst empfangen, die Wiener Sportler mußten auf der Mariahilferstraße Spalier stehen, während er vom Westbahnhof in das Haus der Turn- und Sportfront in der Prinz-Eugen-Straße fuhr, das übrigens wie alles andere dem österreichischen Sport gehörige Vermögen sofort von Berlin erbeutet wurde. Am Nachmittag sprach Tschammer im Stadion; er sagte dabei: „Wir werden nicht so dumm sein, den Wiener Sport verkümmern zu lassen, dieses schöne Stadion wird Länderspiele in großer Zahl sehen!" Es folgte der Rede ein Spiel der deutschen Nationalmannschaft gegen die Wiener Stadtelf und die Nationalelf wurde – wie peinlich! – glatt mit 2:0 geschlagen. Damit war der Wiener Sport bei der Führung in Berlin unten durch. Es soll damit nicht gesagt sein, daß diese Niederlage der Nationalmannschaft allein entscheidend war für die Art, in der man von allem Anfang an den Wiener Sport behandelte. Aus den Versprechungen Tschammers wurde natürlich nichts, es konnte auch nicht viel daraus werden, da ja Wien zu der Stellung eines Provinzortes herabgesunken war und sich mit dem bescheiden mußte, was man ihm gnädig gewährte.

In der weiteren Folge allerdings verschärften sich die Gegensätze zwischen Wien und Berlin auch auf dem sportlichen Gebiet immer mehr, die Wiener wollten das langweilige Stopperspiel der Herren Nerz und Herberger nicht annehmen, die Wiener Mannschaften erlaubten sich noch immer Siege über Spitzenmannschaften des „Altreiches", obwohl die Wiener Klasse durch das Fehlen der internationalen Spiele und durch das ständige Herumraufen mit den ganz uninteressanten Vereinen aus Schlesien, das ihnen der alljährige Wettbewerb um den Tschammer-Pokal bescherte, ohnehin schon tief gesunken war. Immerhin ließ sich die Admira im Meisterschaftsendspiel 1939 von Schalke in Berlin 0:9 schlagen und nun herrschte eitel Jubel in den Gauen des Altreiches. Wien war „obidraht". So ganz war dies freilich, wie man weiter sah, nicht der Fall. Rapid und die Vienna redeten in den folgenden Jahren bei der Verteilung der deutschen Fußballehren noch ein kräftiges Wörtchen mit.

Aber wir Wiener blieben den Herren in Berlin ein Dorn im Auge und sie benützten jede Gelegenheit und jeden Vorwand, um uns eins auszuwischen. Als bei einem Spiel das Wiener Publikum seiner Abneigung gegen die nördlichen Herrschaften deutlichen Ausdruck verlieh, wurden strafweise den Wienern Auswahlspiele entzogen. Als dieses Verbot schon nach außenhin aufgelassen war, dauerte es praktisch weiter fort und das Beste in dieser Hinsicht war, daß einmal ein Länderspiel Deutschland gegen Ungarn in Köln abgehalten wurde. Die Ungarn mußten in einer Zeit der Bombenangriffe auf das westliche Reichsgebiet über Wien nach Köln fahren, was sie mit sehr gemischten Gefühlen taten. Kein Wunder, wenn sie dabei eine schwere Niederlage erlitten. Zahllos waren die berechtigten Klagen, die von Wien gegen Berlin wegen ungerechter Behandlung seiner Mannschaften vorgebracht wurden, aber diese Klagen waren zwecklos. Berlin wollte es so, wie es war. Der österreichische Fußballsport wurde in raschem Tempo seinem Ende entgegengetrieben, aber rechtzeitig kam die Stunde der Befreiung. Nun wird sich unser populärster Sportzweig wieder emporarbeiten, die ersten Schritte auf diesem Wege sind getan und weitere werden folgen.

Das kleine Volksblatt, 25. 12. 1945, S. 14

Anstoß in Wien

Béla Guttmanns Antizipation des Weltfußballs

Von Detlev Claussen

Wenn Béla Guttmann nicht nach Wien gekommen wäre ... auch andere fußballspielende Juden aus Ungarn haben nach dem Ende des Ersten Weltkriegs ihr Glück in Wien gesucht. Nur Historiker des Fußballs kennen noch ihre Namen. Das Fußballgedächtnis ist leider immer noch kurz und zudem national codiert. In Portugal gilt Guttmann als Ikone; auch alte ungarische Emigranten, für die Puskás und Bozsik noch Idole ihrer Jugend waren, wissen etwas von diesem außergewöhnlichen Fußballfachmann, der das kommunistisch gewordene Ungarn 1949 verließ, um sein Wissen in Italien zu Geld zu machen. Wäre er nicht nach haarsträubenden Intrigen und Skandalen 1955 enttäuscht nach Wien zurückgekehrt, wäre er wohl kaum zur Stelle gewesen, als viele ungarische Fußballstars nach dem Aufstand nicht nach Budapest zurück wollten, in Wien zu stranden drohten, bevor sie sich in alle Welt zerstreuten. In Wien übernahm Béla Guttmann 1956 die Honvedmannschaft im Exil, führte sie gegen den Willen der Verbandsoberen von Ungarn und der FIFA auf eine Traumreise nach Südamerika. Er selbst ging in Brasilien von Bord, wirkte als Botschafter einer *Soccer Revolution* in São Paulo, bevor er sich von der Hektik des fußballerischen Karnevals wieder nach Wien zurückzog. Wer ihn suchte, konnte ihn dort finden. Inzwischen bekannt geworden in der lusophonen Welt, holte ihn erst FC Porto, dort wurde er abgeworben von Benfica, mit der er dann 1961 und 1962 zweimal den Europacup der Landesmeister gewann und die erste große europäische Ära Real Madrids beendete.

„Höchstens zwei Jahre ..." wollte Guttmann eine Mannschaft trainieren. „Auf dem Höhepunkt abtreten" – diese Maxime hatte einen gelebten Hintergrund. Wien wurde zum Fixpunkt von Guttmanns internationalem Trainerleben. Westbahnhof und Flughafen Schwechat markieren Ankunft und Abflug; immer wieder zog es Béla Guttmann in die City. Am Graben und in der Kärntner Straße flanierte er und frequentierte das Kaffeehaus, in der Walfischgasse nahe der Oper hatte er in eine Wohnung investiert. Auf alten Magnetbändern festgehalten sind noch einige seiner Diskussionsbeiträge zur österreichischen Fußballsituation seit den sechziger Jahren. Das mag noch manchem österreichischen Zeitgenossen in Erinnerung sein; internationaler Erfolg und nationaler Niedergang machen die Fallhöhe aus, die in dem Granteln über die triste fußballerische Gegenwart nachklingt. Guttmann hätte gern die österreichische Nationalmannschaft auf längere Zeit trainiert, aber die Wiener Öffentlichkeit schien damals zu provinziell, um einen eigenwilligen Trainer von internationalem Format für die Nationalmannschaft zu akzeptieren. Die Wurzeln des Übels waren nicht erkannt oder besser allgemein anerkannt. Noch hatte man die höchsten Ansprüche. In der Zwischenkriegszeit konnte man in

Wien den besten Fußball der Welt oder doch zumindest in Europa sehen. Wer auf eine solche Vergangenheit zurückblicken kann, muß die Gegenwart fürchten.

Das Stichwort stammt von Willy Meisl, dem jüngeren Bruder des legendären Verbandskapitäns Hugo: *Soccer Revolution*. Der 6:3 Sieg des ungarischen Teams im Wembleystadion 1953 machte für einen Moment eine verborgene Geschichte sichtbar, deren Zeugen auf der Tribüne saßen. Unter anderem Jimmy Hogan. Beim Stöbern in den Antiquariaten, auf der Suche für mein Guttmannbuch fand ich ein verstaubtes altes Buch aus dem Jahre 1955, in der DDR erschienen: „Die ungarische Fußballschule". Darin findet sich folgender verstörender Satz: „Die glücklichsten und, ich mag wohl sagen erfolgreichsten einundzwanzig Jahre meiner Trainerlaufbahn verbrachte ich in Deutschland, Ungarn und Österreich. Als diese Länder bei der V. Fussballweltmeisterschaft 1954 in der Schweiz Erster, Zweiter und Dritter wurden, da hatte ich das angenehme Gefühl, dass meine Bemühungen hundertfach Früchte getragen hatten." Jimmy Hogan konnte sich das leisten, diese drei Fußballnationen in einem Atemzug zu nennen, denn in allen dreien war er an der Veränderung des Spiels beteiligt gewesen. Wer die Ursachen einer Revolution sucht, muss nach den gesellschaftlichen Gründen fragen. Hugo Meisl hatte schon vor dem Ersten Weltkrieg Jimmy Hogan nach Wien geholt, von dort zog der britische Coach weiter nach Budapest. Der Mann aus Lancashire verbreitete zusammen mit anderen *Scottish Professors* das schottische Kurzpassspiel auf dem europäischen Kontinent, ohne das weder die ungarische Fußballschule, noch der Donaufußball noch die süddeutsche Fußballtradition hätten begründet werden können. Hogan verabscheute lange und hohe Bälle, die er meist beim Gegner ankommen sah. Weder das alte gentlemanartige *dribbling game* noch das kraftfußballerische *kick and rush* passten zu diesem Spielstil, der von britischen Exprofis, die mit *football knowledge* ihr Geld verdienen wollten, in ganz Europa gelehrt wurde. Beim MTK in Budapest führte Hogan diese Art zu spielen ein, hier empfing der jugendliche Guttmann seine ersten Weihen. Guttmanns bester Freund György Orth wird noch 1955 von Hogan als sein gelehrigster Schüler gelobt. Von Béla Guttmann, der doch schon in den zwanziger Jahren in Wien zum Star wurde, kein Wort bei Hogan. Guttmanns große Zeit als Coach steht noch bevor.

Gesellschaftliche Gründe führten Guttmann nach Wien. Die zusammengebrochene Donaumonarchie machte Wien zu einer Flüchtlingsmetropole, in der sich mit Fußballspielen Geld verdienen ließ. Die ungarische Räterepublik und die anschließende Konterrevolution hatten das Leben in Ungarn sehr schwer gemacht, insbesondere für Juden. In Wien hatte man die Chance erkannt: Hugo Meisl lockte begabte Spieler in die Donaumetropole, man bot berufliche Perspektiven auch außerhalb des Fußballplatzes an. Der Eintritt in den Fußballverein bedeutete die Wahl einer gesellschaflichen Aufstiegsform. Für Juden in Kontinentaleuropa – das galt schon für die Zeit vor dem Ersten Weltkrieg – bedeutete Fußball als ein typischer *english sport* gegenüber dem nationalistisch konnotierten Turnen Anpassung an eine eher anglophile liberale Bourgeoisie. Auf das assimilationsbereite jüdische Bürgertum wirkten Cityclubs wie Austria in Wien (zeitweilig noch „Amateure" sich nennend) und MTK in Budapest anziehend. Doch die Flüchtlingsmetropole Wien entwickelte nach dem Ersten Weltkrieg eine jüdische Nationalbewegung, in der sich politische und kulturelle Ambitionen mischten. Mit ihr wuchs Hakoah als großer jüdischer Universalsportverein heran, dessen populäres Aushängeschild die Fußballabteilung wurde. Hierher lockte man die jüdische Creme der besten Budapester Mannschaft, eben des MTK, die dann 1925 als Rückgrat des Hakoah der erste Meister der frisch gegründeten österreichischen Profiliga werden konnte. Die Entscheidung, wo und für wen man spielte, bedurfte schon eines klaren Kopfes, der sich auch auf dem Platz als Vorteil herausstellte. Um teure Mannschaften aber finanzieren zu können, bedurfte es einer eigenen Ökonomie. Die Gastspielreise war traditionell neben den Eintrittsgeldern eine gefährliche Haupteinnahmequelle. Attraktive Spielweise sorgte für Einkünfte, aber sie weckte auch Begehrlichkeiten bei den Einladenden. Der österreichische Profimeister verlor auf einer Tournee durch die USA 1926 die halbe Mannschaft, die im Golden Age des US-amerikanischen Fußballs ihr Glück jenseits des Antlantiks suchte. Béla Guttmann lernte Glanz und Elend des Professionalismus bei diesem Übergang in die Neue Welt kennen. In Wien hatte er eine Tanzschule eröffnet, in New York eine absolute In-Bar – doch die Weltwirtschaftskrise zwang den Aufsteiger in den Fußball zurück.

Nach Beendigung seiner aktiven Karriere in den USA, die ihn schon auf Gastspielreisen nach Lateinamerika geführt hatte, kehrte Béla Guttmann 1932 in die Metropole des Donaufußballs nach Wien zurück. Zunächst arbeitete er wieder bei Hakoah, dann, auf Vermittlung Hugo Meisls, wechselte er nach Enschede in den Niederlanden. Wieder kehrte er nach Wien zurück, nach dem Anschluß übernahm er in Budapest den Verein Ujpest und wurde prompt 1939 Mitropacupsieger. Während des Krieges tauchte er unter, sein Bruder kam in einem deutschen Konzentrationslager um. Nach der Befreiung vom Nationalsozialismus erschien er wieder in Budapest auf der Bildfläche, ein Zwischenspiel führte ihn nach Rumänien. Aber die wesentlichen fußballerischen Erfahrungen machte er in der ungarischen Nachkriegsgesellschaft. Der Fußball war im Wien der Zwischenkriegszeit ein Kind der Armut gewesen, das ein spielerisches Überleben in schwerer Zeit ermöglichte; im Nachkriegsungarn war er ein Kind der Not, das sich eine priviligierte Lebensform schuf. Man spielte nicht für Geld, sondern für Lebensmittel. Die nicht besonders beliebten Parteikommunisten beuteten die Popularität des Fußballs aus; die Fußballer nutzten ihre Popularität, um sich ein gutes Leben in Zeiten allgemeiner Unsicherheit zu sichern. Der ungarische Fußball hatte sich in den Konkurrenzverhältnissen der zerfallenden Donaumonarchie entwickelt. Aus diesen war der Mitropacup entstanden, der nationale und ethnische Konkurrenz produktiv machte. In der Metropole Wien hatten sich diese Verhältnisse noch einmal *en miniature* als ein permanentes multiethnisches Derby reproduziert. Ungarn besaß nicht nur eine enormes Potential an

Talenten, sondern auch eine erstaunliche Anzahl von Spielern, die versuchten als Trainer die Notzeiten der zwanziger und dreißiger Jahre zu überleben. Italien wurde für die Ungarn zum Gelobten Land in der romanischen Welt, in der sie von Portugal bis Brasilien seit den dreißiger Jahren zu finden waren.

Die Konkurrenz des ungarischen mit dem italienischen Fußball löste die alte Frage ab, die seit dem Beginn des professionellen Fußballs die Gemüter in Wien, Budapest und Prag beschäftigt hatte. Was ist von der mit dem Namen Herbert Chapman verbundenen Rationalisierung des Spiels zu halten, die mit dem W-M-System auf die veränderten Räume reagierte, die durch eine neue Abseitsregel 1925 entstanden waren? Der Anstoß zu allen diesen Überlegungen ging von Wien aus. Hugo Meisl war nicht nur der Dreh- und Angelpunkt in organisatorischer und intellektueller Hinsicht. Er erkannte die von Chapman eingeleiteten Veränderungen, versuchte auf sie mit den Mitteln des genuinen Kurzpaßspiels zu reagieren. Durch den Mitropacup hatte sich schon bald das Städtedreieck Wien, Prag und Budapest um die norditalienischen Spitzenvereine erweitert. Guttmann hatte Meisl viel zu verdanken; doch Guttmann trat nicht mehr wie der Gentleman Meisl auf, dessen Outfit für gesellschaftliche Reputation bürgte und der auch in der internationalen Fußballdiplomatie sich zu bewähren wußte, sondern eher wie einer, der im Fußball seine Existenz begründen musste. Coachen wurde für ihn zum Beruf. In Budapest nach dem Zweiten Weltkrieg traf er auf eine ganze Generation von intelligenten Fußballkennern, die über die Revolutionierung des Spiels nachgrübelten. Mit Márton Bukovi und Gustáv Sebes nutzte er die neuen Möglichkeiten des Systems, deren unpopuläre Führer an einen wissenschaftlichen Fußball glaubten. Die neue Trainergarde hielt den alten Offensivgeist des Kurzpassspiels aufrecht, arbeitete mit dem Rollentausch der Positionen, vor allem wurde der Mittelstürmer zurückgezogen. Der sollte mit den anderen spielen und nicht Löcher ins Netz hämmern. Hidegkuti spielte diese Rolle mit dem Läufer Bozsik und dem Halblinken Puskás – diese beiden Spieler hatte Guttmann in seinem Verein Kispest hervorgebracht. Die ungarische Mannschaft, die *Aranycsapat*, die in der Tradition des österreichischen Wunderteams stand und die *Squadra Azzurra* des Vittorio Pozzo ablöste, war ein Gesamtkunstwerk, das Spielintelligenz, Balltechnik und Torgefährlichkeit zu verbinden wusste. Die geballte Macht des *football brain*, ein Vierteljahrhundert kontinentaleuropäischer fußballerischer Erfahrung, erschütterte 1953 die etablierte Macht Englands in Wembley. Drei Jahre später stand diese Goldene Elf vor dem Zerfall. Sie waren von einem Spiel bei Athletic Bilbao nicht in das umkämpfte Ungarn zurückgekehrt. Gustav Sebes, der große Kopf des ungarischen Fußballs, konnte nur Hidegkuti und Bozsik zur Rückkehr umstimmen, Béla Guttmann wurde von Puskás gewonnen, den Rest der Mannschaft nach Südamerika zu führen.

Der Tiefpunkt des Kalten Kriegs ermöglichte es Guttmann, endlich seine ganze professionelle Qualität zu entfalten. Ungarn hatte er verlassen, weil er das Durcheinander von Politik und Vereinsfunktionären verantwortlich machte, für eine „vollendete Fußballkorruption". Die wichtigsten Spieler sollten aus politischem Interesse als Amateure gelten, damit sie bei den Olympischen Spielen Gold gewinnen konnten. Aber man mußte sie auch zufriedenstellen, damit sie nicht den Verlockungen des kapitalistischen Auslands nachgaben. Für den Gewinn der Weltmeisterschaft 1954 hatte man als Belohnung eine Südamerikareise ausgelobt, die man aus Angst vor dem Volkszorn nach der Niederlage von Bern absagen mußte. Jetzt konnte Béla Guttmann seine Kenntnisse als Manager einbringen, die er schon in den USA gesammelt hatte, als er einen Fußball erlebte, der als kapitalistisches Unternehmen der Unterhaltungsindustrie organisiert war. Mit den Stars kam er gut zurecht. Das hatte er schon als Trainer des AC Milan bewiesen, als er den Weltstars um Niedholm und Schiaffino seine Autorität bewies. Gescheitert war er in Italien an den Klassenverhältnissen im Fußball. Die herrschende Klasse, die in Gestalt des Präsidenten den Verein dominierte, behandelte den Trainer nur als subalternen Angestellten, der von Glück und Intrigen abhängig vor. Obwohl er mit dem AC Milan kurz vor Saisonende 1955 auf Platz 1 der Tabelle lag, entließ ihn die Vereinsführung und raubte ihm den Ruhm, den begehrten italienischen *scudetto* des Meisters erobert zu haben. Fußballkorruption gab es nicht nur unter den verlogenen Bedingungen des Scheinamateurismus, sondern auch unter den italienischen Vollprofis, die als Prestigeobjekte ehrgeiziger Mäzene und Politiker galten. Aber seine Stars lehnten sich auf und ehrten auf dem Meisterschaftsbankett Béla Guttmann gegen den Willen der Vereinsführung. Danach zog er sich nach Wien zurück.

In Brasilien wurde Béla Guttmann mit seiner Exilmannschaft begeistert empfangen. In Erwartung der kommenden Weltmeisterschaft war man für Veränderungen offen. Für die niederschmetternde Niederlage beim Endspiel im eigenen Land 1950 machte man hinter vorgehaltener Hand das W-M-System verantwortlich, von dem man behauptete, es würde die Spielkunst einengen. 1954 war Brasilien schon im Viertelfinale gegen Ungarn ausgeschieden, in einer denkwürdigen Schlacht. Jetzt wollte man die Ungarn noch einmal in Augenschein nehmen. Ihre Art des Fußballs überzeugte. Den Spielern drohte nach ihrer von der FIFA ungenehmigten Reise eine lange Sperre – also warb man den Trainer ab. Béla Guttmann blieb in São Paulo beim FC. Von Anfang an gab es auch fremdenfeindliche Töne gegen Ausländer und Europäer. Aber Béla Guttmann ließ sich nicht beirren. Spieler mit den besten technischen Voraussetzungen hatte er jetzt, nun mußte er sie nur noch zu einem Team zusammenbauen, ihnen Selbstbewußtsein geben und Effektivität beibringen. Kaum zu glauben: Es haperte bei den brasilianischen Ballkünstlern am Torschuß. Das führte Béla Guttmann ihnen nun selbst an einer Torwand vor. Er drohte seinen Stürmern, wer für die Galerie spiele und nicht auf das Tor schieße, den hole er vom Platz. Mit diesem Rezept war er auch später in Portugal erfolgreich, wo eine ähnliche Mentalität vorherrschte, weil die Spieler Angst hatten, vom Publikum nach einem schwachen Schuss ausgelacht und ausgepfiffen zu werden. Aus den brasilianischen Fußballern war noch relativ leicht mehr herauszuholen, Disziplin wurde durch Trainingslager erzwungen. Nach dem Spiel wurden die Spieler kaserniert, um gezielt Regeneration zu ermöglichen. Kartenspiel im Trainingslager verboten – Geld sollte in der Jagd nach Prämien auf dem Platz gewonnen werden. Béla Guttmann integrierte auf dem Platz eine Mannschaft von jung und alt, schwarz und weiß. Auch hier kam ihm seine Wiener Erfahrung zugute, den gesellschaftlichen Antrieb der Außenseiter in spielerische Energie zu verwandeln. Eine neue Art zu spielen, das 4-2-4, machte sich in Sao Paulo nach Guttmanns Ankunft breit, der FC São Paulo gewann die Paulista, die regionale Meisterschaft noch vor den Corinthians und dem FC Santos mit dem jugendlichen Pelé. Guttmanns Vorgesetzter Feola war so begeistert von dem weiterentwickelten ungarischen Stil, dass er als Delegationsleiter bei der WM in Schweden das 4-2-4 verbindlich machte. Die junge brasilianische Mannschaft eroberte mit ihrem hinreißenden Offensivsivstil die Herzen der Fußballwelt und den Titel.

Béla Guttmann hatte mit der Presse São Paulos einen harten Kampf geführt, aber er hatte sich gegen alle Vorurteile behauptet und er hatte endlich wieder einen großen Titel gewonnen. Aber zählte das in Wien? Er hatte sich aus dem brasilianischen Fußballgeschäft zurückgezogen und er ging auf die 60 zu. Trainer einer Nationalmannschaft – wäre das nicht die Anerkennung eines Fußballfachmanns? Der österreichische Fußballverband ließ Béla Guttmann wieder ziehen. Seine Erfolge in Brasilien hatte sich bis nach Portugal herumgesprochen. Seine Art zu spielen, schlug dort auch sofort ein. Mit dem FC Porto wurde er auf Anhieb 1959 Meister, Benfica warb ihn ab, die portugiesische Nationalmannschaft übertrug man ihm gleich mit. Die Anhänger des FC Porto hassten Guttmann für seinen Verrat, aber er gab sich ganz als der Entrepreneur in eigener Person. Weder Clubfanatismus noch autoritäre Präsidenten konnten ihm Grenzen setzen, er wollte nun selbst bestimmen, wo er bleibt und wann er geht. Bei Benfica legte er in nur zwei Jahren einen Grundstein für den modernen portugiesischen Fußball. Guttmann bewegte sich am Übergang von der patriarchal dominierten Struktur der Vereine in eine Leistungsgesellschaft. Gleich zu Beginn seiner Tätigkeit verkleinerte er den Riesenkader der Benfica, zugleich schöpfte er alle Ressourcen des lusophonen Spielermarktes aus. Zur Überraschung Europas spielten im rückständigen Portugal weiße und schwarze Afrikaner in einer portugiesischen Mannschaft. Vom Jahrhundertendspiel des Europapokals in Amsterdam 1962 bleibt der Trikottausch von Puskás mit Eusebio in Erinnerung. Aber wer weiß, dass Béla Guttmann beide Weltklassespieler herausgebracht hat?

Béla Guttmanns Geheimnis bestand darin, vollkommen professionell in einer Umwelt zu arbeiten, die weder etabliert noch durchrationalisiert war. Er wusste sich die Energie des Außenseiters zunutze zu machen, denn er inkorporierte selbst den Außenseiter, der seine gesellschaftliche Erfahrung als Jude, Ausländer, Migrant und sozialer Aufsteiger in ein fußballerisches Gesamtkonzept umsetzen konnte, in der seine Autorität als Fachmann im Mittelpunkt stand. Der Weltfußball begann sich in den fünfziger Jahren zu verändern. Das Golden Age des Wohlfahrtskapitalismus von 1953 bis 1974, von der Korea- bis zur Ölkrise, hatte ein weltweites Wachstum hervorgebracht, das industrielle

Arbeitsmoral und Freizeitindustrie verbreitete. Vor diesem gesellschaftlichen Hintergrund tat sich ein enormes Aufstiegspotential für einen professionalisierten Fußball auf: die Differenz vom Geldverdienen mit Fußball und Geldverdienen in der Fabrik wurde von Guttmann auch als Disziplinierungsmittel genutzt. Er sah sich als eine Art Manager eines guten Spiels, das für Titel und Unterhaltung sorgte. Er hasste das 0:0. Guttmann verstand sich aber nicht als *team manager* im englischen Sinne, der gleichermaßen für Ökonomie und spielerischen *success* zuständig ist. Er war sich seines Wertes als eine Art leitender Angestellter bewusst und das wollte er auch durch seine häufigen Vereinswechsel bestätigt wissen. Um es den patriarchalen Herren von Benfica noch einmal zu zeigen, wechselte er auf dem Höhepunkt des Erfolges nach Montevideo, um von der anderen Seite des Atlantiks den Weltpokal zu holen. Aber er scheiterte im Endspiel der Copa Libertadores, obwohl er sich gerade in Uruguay am besten mit seinem Vorstand verstand. Noch einmal kehrte er nach Lissabon – gegen seine selbst erklärten Prinzipien – zurück, aber er scheiterte 1966 grandios im Europapokal am aufstrebenden Manchester United. Er schimpfte auf seine alte Mannschaft, deren harter Kern dann aber als portugiesische Nationalmannschaft bei der WM 1966 in England nur unglücklich im Halbfinale am Gastgeber scheiterte. Seine Erklärung für seinen Misserfolg, seine Spieler seien zu Stars und zu satt geworden, überzeugt nicht. Mit der allgemeinen Durchrationalisierung des Fußballgeschäfts in den sechziger und siebziger Jahren schienen kurzfristige Wunder seltener geworden zu sein. Wenn Guttmann sein Konzept geändert hätte und ein neues südamerikanisches Abenteuer gescheut hätte, hätte er mit Benfica vielleicht zeigen können ... aber so etwas ließ sein Stolz und sein auf dem Feld errungenes Selbstbewusstsein nicht zu. Wäre eine Nationalmannschaft wie Österreich in den sechziger Jahren eine Chance für ihn gewesen, einmal wieder etwas jenseits des Vereinsfußballs auszuprobieren? Vielleicht, wenn es mit einem Strukturwandel des österreichischen Fußballs, der Bereitschaft zu einer *Soccer Revolution* verbunden gewesen wäre.

Friedrich Torberg

AUF DEN TOD EINES FUSSBALLSPIELERS

[…]

Er war ein Kind aus Favoriten
und hieß Mathias Sindelar.
Er stand auf grünem Plan inmitten,
weil er ein Mittelstürmer war.

Er spielte Fußball, und er wußte
vom Leben außerdem nicht viel.
Er lebte, weil er leben mußte,
vom Fußballspiel fürs Fußballspiel.

Er spielte Fußball wie kein zweiter,
er stak voll Witz und Phantasie.
Er spielte lässig, leicht und heiter.
Er spielte stets. Er kämpfte nie.

Er warf den blonden Schopf zur Seite,
ließ seinen Herrgott gütig sein,
und stürmte durch die grüne Weite
und manchmal bis ins Tor hinein.

Es jubelte die Hohe Warte,
der Prater und das Stadion,
wenn er den Gegner lächelnd narrte
und zog ihm flinken Laufs davon –

bis eines Tags ein andrer Gegner
ihm jählings in die Quere trat,
ein fremd und furchtbar überlegner,
vor dem's nicht Regel gab noch Rat.

Von einem einzigen, harten Tritte
fand sich der Spieler Sindelar
verstoßen aus des Planes Mitte,
weil das die neue Ordnung war.

Ein Weilchen stand er noch daneben,
bevor er abging und nachhaus.
Im Fußballspiel, ganz wie im Leben,
war's mit der Wiener Schule aus.

Er war gewohnt zu kombinieren,
und kombinierte manchen Tag.
Sein Überblick ließ ihn erspüren,
daß seine Chance im Gashahn lag.

Das Tor, durch das er dann geschritten,
lag stumm und dunkel ganz und gar.
Er war ein Kind aus Favoriten
und hieß Mathias Sindelar.

Friedrich Torberg, Lebenslied. Gedichte aus 25 Jahren. München 1958, S. 47 f.

„In einem bestimmten Sinne kann man auch sagen, daß der Sport vielen von uns das Leben gerettet hat. Wir waren aktiv, wir hatten zu kämpfen gelernt, wir wußten 1938, dass wir etwas unternehmen mussten. So sind die meisten Hakoahner rechtzeitig emigriert."

Karl Haber

Matthias Sindelar im Steuerkataster (Wiener Stadt- und Landesarchiv)

Im August 1938 übernimmt Matthias Sindelar das arisierte Cafè Annahof in Wien-Favoriten (Wiberal – Photoarchiv der AZ)

Gleichklang und Dissonanz

Totenschaubefund des in der Nacht zum 23. Jänner 1939 unter ungeklärten Umständen verstorbenen Matthias Sindelar (Wiener Stadt- und Landesarchiv)

Obwohl ich der Ueberzeugung bin, dass der im nachfolgendem angeführte Fall **Nicht** unter die Vermögensentziehungs-Anmeldungsverordnung fällt, weil es sich um keine "Entziehung" einer Vermögenschaft gehandelt hat, melde ich dennoch im Sinne des § 1 Abs.3 der genannten Verordnung diesen Vorgang als Zweifelsfall hiemit an.

Meine Zweifel stützen sich auf folgendes :

1./ Die Vermögensuebertragung hat im Jahre 1938 auf Grund eines freiwillig vom früheren Inhaber Leopold D r i l l mit meinem Bruder Mathias S i n d e l a r abgeschlossenen Kaufvertrages stattgefunden. Mein Bruder hat den früheren Inhaber in keiner Weise zum Verkauf gedrängt, oder sonst den Verkauf herbeigeführt, sondern im Gegenteil, Herr Leopold D r i l l, der in Fussballkreisen bekannt war und dadurch meinen Bruder ebenfalls gut kannte, ist selbst aus eigenen Stücken an meinen Bruder herangetreten und hat diesem das gegenständliche Kaffeehaus zum Kauf angeboten und ihn zum Kauf überredet.

2./ Der Kaufpreis wurde vom Verkäufer selbst bestimmt und von meinem Bruder im vollem Betrag anerkannt. Mein Bruder hat auch, wie sich aus der beiliegenden Anmeldung ergibt, den grössten Teil der Kaufsumme in Wien an den Vertreter des Verkäufers, dem Hausverwalter Oskar M a y e r ausbezahlt und auch den Restbetrag bis zur Gesamtsumme von RM 17.200.-- in barem bezahlt.

3./ Im übrigen liegt eine Aeusserung des Sohnes des Verkäufers, Herrn Robert D r i l l vor, die dieser im Jahre 1939 in KZ Buchenwald vor Zeugen gemacht hat und welche dahingeht, dass der Sohn ausdrücklich bestätigt, dass sein Vater meinem Bruder aus freien Stücken und freien Willen das Kaffeehaus verkauft hat und dass es ihm ausserordentlich leid tat, als er im KZ von dem Tode meines Bruders erfuhr.

Diese Aeusserung kann jederzeit durch Zeugen bestätigt werden. Trotzdem habe ich das beiliegende Formular Anmeldung entzogenen Vermögens vollständig ausgefüllt und überreiche es hiemit mit der ausdrücklichen Erklärung, dass ich alle Angaben nach bestem Wissen und Gewissen gemacht habe. Ich betone noch, dass nach dem Tode meines Bruders, Mathias S i n d e l a r, mit Einantwortungsurkunde vom 25.Juli 1940 die Erbschaft meiner Mutter , Maria S i n d e l a r mir und meiner Schwester Rosa S c h ü t z eingeantwortet wurde, dass jedoch auf Verlangen der Vermögensverkehrsstelle meiner Mutter wegen politischer Unzuverlässigkeit von ihrem Erbteil zurücktreten musste. Meine Schwester Rosa S c h ü t z ist im Jahre 1942 verstorben und habe ich im Erbwege von ihr ihren Anteil übernommen.

Durch diesen Erbfall bin ich heute Alleininhaberin des seinerzeit von meinem Bruder Mathias S i n d e l a r mit Kaufvertrag erworbenen Kaffeehauses " Cafe Sindelar " früher"Cafe Annahof geworden.

Šulc Leopoldine

Zeugenaussage der Schwester Matthias Sindelars, Leopoldine Šulc, im Vermögensrückstellungsverfahren Cafè Sindelar 1946 (Wiener Stadt- und Landesarchiv)

Abrechnung mit dem Fußballer Jerusalem.
Scharfe Stellungnahme des Gaufachamtes. — Keine Rücksichten für Schädlinge der Gemeinschaft.

In der eben erschienen Ausgabe des amtlichen Organs des Reichsfachamtes Fußball im DRL. (Gau 17), „Fußball-Sonntag", wird zu der Affäre des früheren Austria-Spielers Jerusalem in grundsätzlicher Ausführung wie folgt Stellung genommen:

„Der Austria-Spieler Jerusalem ist vergangene Woche nach Frankreich abgereist, um beim französischen Verein Sochaux als Berufsspieler tätig zu sein. Das ist eigentlich keine besondere Angelegenheit, aber aus grundsätzlichen Erwägungen soll dazu einiges gesagt werden. Nach der Heimkehr der Ostmark in das Reich wurde der Berufsfußball bei uns liquidiert. Niemand wurde gezwungen, Amateur zu werden. Weder das Reichsfachamt noch der Gaufachwart haben den Spielern verwehrt, den Fußballsport als Professional weiter auszuüben.

Die Spieler selbst sind in Erkenntnis der Situation und weil zugesichert wurde, daß alle in zivilen Posten untergebracht würden, Amateure geworden. Die im Ausland lebenden Oesterreicher, soweit sie als Fußballprofis tätig waren, kehrten zum Großteil mit Freuden in die Heimat zurück, um hier gleichfalls einen Beruf anzustreben und als Amateure ihren Lieblingssport weiter auszuüben. Auch für Jerusalem wurde eine Arbeitsstelle gefunden und der Spieler sollte diese nach seiner vor kurzem erfolgten Abrüstung vom Militärdienst antreten. Im Spiel gegen Schalke hat Jerusalem bei der Austria mitgewirkt, ist dann am folgenden Tag zum Training gekommen und hat im Verkehr mit seinen Kameraden erklärt, daß er weiter für die Austria spielen werde. Ohne sich von seinem Verein abzumelden und ohne jemand zu fragen, ist dann Jerusalem, der schon in Wien französisches Geld von einem „Mittelsmann" erhielt, einfach abgefahren. Aus Frankreich hat Sochaux telephonisch bei der Austria um die Freigabe ersucht, da der Spieler nicht mehr zurückzukehren gedenke und als Professional Fußball spielen will.

Unsere Stellungnahme dazu ist klar. Es denkt niemand daran, einem Fußballer, der seinem Sport beruflich ausüben will, ein Hindernis in den Weg zu legen. Jeder kann das werden, wozu er sich berufen fühlt, aber eines ist dabei wichtig, die Verpflichtung seinen Kameraden, seiner Nation gegenüber darf er nicht als Nebensache auffassen und lächerlich machen. Wer dies tut, kann nicht damit rechnen, daß er jemals wieder in unsere Reihen zurückkehren kann.

Er muß auch damit rechnen, daß alle Bestimmungen, die uns die internationalen Satzungen geben, gegen ihn angewendet werden, denn für Schädlinge der Gemeinschaft gibt es keine Rücksicht."

Das kleine Volksblatt, 12. 11. 1938, S. 12

Camillo Jerusalem im Dress der Wiener Austria
(Wiberal – Photoarchiv der AZ)

Gleichklang und Dissonanz

Öffentliche Sitzung des
Feldkriegsgerichtes der
Division Nr.177,
St.L.III - 59/44

Wien, den 26.10.1944

Angekl.Stojaspal:
Ich gebe zu, dass ich mir von Lauterbach am 23.6.den linken Unterarm brechen liess.
Während meines Fronturlaubes kam ich auch in das Kaffee Weber um Freunde zu besuchen. Ich sah dort viele Soldaten mit einem Gipsverband. Ich traf dort Lauterbach, der gleichfalls einen Gipsverband trug und mir auf meine Frage, was er denn habe antwortete, er habe sich den Arm brechen lassen. Vor meinem Urlaubsende ging ich dann zu Lauterbach und fragte ihn, ob er mir den Arm brechen will. Weil sich dies verzögerte, ging ich am Vortage meiner Abfahrt zu Lauterbach, den ich aber aus einem Kino holen musste und er brach mir den Arm durch Daraufspringen. Dies geschah in seiner Wohnung.
Nachher ging ich zum Standortarzt bei dem ich angab, ich wäre auf der Stiege gestürzt. Ich wurde in das Lazarett eingewiesen und blieb dort vom 26.6.bis 8.8.
Ueber Befragen: Ich kenne Lauterbach vom Fussballspiel her. Ich wollte mich nicht zur Gänze dem Frontdienst entziehen, sondern nur meiner schwerkranken Mutter helfen. Lauterbach hat aus dem Grunde immer gezögert, weil er sich nicht recht getraute.

-19-

Nach Rückkehr des Gerichts in den Sitzungsraum verkündete der Verhandlungsleiter
im Namen des Deutschen Volkes
folgendes
F E L D U R T E I L
durch Verlesen der Urteilsformel und Eröffnen des wesentlichen Inhalts der Urteilsgründe in Anwesenheit der Angeklagten:

1.) Der Angekl.**Gfrt.Karl Lauterbach** wird wegen Zersetzung der Wehrkraft in 4 Fällen, begangen je durch Selbstverstümmelung
<u>zum Tode und Verlust der Wehrwürdigkeit</u> verurteilt.
Die bürgerlichen Ehrenrechte werden auf Lebenszeit aberkannt.

5.) Der Angekl.**Gfrt.Ernst Stojaspal** wird wegen Zersetzung der Wehrkraft, begangen durch Selbstverstümmelung
<u>zu 8 -acht- Jahren Zuchthaus und Verlust der Wehrwürdigkeit</u>
verurteilt.

Verurteilung Ernst Stojaspals wegen Wehrkraftzersetzung (Dokumentationsarchiv des Österreichischen Widerstandes)

Josef Smistik
Wien,9,Gussenbauergasse 4./2o.

An die Prov. Staatsregierung der freien
Republick Östereichs
Wien,1,Ballhausplatz 2.

Betrifft: Registrierung der Nationalsozialisten

    Ich bitte um Befreiung von der Registrierung der Nationalsozialisten mit folgender Begründung:
    Im Jahre 1938 war ich bei der Firma Ludwig Wolfrum A.G. in Stadlau als Privatchauffeur tätig. Mein Cheff Herr Wolfrum erklärte mir nachdem die Nationalsozialisten die Macht in unserem Staate übernommen haben, er könne mich nur dann auf meinem Posten behalten, wenn ich der N.S.D.A.P. beitrete. Um meine Existenz nicht zu verlieren war ich gezwungen mich bei der Nationalsoz. Partei einschreiben zu lassen und wurde als Parteianwärter bis zuletzt ge= führt. wie weit meine Einstellung und Gesinnung für die Partei war, ersehen Sie aus beiliegenden, von Zeugen abgegebenen Erklä= rungen. Ausserdem will ich noch erwähnen, dass ich kein Unbekannter bin, da ich in dem Fussball Wunder _ Team Östereichs in allen Länderspielen mitgewirkt habe, und schon vor dem Jahre 1938 so = wie während des Hitler_Regimes mit Taten meine antifaschistische Einstellung bewiesen habe.
    Durch die gegebenen Umstände bitte ich um günstige Erledigung meines Ansuchens und zeichen

3 Beilagen.

Hochachtungsvoll

Smistik Josef
Wien IX. Gussenbaurgasse 4/20

Ansuchen des Rapid- und Wunderteam-Mittelfeldspielers Josef Smistik um Streichung aus der NS-Registratur
(Wiener Stadt- und Landesarchiv)

Wien. 23. VII. 45.

Ich erkläre an Eidesstatt, daß Josef Smistik, Arbeiter, derzeit Wohnhaft Wien IV. Gussenbauergasse 7/20, mir während seiner Dienstzeit im Res.Laz. XXI. Wien zweimal Pistolen samt Munition, aus der Kleiderkammer des Lazarettes für österreichische Freiheitskämpfer gegeben hat, einmal machte er es mir möglich, daß ich selbst Pistolenmunition aus der Kleiderkammer entwendete die ich an österreichische Patrioten weitergab.

Wessely Rud.
Gastwirt
Wien IV. Weintraubeng 1.
Restaurant Tiger.

Ich. Bestätige das Josef Smistik, derzeit wohnhaft Wien IX. Gussenbauergasse 7/20, mir während meiner Dienstzeit im Res. Laz. XXI Wien, wiederholt Waffen samt Munition sowie Handgranaten aus der Kleiderkammer des Laz. aushändigte, welche ich für meine Kampfgruppen der Österreichischen Freiheitsbewegung brauchte. Sowie durch seine Schwägerin Rosa Smistik fahnenflüchtige Soldaten zuführte welche ich versorgte, und beim Kampf um Wien den Kampfgruppen zuführte.

Heinzfurz.
derzeit Betriebsratsobmann im Krankenhaus der Barmherzigen Brüder Wien II. Große Mohrengasse 9.

Beilagen zum Ansuchen (Wiener Stadt- und Landesarchiv)

Gemäss § 27 Abs.(1) des VG 1947 erlaube ich mir, an Sie, hochverehrter Herr Bundespräsident, das

<u>A n s u c h e n</u>

zu stellen,
> um Ausnahme von der Behandlung nach den Bestimmungen der Artikel III und IV und von den in besonderen Gesetzen enthaltenen Sühnefolgen.

Dieses Ansuchen begründe ich wie folgt:

1. Ich erkläre eidesstattlich, dass ich niemals Mitglied oder Anwärter der NSDAP oder seiner Gliederungen gewesen bin und auch niemals einen diesbezüglichen Erfassungsantrag gestellt habe. Auch habe ich niemals eine Bestätigungskarte bezw. Mitgliedskarte besessen oder der NSDAP Beiträge oder andere Zuwendungen gezahlt oder mich für die NSDAP politisch betätigt.
2. Ich war in der Zeit vom Jahre 1928 bis 30.6.1938 ununterbrochen als Sportlehrer im Ausland tätig und in der Zeit vom 15.7.1938 bis 26.7.1943 in gleicher Eigenschaft in Essen (Rheinland) und habe auch in dieser Zeit und in den Aufenthaltsorten mit der NSDAP nicht das Geringste zu tun gehabt.
3. Zum Nachweis der o.a. Angaben füge ich diesem Ansuchen 8 (acht) Erklärungen über meine Person, bei.

Was meine positive Einstellung zur unabhängigen Republik Österreich anbelangt, können jederzeit darüber auch

> der Vorstand des Sportklubs " Rapid "
> der Österreichische Sportlehrerverband
> und das Präsidium des Wiener Fussballverbandes

erschöpfend Auskunft geben.

Das Ergebnis der amtlichen Ueberprüfung meiner Angaben wird bestätigen, dass ich niemals der NSDAP angehört habe und mit Sicherheit auf meine positive Einstellung zur unabhängigen Republik Österreich geschlossen werden kann.

Mein Name ist sicherlich in missbräuchlicher Art in den Listen der ehemaligen Mitglieder der NSDAP verzeichnet worden ohne dass mir bisher dieser merkwürdige Umstand bekannt war.

Da hier ein besonders berücksichtigungswürdiger Fall vorliegt, ist Ihnen, hochverehrter Herr Bundespräsident, die Möglichkeit geboten, vom verfassungsmässigen Gnadenrecht Gebrauch zu machen.

Genehmigen Sie, hochverehrter Herr Bundespräsident, den Ausdruck
meiner ergebensten Hochachtung

8 Anlagen

Josef Uridil, Fußballlehrer, nimmt Stellung zu seiner vorgeblichen NSDAP-Mitgliedschaft (Wiener Stadt- und Landesarchiv)

Gleichklang und Dissonanz

Norbert Lopper im Kreis von Familie und Bekannten im Brüsseler Exil (Privatsammlung Norbert Lopper)

Norbert Lopper wurde 1919 als Sohn einer kleinbürgerlichen jüdischen Familie in Wien-Brigittenau geboren und spielte seit Mitte der 1930er Jahre bei Hakoah Wien Fußball. Bald nach dem Anschluss an das nationalsozialistische Deutschland verließ er im Sommer 1938 Österreich in Richtung Belgien, wo er in Brüssel bei der Familie seiner Tante als Flüchtling lebte. Er schloss sich dem im belgischen Verband der Arbeiterfußballer organisierten, antifaschistischen und jüdischen Verein Etoile Bruxells an, und lernte dort auch seine spätere Frau Ruth kennen. Zwei Jahre nach der Besetzung Belgiens durch deutsche Truppen im Mai 1940 erhielten beide die ultimative Aufforderung, sich am Gare du Nord einzufinden, von wo sie in das Konzentrationslager Auschwitz deportiert wurden. Das Ehepaar Lopper wurde getrennt, Norbert kam zum „Kanada-Kommando", das direkt an der Rampe zu arbeiten hatte. Hier erlebte er, wie anfangs August 1944 der Rest seiner Familie eingeliefert wurde. Wie durch ein Wunder gelang es, die Mutter und die beiden Brüder Loppers zu retten, während Ehefrau Ruth, deren Schwester und Eltern den Tod fanden. Norbert Lopper, der unendliche Qualen zu erleiden hatte, überlebte als einer von Wenigen den sog. „Todesmarsch" nach Mauthausen, wo er schließlich im Mai 1945 befreit wurde. Er kehrte in den fünfziger Jahren aus Brüssel nach Wien zurück und übernahm 1956 das Sekretariat der Austria Wien, in dem er als Manager und Spielervermittler bis 1985 tätig war.

(Privatsammlung Norbert Lopper)

Walter Nausch
grüßt die österreichischen Fußballer

Walter Nausch, einer der besten und verläßlichsten Spieler, die Oesterreich hatte, lebt seit Jahren in der Schweiz. Er hat Oesterreich nicht vergessen und läßt alle Fußballer herzlichst grüßen. Wie fast alle Fußballspieler, so hat auch der Walter mit dem „Fetzenlaberl" angefangen, aber nicht wie viele unserer Großen in den „enteren Gründen", sondern im Nobelviertel in der Josefstadt. Seine Mutter hatte hinter dem Rathaus eine kleine Greißlerei, und da es dort keine brachliegenden Gründe gab wie in den Randbezirken, so wanderten die Buben in den Volksgarten, sehr zum Aerger der ruhebedürftigen Hofräte, die nach jahrelangem Aktenjonglieren endlich Ruhe haben wollten. Aber hier war der Rahmen bald zu eng und die nächste Etappe war der Prater, der mit seinen großen Wiesen ein günstiges Fußballfeld darstellte. Hier wurden die Spiele der Schulen, aber noch mehr der Parks gegeneinander ausgetragen. So gab es ständig einen sehr heißen Kampf, wenn der „Kaipark" gegen den „Volksgarten" spielte.

Nach der Schulzeit trat Nausch in eine Bank ein, und bald darauf war er bereits für die damaligen Amateure, die Vorläufer der heutigen Austria, tätig. Nausch spielte als Bub und später bei den Amateuren als Verbindungsstürmer, und erst nach Jahren übersiedelte er in die Läuferreihe, wo er es zu ganz großen Leistungen brachte. Er war das Musterbeispiel eines fairen, verläßlichen Spielers, und selbst in der Glanzzeit seines Könnens, wo er die besten Angebote aus dem In- und dem Ausland erhielt, blieb er seinem Verein treu.

45mal stand Walter Nausch in der österreichischen Nationalmannschaft, er war einer ihrer verläßlichsten Spieler und ein unverdrossener Kämpfer bis zur letzten Spielminute. Vor 1938 fand man ihn ständig in der Auswahlmannschaft und im letzten Jahr vor seiner Abreise spielte er in jedem Auswahlspiel. Das Jahr 1937 brachte der Austria hervorragende Siege, aber, wie man es bei ihr gewohnt ist, auch überraschende Niederlagen. So gewann sie damals im Mitropa Cup gegen den italienischen Meister 6:1, und Nausch spielte nach langer Zeit wieder einmal Verbindungsstürmer und schoß, zur freudigen Ueberraschung aller, drei Tore. Austria wurde damals als hoher Favorit für den Cup gewertet, aber, wie so oft, fiel sie im Semifinale vollkommen um und verlor in Budapest 6:1. Auch im Spiel um den Cup der Weltausstellung in Paris, an dem die acht besten europäischen Mannschaften teilnahmen, konnte Austria nach glänzendem Start – sie schlug den damals sehr starken VfB Leipzig in Le Havre 2:0 – nur bis ins Semifinale kommen und verlor dann im Kampf um den dritten und den vierten Platz gegen Slavia-Prag 2:0.

Nausch machte nicht nur die Glanzzeit der Austria mit, sondern auch die Zeit des Wunderteams. Er war niemals ein Star, sondern stets ein netter und lieber, hilfsbereiter Kamerad. Wie für so viele, war auch für ihn das Jahr 1938 das Schicksalsjahr. Die Nase seiner Frau paßte den damaligen Herren nicht, man legte ihm nahe, sich scheiden zu lassen, aber hier hatten sich die hohen Herren verrechnet. Er blieb, wie er als Fußballer war, auch im Leben der verläßliche Mensch und übersiedete mit seiner Frau nach Zürich. Als Spieler und später auch als Trainer führte er seinen Verein Young fellow zu vielen Erfolgen. So wie bei uns, wird er auch in der Schweiz als das Muster eines Fußballers bezeichnet.

Die Woche, 4. 3. 1946, S. 8

Das Ehepaar Margot und Walter Nausch im Schweizer Exil (Privatsammlung Norbert Lopper)

Gleichklang und Dissonanz

Österreichische Fußballer in der Emigration

Anläßlich der hier in der Zeit vom 17. bis 21. Juli 1946 stattfindenden Makkabispiele, die Fußball, Tischtennis, Leichtathletik und Schwimmen umfassen, kam auch aus Paris eine Fußballmannschaft gestern mit dem Arlbergexpreß in Wien an. Der Führer der Mannschaft Fritz Donnenfeld, ein ehemaliger Wiener Fußballspieler gab folgende Unterredung: „Außer mir sind noch die ehemaligen Spieler Edi Weißkopf vulgo Virag und Mautner Ludwig nach einer mehr als 40-stündigen Reise in Wien angekommen. Wir freuen uns sehr und schätzen uns glücklich, daß wir nach über 15jähriger Abwesenheit wieder Wien sehen können. Alle Befürchtungen, die wir über das bomben- und kriegsbeschädigte Wien aus Nachrichten durch Reisende, die aus Wien nach Paris kamen, bisher hegen mußten, wurden weit übertroffen. Wir sind sehr enttäuscht, daß wir unsere Heimatstadt in einer solchen traurigen Lage antreffen müssen. Wir sind aber ebenso überzeugt, daß auch bei uns etwas geschehen muß, um die große Not, die in Wien ist, zu lindern. Es ist auch interessant, einiges über die ehemaligen Spieler zu erfahren, die aus Wien im vergangenen Jahrzehnt nach Frankreich abgewandert sind. Ich selbst bin derzeit privat Besitzer einer Bar in Paris. Während der Besetzung durch die Deutschen mußte ich mich versteckt halten, unter dem Namen Donny arbeitete ich als „Marquis", um dann bei den Engländern in der Normandie zu landen, wo ich als Nachrichtenmann tätig war. Mich hat es persönlich auch gefreut, alte Bekannte, wie unseren Fußball-Doktor Schwarz, den Radiosprecher in Paris Dr. Meznik und meinen alten Freund Kollisch hier wiederzusehen. Edi Weißkopf ist ebenfalls Barbesitzer und derzeit bei „Red-Star". Mautner ist beim Club „Sete" in Südfrankreich und mußte sich ebenfalls während des Krieges verbergen, er ist der glückliche Besitzer einer Wurstfabrik in Montpellier. Hiden (WAC) spielt derzeit mit seinem Club „Augoulenne" in der Türkei. Hiltl (WAC) gewann mit seinem Club die Meisterschaft. Jellinek (Libertas) kommt im Herbst nach Lyon.

Norbert Lopper (ganz links) in der jüdischen Arbeitersportmannschaft Etoal Brüssel im Jahr 1941
(Privatsammlung Norbert Lopper)

Jordan (FAC) betätigt sich im „Racing" in Paris. Spechtl (Austria) ist in Südfrankreich „Cassere" und war im Cup-Finale der Amateure. Tax (Wacker) betätigt sich in St. Etienne, war Zweiter in der Meisterschaft. Marek (Wacker) ist Trainer und Spieler in Lens. Die zwei ehemaligen Kriegsgefangenen Lechner und Krebs (Vienna) sind derzeit in einem französischen Club in Bordeaux tätig und warten, bis sie vom Österreichischen Verband offiziell freigegeben werden. Diese beiden österreichischen Spieler wurden durch das Entgegenkommen des dortigen französischen Kommandos um ein Jahr früher entlassen als die übrigen Kriegsgefangenen, damit sie die Möglichkeit hatten, als Spieler im dortigen Club mitzuwirken. Naturgemäß ergab sich, daß damit auch viele Erleichterungen für österreichische Kriegsgefangene verbunden waren. Der Österreichische Fußballverband täte ein gutes Werk, wenn er diese Spieler möglichst bald freigeben würde."

Wiener Zeitung, 18. 7. 1946, S. 3

Zwei Wiener Fußballfunktionäre

Ignaz Abeles und Josef Gerö

Von Eva Blimlinger

Wer will heute schon Funktionär sein? Und wenn er tatsächlich einer ist, dann will er sicherlich nicht so genannt werden, Parteifunktionär, Gewerkschaftsfunktionär, Sportfunktionär, Fußballfunktionär, nein, nein. Vielleicht dann schon lieber Manager, gar Lobbyist, aber Funktionär? Wer oder was aber ist dieser heutzutage missliebig gewordene und in Verruf geratene Funktionär? Dem Etymologischen Wörterbuch der Gebrüder Grimm ist der Funktionär noch gänzlich fremd, es kennt ihn nicht. Während der Begriff des *fonctionnaire* in Frankreich bereits seit dem 18. Jahrhundert im Gebrauch war und ganz allgemein öffentliche Funktionsträger im Dienst der Administration bezeichnete, sollte es noch einige Zeit dauern, bis sich die Bezeichnung *Funktionär* auch im deutschen Sprachgebrauch durchsetzen konnte. In Deutschland und Österreich wurden die Kaiser und Könige auch noch nicht durch den jeweiligen *first functionary*[1] – den Präsidenten – wie in Frankreich abgelöst, ihre Positionen blieben bis ins 20. Jahrhundert unangetastet.

Der Begriff *Funktionär* – abgeleitet aus den lateinischen Wörtern *functio* (Amtsobliegenheit, Verrichtung) und *fungor* (verwalten) – bringt die unter Ablösung der feudalen Privilegien vollzogene Trennung von Amt und Person zum Ausdruck. Der Funktionsträger wird austauschbar und übt seine Tätigkeit nicht mehr auf Grund seiner Geburt aus[2] – auch wenn da und dort von Funktionärsadel gesprochen wird, wenn die Söhne und seltener die Töchter die Funktionen der Väter und noch seltener der Mütter übernehmen. Der Funktionär ist darüber hinaus als politischer Begriff zu verstehen – der Funktionär, ohne den die Arbeiterbewegung vermutlich nicht reüssieren hätte können, ohne den die Revolution 1848 nicht denkbar ist und ohne den die in Österreich seit 1867 per Gesetz[3] erlaubten Vereine und Verbände nicht so zahlreich gegründet worden wären. Ohne Funktionäre selbstverständlich – Parvenüs und Profiteure, wie Frank Bahjor sie in diesem Zusammenhang nennt – auch kein Nationalsozialismus. Und möglicherweise oder hoffentlich ist dies der Grund, weshalb der Funktionär derart in Verruf geraten.

Der Funktionär gilt dieser Tage gemeinhin als kleinkariert und engstirnig, immer ein bisschen konservativ, als jemand, der keine eigenen Ideen hat, der sich streng und unerbittlich an Statuten, Regeln und Vorgaben hält, der vollzieht, was ihm aufgetragen, der vollstreckt, was Partei-, Vereins- oder andere Organe beschließen, weil er daran glaubt, dass das richtig ist, der bieder auf seinen vorgezeichneten Wegen geht, ein Gschaftlhuber, ein Vereinsmeier, ein Wichtigtuer, ein Betonschädel, ein Apparatschik – kurz eben ein Funktionär.

Doch ehrlich, was wäre der österreichische Sport, der österreichische Fußball ohne die zahlreichen ehrenamtlichen und hauptberuflichen Funktionäre in den Vereinen. Zugegeben, es werden Spieler gebraucht, sehr sehr gute, wenn möglich, es werden Trainer gebraucht, auch die sollten ihr Geschäft bestens verstehen, dann auch noch Schiedsrichter, Linienrichter bis hin zum Zeugwart, der verantwortlich dafür ist, dass die richtigen Dressen fürs Auswärtsspiel eingepackt werden, doch letztendlich steht und fällt alles mit den Funktionären, jenen Männern, die das alles organisieren, die Verbände, die Vereine, die Spiele, die Regeln, die Ligen, die Meisterschaften und und und.

Denn andererseits ist der Gschaftlhuber, der Funktionär, der sich auskennt in seinem Geschäft, der oft jedes Detail weiß, wer wann in welcher Minute welches Tor geschossen hat, welche Schiedsrichterleistung wirklich damals in diesem Match außergewöhnlich schlecht war, der selber einmal in jungen Jahren, als er noch sportlich war, gekickt hat, zwar nicht großartig, aber doch in dieser oder jener unterklassigen Mannschaft gespielt hat, der bis heute seine heimliche Zuneigung gilt, auch wenn er jetzt für den Oberligisten tätig ist, der vielleicht als Schiedsrichter aufs Feld lief, als er auch noch konditionsstark war, der alle Regeln kennt und in kurzen Worten auch dem Laien erklären kann, was eigentlich ein passives Abseits ist und nicht wie heutige ÖFB-Präsidenten, die keine Funktionäre mehr im besten Sinne sind, keine Antwort geben kann und will.

Ein Blick zurück zu den Anfängen des österreichischen Fußballs, der zunächst der Wiener Fußball ist, in eine Zeit, in der Funktionäre noch Visionäre[4] und Pioniere waren, deren uneingeschränkte Liebe, oft zum Leidwesen ihrer Frauen und Kinder, dem Fußball gehörte, als Funktionäre selbstredend auch Sturschädeln und Streithansl waren, wechselseitige Feindschaften pflegten, untergriffig waren, ihre Sache, was immer die auch war, mit den einen und gegen die anderen Funktionäre verteidigt haben, aus dem einen Verein austraten und einen neuen gründeten und alles daran setzten, die anderen nicht ins Spiel kommen zu lassen, die Verbände gründeten, um den wenig angesehenen Fußball aus der Schmuddelecke zu holen. Viele von ihnen hatten, wie man so sagt, bürgerliche Berufe, sie waren z.B. Ärzte, Anwälte, Staatsanwälte, Kaufleute, Beamte, Lehrer oder Angestellte und übten ihre zahlreichen Funktionen meist ehrenamtlich aus, wenigen gelang es, Berufsfunktionär zu werden.

In der Anfangszeit des Fußballsports in Österreich oder korrekterweise in Österreich-Ungarn, da gab es zum Beispiel den Funktionär Dr. Ignaz Abeles.[5] Der legendäre Radioreporter und ehemalige Nationalspieler Willy Schmieger schrieb 1925 über ihn: „... und als Vizepräsident erscheint Dr. Ignaz Abeles, eine der markantesten Figuren, die der österreichische Sport hervorgebracht hat. Er war in Prag beim D.F.C. [Deutscher Fußball Club Prag, Anm. d. Verf.] aufgewachsen, als Arzt nach Wien gekommen und war der Vienna beigetreten. Im Verein betätigte er sich aber nur wenig, umso mehr aber trat er, der bald gar keinem Verein mehr angehörte, im Verbande hervor, den er durch viele Jahre in aufopferungsvoller Weise lenkte. [...] Wir werden seinen Namen noch wiederholt finden, bis ihn eine neue Zeit als unbrauchbar verwarf. Dem Sport ist durch seinen Rücktritt nicht genützt worden."[6] Schmieger bezieht sich hier auf den endlosen Streit zwischen dem 1919 gegründeten V.A.S. dem Verband der Arbeiter- und Soldaten-Sportvereinigung und dem 1904 gegründeten Oe.F.V. dem Österreichischen Fußball Verband, dem späteren ÖFB Österreichischer Fußballbund.

Schon die Gründung des Oe.V.F. war die Folge von Streitereien und Unstimmigkeiten zwischen Vereinen, Spielern und Funktionären. 1900 wurde zunächst die so genannte Fußball-Union gegründet, ihr Ziel war es, die existierenden Vereine unter einen Hut zu bringen, nach diversen Querelen traten die damals höchst erfolgreichen Cricketer [Vienna Cricket and Football-Club] allerdings aus dem Verband wieder aus. Nach einigem Hin und Her traten die Cricketer der Union 1902 dann wieder bei: „Im Februar 1902 versöhnten sich die Cricketer mit der Union. Sie dankten öffentlich allen Vereinen, welche während des Boykotts gegen sie gespielt hatten, und spielten noch ein Abschiedsspiel gegen ein Team der Nicht-Union-Klubs.[7] 1904 kam dann das endgültige Aus: Die Cricketer verließen gemeinsam mit der Vienna endgültig die Union und gründeten den Österreichischen Fußball Verband. Die Fußball-Union löste sich auf. Die Adresse des neu gegründeten Österreichischen Fußball Verbands war zunächst die Wohnung des Vienna Präsidenten Hermann Schönaug in der Grinzinger Straße 86. Ab 1906 wurde das legendäre Ring-Café am Stubenring, ein fast reines „Judencafé",[8] wie es 1938 im Parteijargon der Nationalsozialisten hieß, der Verbandssitz. Ignaz Abeles wurde am 4. November 1874 geboren, bei den Meldedaten ist sein Geburtsort Wien, in den verfügbaren Publikationen ist es Prag. Er war Arzt und Spezialist für Haut- und Geschlechtskrankheiten und war einer jener ehrenamtlich tätigen Funktionäre, die maßgeblich am Aufbau von Fußballverbänden beteiligt waren, vor allem des Oe.F.V. – Ignaz Abeles war zunächst Vizepräsident und ab 1913 Präsident – und des Niederösterreichischen Fußball Verbandes, der 1911 gegründet wurde und dem zu dieser Zeit auch die Wiener Klubs angehörten.

1923 wurde der Wiener Fußball Verband gegründet, und Abeles wurde der erste Präsident des Wiener Verbandes und blieb dies bis 1927. 1911 war auch das Jahr, in dem erstmal von einer erfolgreich durchgeführten Fußball-Meisterschaft gesprochen werden kann. Als Delegierter des Oe. F.V. nahm Abeles gemeinsam mit Hugo Meisl[9] am 5. FIFA-Kongress teil, der anlässlich des 60-jährigen Regierungsjubiläums von Kaiser Franz Josef in Wien stattfand. Es galt, das „Tschechen-Problem" zu lösen: „Zu Pfingsten versammelte sich in Wien im Hotel Continental der Kongreß der Fifa. Die Versammlung war sehr stark beschickt, auch Mr. Wall, der allgegenwärtige Sekretär des englischen Verbandes, war erschienen. Das Hauptinteresse richtete sich auf die Lösung des tschechischen Problems. Der Oe.F.V., der durch die Herren Dr. Abeles und Meisl vertreten war, stellte sich auf den Standpunkt, dass nach den Satzungen der Fifa jedes Land nur durch einen einzigen Verband vertreten sein könne und dass Böhmen kein eigenes Land sei, weil es kein eigenes Parlament besitze. Nach langen Verhandlungen schloß sich der Kongreß dieser Anschauung an und trug den Tschechen auf, sich dem Oe.F.V. unterzuordnen, der ihnen übrigens eine weitgehende Autonomie in Aussicht stellte.

Der Oe.F.V. konnte nach der Sachlage kaum einen anderen Standpunkt einnehmen, wenn er überhaupt sein Prestige wahren wollte. Schon nämlich verlangten auch andere Nationen Oesterreichs ihre eigenen Verbände und das Ende hätte unweigerlich ein Chaos sein müssen. „Die Tschechen lehnten damals jede Gemeinschaft in Wien ab und ließen sich lieber boykottieren. Sie blieben mit ganz geringen Unterbrechungen und Ausnahmen in dieser Isoliertheit bis zum Ende des Krieges. Dann hat Ihnen die Weltgeschichte Recht gegeben und sie haben zu ihrer sportlichen Freiheit, die sie auch um große Opfer niemals aufgegeben haben, noch die politische hinzugefügt."[10] Abeles, der zwar beim FIFA-Kongress gegen einen eigenständigen tschechischen Verband auftrat, bemühte sich jedoch immer wieder, die Tschechen und auch die „Deutschböhmen" in irgendeiner Weise zu berücksichtigen, sie zu integrieren, ihnen näher zu kommen. Anlässlich des Spieles Österreich gegen Ungarn in Wien am 2. Mai 1909 – die Ungarn waren ja seit dem Ausgleich ein eigener Staat, hatten ein eigenes Parlament und somit auch einen eigenen Verband – versammelte sich auch eine „Schar von ungefähr 100 Schlachtenbummlern, die auf der Tribüne einen ungeheuren Lärm machten". Abeles organisierte „eine zweite Garnitur des Verbandes, die in Prag spielte." Die Partie in Prag endete 1:1, in Wien gewannen die Ungarn 4:3. 1910 versuchte der um Ausgleich bemühte Abeles bei einem Treffen der so genannten alpenländischen Vereine durchzusetzen, dass jede in der Monarchie vertretene Sprache als Verbandssprache zugelassen werde. Sein Vorschlag, der in die Satzungen aufgenommen werden sollte, wurde allerdings kategorisch abgelehnt. Es sollte nur die deutsche Sprache Geltung haben. Letztlich wurde ein typisch österreichischer, möchte man fast sagen, Kompromiss gefunden: „Später fand dann eine neuerliche Beratung in Prag statt, an der auch die deutschböhmischen Vereine teilnahmen, und dort wurde vereinbart, dass zwar alle Ausfertigungen des Verbandes in deutscher Sprache erfolgen sollten, dass aber vom Verbande auch anderssprachige Zuschriften entgegengenommen werden."[11] Immer wieder intervenierte und vermittelte Abeles, wenn es zu Misstimmungen zwischen den Wienern und den Tschechen kam, wenn zum Beispiel Spieler aus Wien von Karlsbad oder Teplitz abgeworben wurden und in der Folge Geldstrafen verhängt und Vereinsfunktionäre suspendiert wurden: Abeles fand eine Lösung. Doch letztlich scheiterten alle seine Bemühungen. Ende Jänner 1914 traten die tschechischen und deutschböhmischen Vereine schließlich mit Ausnahme des D.F.C geschlossen aus dem Oe.F.V aus.

Abeles bemühte sich, Strukturen zu etablieren, Verbandsstrukturen, Vereinsstrukturen, um ein geordnetes Vorgehen vor allem in der Meisterschaft zu ermöglichen. Dazu gehörte auch, ein „eigenes Verbandsheim" mit Sekretariat zu haben. „Im Jänner [1913 Anm. d. Verf.] gelang die Errichtung eines eigenen Verbandsheimes in der Annagasse 7. Das unwürdige Wanderleben des Vorstandes in den diversen Kaffeehäusern hatte endlich ein Ende. Als Sekretär wurde Paul Gußmann ... verpflichtet, der nunmehr, zu gewissen Tagesstunden, deren Fixierung das praktische Bedürfnis ergeben wird, zur Erteilung jeder gewünschten Auskunft den Verbandsvereinen und Sportinteressierten zur

Verfügung stehen wird'. Dem neuen Sekretär wurde auch ein Wohnzimmer im Verbandsheim zugewiesen ... Der Verband erließ einen Aufruf an die Sportsfreunde, zur würdigen Ausschmückung des Raumes Bilder zur Verfügung zu stellen. Der Aufruf hatte Erfolg und der Verband verfügt über eine ganze Reihe von interessanten Sportbildern. Das neue Heim war ausschließlich der Initiative des Herrn Dr. Abeles zu verdanken gewesen, der von nun an noch mehr als früher seine Zeit und seine Arbeitskraft den Verbandsgeschäften widmete."[12] Sogar die „Anstellung einer Schreibkraft" erwies sich als notwendig und allerorten wurde die Tätigkeit des Verbandes und seine „Ordnung und Schnelligkeit" – heute würde man wohl sagen „Effizienz" – gelobt.

Doch mit Beginn des Ersten Weltkriegs musste Abeles seine Arbeitskraft als Arzt der Armee widmen und konnte nur von der Ferne den Wiener Fußball verfolgen. Bereits kurz nach seiner Rückkehr nach Wien 1918 begannen jene langwierigen und zermürbenden Streiterein mit dem sozialdemokratischen V.A.S, die schließlich dazu führten, dass Abeles seine Funktion zurücklegen wollte. „Erst als Dr. Abeles seine Stelle niederlegte, erkannten die Vereine den Ernst der Situation. Sie scharten sich um den Präsidenten und veranlassten ihn, seine Demission wieder zurückzuziehen."[13] Als aber alle Versuche, eine Einigung zwischen den beiden Verbänden herzustellen, schließlich doch scheiterten, gab Abeles 1922 entnervt auf und legte seine Funktion im Österreichischen Verband zurück, dem Niederösterreichischen Verband, und dann dem Wiener Fußballverband blieb Abeles bis 1927 treu. „Dr. Abeles, der Präsident des Österreichischen Fußballbundes, erklärte gestern einer Delegation, dass er aus gesundheitlichen Gründen außerstande sei, seine Funktion weiter zu behalten. Er hofft aber nach einem sechsmonatigen Urlaub wieder für den Bund arbeiten zu können."[14] Und das Illustrierte Sportblatt titelte „Dr. Abeles ist amtsmüde ... Dr. Abeles begründet seinen Rücktritt mit beruflicher Überbürdung und seiner nicht ganz gefestigten Gesundheit ... Vielleicht lässt sich Dr. Abeles doch bewegen, wenigstens den Ehrenvorsitz im Verband zu übernehmen. Sein großes Verständnis und seine über jeden Zweifel erhabene Objektivität, und nicht zuletzt aber seine, fast könnte man sagen, übertriebene Sparsamkeit werden nach wie vor benötigt."[15] Ob es wirklich nur sein gesundheitlicher Zustand war – er litt an Parkinson[16] – oder auch andere Gründe, wie die anhaltenden Diskussionen zwischen den Vereinen, für seinen endgültigen Rückzug, wie da und dort behauptet wird, ausschlaggebend waren, lässt sich vermutlich nicht mehr klären.

Sein Nachfolger als Präsident des Wiener Fußballverbandes wurde der erst 31-jährige Dr. Josef Gerö.[17] Gerö, wie Abeles ein typischer Wiener, wurde am 23. März 1896 im damals ungarischen Maria Theresiopel, heute Subotica, geboren. Die großbürgerliche Familie übersiedelte nach Wien, wo Gerö seine Schulzeit absolvierte. Im Ersten Weltkrieg leistete er als Artillerieoffizier seinen Kriegsdienst. 1921, nach Abschluss seines Studiums der Rechtswissenschaften, trat er in den Gerichtsdienst und wurde 1926 zum Richter beim Bezirksgericht Baden ernannt. Dem Fußball gehörte schon während der

Mittelschulzeit seine große Zuneigung. Mit anderen gründete er den Ottakringer Fußballverein „Libertas", wo er zunächst als rechter Verteidiger spielte. Die jungen Burschen waren Rapidanhänger und so wurden ihre Vereinsfarben grün-weiß. „Und der Sport, vor allem der Fußballsport war seine Sache. Als Vierzehnjähriger hat der in Ottakring in der Nähe des Brunnenmarktes beheimatete Gymnasiast sich für das damals noch verpönte Fußballspiel begeistert. Der künftige Organisator und Fußballadministrator kündigte sich aber schon im Vierzehnjährigen an und so rief er mit seinen Mitschülern einen Fußballklub ins Leben, dem er – wie wäre es bei einem Gymnasiasten anders möglich – den lateinischen Namen Libertas gab. Aber in dieser Namenswahl des Schülers Gerö lag unbewußt schon ein Programm, das Programm, dem auch der reife Mann Zeit seines Lebens treu blieb! ‚Freiheit' hieß der Verein, den der Gymnasiast gründete und Freiheit von Vorurteilen und Muckertum, Freiheit für die Jugend und für ihren Weg zum Sport und zur Gesundheit! Das war das Wort, das bis zu seinem Tode auf dem Panier dieses Vorkämpfers für die internationale Sportbewegung und Völkerverständigung stand."[18]

Aber Gerö spielte nicht nur, nein, er war bald auch Funktionär bei der Libertas, zunächst Schriftführer und schließlich Präsident. Die Libertas war lange Zeit drittklassig und erst in den 30er Jahren schaffte der Verein den Aufstieg in die Erste Liga. Auch der Versuch, sich mit einem anderen Verein zusammenzutun, scheiterte: „Mit welcher Umsicht er die Sitzungen führte, kann man sich keinen Begriff machen, nachdem der Verstorbene (Josef Gerö, Anm. d. Verf.) noch in Baden wohnte, vor Beginn der Sitzung die Uhr auf den Tisch legte und das Arbeitspensum, welches der Sitzung vorbehalten war, in einem Tempo erledigte, das ohnegleichen war ... Eine besondere Episode ist mir noch genau in Erinnerung: nach der Fusion von ‚Libertas' mit der Josefstädter Sportvereinigung – wo sich später zwei Parteien gebildet haben – trug sich folgendes zu: In der denkwürdigen Sitzung im Rittersaal in der Gumpendorferstraße, ist es dem Verstorbenen (Josef Gerö, Anm. d. Verf.) gelungen, eine Saalschlacht zu verhindern und man kann daran ermessen, mit welchem Geschick er die Generalversammlung leitete und es verstand zu verhindern, dass es zwischen den beiden Gegenparteien zu Tätlichkeiten gekommen ist."[19] Es war die Libertas, die Gerö zum Niederösterreichischen bzw. Wiener Fußballverband führte. Dort agierte er als Vereinsdelegierter, bis er 1927 zum Präsidenten gewählt wurde. So wie Abeles versuchte Gerö für den Spitzenfußball die besten Bedingungen zu schaffen. Nach wie vor waren die Querelen zwischen den Arbeitervereinen sowie dem Wiener und dem Österreichischen Fußballbund jedoch nicht beendet. Die Wiener Stadtregierung entschied, vor allem für die bevorstehende Arbeiterolympiade ein neues Stadion zu bauen, das am 11. Juni 1931 mit einem Spiel zweier Arbeiterfußballvereine eröffnet wurde. Der Fußballbund und die Funktionäre, unter ihnen Josef Gerö, waren nicht eingeladen, eine Brüskierung durch die Stadion-Betriebsgesellschaft. Am 23. Juli beschloss daraufhin der ÖFB, aus dem Hauptverband für Körpersport auszutreten, der in der Betriebsgesellschaft vertreten war.

Im November 1932 übersiedelte der Wiener Verband in das neue Verbandsheim des ÖFB auf den Alsergrund in die Berggasse 9. Die Liegenschaft wurde von beiden Verbänden gemeinsam erworben – eine Initiative des damaligen ÖFB-Präsidenten Richard Eberstaller, des Wiener Präsidenten Josef Gerö und des Verbandskapitäns Hugo Meisl. Die Vereine, deren finanzielle Existenz immer wieder auf dem Spiel stand, waren teilweise verärgert und kritisierten diese Verbandsentscheidung, ganz nach dem Motto: „Za wos brauch ma des !"

Im Gefolge des Verbotes der Sozialdemokratie wurden auch die Wiener Arbeitersportvereine aufgelöst, die Sportanlagen wurden enteignet und den Organisationen des Ständestaates, wie etwa der Heimwehr, oder auch nur anderen Fußballvereinen übertragen. „Überhaupt scheint zumindest der Wiener Fußballverband wenig kooperativ gewesen zu sein, was die Umsetzung der ständestaatlichen Vorstellungen betraf. Vielmehr leistete er sogar erfolgreichen Widerstand dagegen, dass die Arbeitervereine auf Dauer von dem Spielbetrieb ausgeschlossen werden sollten. Vor allem der Vorsitzende des Wiener Verbandes Dr. Josef Gerö, bemühte sich offenbar, diese Angelegenheit so zu erledigen, dass diejenigen Arbeitervereine, die ihren politischen Anspruch aufgaben, ohne allzu große politische Probleme weiter existieren konnten."[20] Diese Einschätzung ist umso bemerkenswerter, als doch Gerö 1934 als Staatsanwalt ins Justizministerium berufen (wo er im Präsidialbüro, in der Personalabteilung und in der Abteilung für Strafsachen arbeitete) und schließlich Leiter der politischen Strafabteilung wurde, die nicht nur für den Prozess gegen die Dollfußattentäter verantwortlich war, sondern auch gegen Sozialdemokraten gerichtliche Verfahren führte.

Am 13. März 1937 fand die alljährliche Generalversammlung des Wiener Fußballverbandes „im Rekordtempo" statt. „Der Wiener Fußballverband hielt gestern im Saal der Bäckerzunft seine diesjährige Generalsversammlung. Die Tagung wurde mit einem Nachruf für den verstorbenen Verbandskapitän Hugo Meisl eingeleitet, den der Vorsitzende Staatsanwalt Dr. Gerö hielt. Gegenwärtig gehören dem Fußballverband 473 Vereine, davon 281 in Wien an. 192 Vereine haben ihren Sitz in Niederösterreich. Die Gesamtzahl hat sich gegenüber dem Vorjahr um 40 Vereine erhöht. Nach Genehmigung des Rechenschaftsberichts wurde der alte Vorstand mit Staatsanwalt Dr. Gerö an der Spitze wiedergewählt. Vizepräsident wurde wieder Medizinalrat Dr. Emanuel Schwarz."[21] Die bei der Generalversammlung gefassten Beschlüsse (Änderung bezüglich der Stimmberechtigung bei Generalversammlungen des Wiener Fußballverbandes) kamen nicht mehr zur Anwendung Es sollte die letzte Generalversammlung des Wiener Fußballverbandes werden Genau ein Jahr später am 13. März 1938 wurde Österreich an das Deutsche Reich „angeschlossen."

Josef Gerö wurde von der Gestapo verhaftet und am 1. April 1938 ins Konzentrationslager Dachau und danach nach Buchenwald deportiert. Nach seiner Entlassung im Jahr 1939 übersiedelte er nach Zagreb, wo seine Frau Leopoldine und Tochter Margarete bereits zuvor Zuflucht gefunden hatten. Seinem Sohn Heinz,[22] nach den Nürnberger

Gesetzen Mischling ersten Grades, hatte man geraten, zur Wehrmacht zu gehen, dort sei er am besten geschützt. 1941 wird Josef Gerö in Zagreb neuerlich verhaftet, seine Frau und Tochter werden ebenso kurzfristig inhaftiert. 1944 wird Josef Gerö über Weisung der Gestapo Berlin zwangsweise ins Reich, nach Wien rückgeführt.

Ignaz Abeles übersiedelte 1938 ins Altersheim der Israelitischern Kultusgemeinde in der Seegasse und starb am 27. Juli 1942 im Spital der IKG am Währinger Gürtel 97. Seiner Frau Margarete und seiner Tochter gelang 1939 die Flucht nach England. Sein Grab, er wurde am 4. August 1942 begraben, ist am Zentralfriedhof, IV Tor, 19/21a/3. Er ist der einzige, der in diesem Grab liegt.

Dem Arzt Dr. Emanuel „Michl" Schwarz, der nicht nur Vizepräsident des Wiener Verbandes, sondern auch Präsident der Wiener Austria war, gelang es, nach Frankreich zu flüchten. Nach 1945 kehrt er nach Österreich zurück, wird 1946 wieder Präsident der Austria, bleibt dies bis 1955 und bis zu seinem Tod 1968 Ehrenpräsident.

Richard Eberstaller meldete der FIFA am 28. März 1938 die Liquidation des Österreichischen Fußballbundes. Eberstaller, wie Gerö Jurist, war während der NS-Zeit Vizepräsident des Landesgerichts für Strafsachen in Wien und überzeugter Nationalsozialist. In der Nacht vom 12. zum 13. April 1945 verübte das Ehepaar Eberstaller – Marie Eberstaller war die Halbschwester von Alma Mahler Werfel – gemeinsam Selbstmord.[23]

Mit der Einsetzung der provisorischen Regierung nach Kriegsende wurde Josef Gerö zunächst Unterstaatssekretär und dann Bundesminister für Justiz. Nach seinem Ausscheiden aus der Regierung im Jahr 1949 wurde er zum Präsidenten des Oberlandesgerichts ernannt. Am 16. September 1952 wurde er neuerlich zum Justizminister ernannt und blieb dies bis zu seinem Tod am 28. September 1954. Nicht nur der Aufbau einer unabhängigen, wenn möglich entnazifizierten Justiz, sondern auch die Organisation des Fußballs und des Sports in Österreich war Gerö ein dringendes Anliegen. Er wurde Präsident des ÖFB, Ehrenpräsident des Wiener Fußballverbands und schließlich Präsident des Österreichischen Olympischen Comités. Am 22. Juni 1954 wurde er in Bern zum ersten Vizepräsidenten der neu gegründeten UEFA (Union of European Football Associations) gewählt. „So wuchs Dr. Josef Gerö zu jenen geistigen, seelischen und charakterlogischen Größe heran, die wir in den Jahren seit dem Wiedererstehen eines selbständigen österreichischen Fußballsportes, den er als Präsident des Österreichischen Fußballbundes zu neuer Bedeutung führte, an ihm verehren und bewundern lernten! Wollen wir seiner besonderen Eigenschaften gedenken, so sind sie rasch und treffend mit einem Satz umrissen: Er war der Inbegriff der österreichischen Beamtentugenden: Zuverlässigkeit, Pünktlichkeit, Unbestechlichkeit und Fachkenntnis! Den Posten eines Ministers, den er bekleidete, füllte er im wahrsten Sinne des Wortes ‚Ministers' aus. Er war ein Diener des Staates und des Volkes, dem er angehörte! Wenn sein regelmäßiger Arbeitstag um acht Uhr morgens begann, war er erst in den Abendstunden zu Ende. Dann begann die Freizeit und diese Freizeit widmete er bis in die Nacht hinein uns und unserer Bewegung, unserem, seinem Fußballsport! Er wusste um jede Kleinigkeit Bescheid, kümmerte sich um jeden, entschied alles, suchte Gegensätze zu überbrücken und Ausgleich zu schaffen und half, wo immer es nötig und möglich war!"[24]

Nicht nur der Funktionär ist heute in Verruf, auch der Beamte – zu Unrecht, wie ich meine. Die Präsidenten Ignaz Abeles und Josef Gerö waren *first functionaries* im besten Sinne, ganz im Sinne des letzten Satzes des Testaments von Hugo Meisl vom 21. September 1934: „Bis in die fernste Zukunft Ehre dem österreichischen Sporte, seinen Organisatoren und Führern."

1 Der Begriff wurde polemisch von Edmund Burke in seiner kritischen Absetzung zur Französischen Revolution geprägt.
2 Vgl. dazu G. Schlünder, Funktionär, in: Joachim Ritter (Hg.), Historisches Wörterbuch der Philosophie, Bd. 2, Schwabe&Co, Basel/Stuttgart 1971, 1145–1146.
3 RGBl 134/1867, Gesetz v. 15. November 1867.
4 Vgl. Andreas Hafer, Wolfgang Hafer, Hugo Meisl oder die Erfindung des modernen Fußballs. Eine Biographie, Verlag Die Werkstatt, Göttingen 2007, S. 6.
5 Leider liegen zu Victor Abeles keine biographischen Arbeiten vor – eine lohnende Aufgabe für HistorikerInnen.
6 Willy Schmieger, Der Fußball in Österreich, Wien, Burgverlag, 1925, S. 99.
7 Schmieger, Fußball a.a.O., S. 35.
8 Siehe zur Liquidierung des Ring-Cafés durch die Nationalsozialisten Ulrike Felber, Peter Melichar, Markus Priller, Berthold Unfried, Fritz Weber, Ökonomie der Arisierung, Teil 2. Wirtschaftssektoren, Branchen, Falldarstellungen, (= Veröffentlichungen der Österreichischen Historikerkommission, Vermögensentzug während der NS-Zeit sowie Rückstellungen und Entschädigungen seit 1945 in Österreich, Bd. 10/2) Wien, München, Oldenbourg, 2004, S. 887.
9 Siehe dazu den Beitrag von Andreas und Wolfgang Hafer in diesem Band
10 Schmieger, Fußball, S.109–110.
11 Schmieger, Fußball, S. 136.
12 Schmieger, Fußball, S. 158.
13 Schmieger, Fußball, S. 217.
14 Das Kleine Blatt, 11. August 1927.
15 Illustriertes Sportblatt, Nr. 33, 13. August 1927.
16 Vgl. dazu Hafer, Hafer, Hugo Meisl, S. 318.
17 Josef Gerö ist der Großvater der Autorin.
18 Neues Sport Blatt Nr.1/ 2, Jänner 1955, S. 2.
19 Ebd. S. 24.
20 Hafer, Hafer, Hugo Meisl, S. 294.
21 Neues Wiener Journal, 14. März 1937.
22 Heinz Gerö, ursprünglich Hockeyspieler, 1980–89 Präsident des Österreichischen Hockeyverbands, 1970–75 Präsident des ÖFB, zeitweise Vizepräsident und im Exekutivkomitee der UEFA, Mitarbeit im Österreichischen Olympischen Comité.
23 Vgl. Franz-Stefan Meissel, Edvard Munchs „Sommernacht am Strand" und das Restitutionsverfahren Alma Mahler-Werfels gegen die Republik Österreich, http://roemr.univie.ac.at/Tagungsband_15_Meissel-2.pdf, abgerufen am 2. März 2008.
24 Neues Sport Blatt Nr.1/ 2, Jänner 1955, S. 8.

(Wienbibliothek im Rathaus)

Nachkrieg

„Ich meine sogar, daß kaum etwas anderes den Patriotismus der Österreicher in den letzten dreißig Jahren so sehr gestärkt hat wie schillernder, farbiger, spannender Sport. Gerade in den Jahren, als wir vierfach besetzt waren, half der Sport mit, die einzelnen Landesteile zusammenzukitten, und international ließen österreichische Siege ein österreichisches Nationalbewußtsein aufkommen.
Wenn wir, die österreichische Nationalmannschaft oder die Wiener Austria, vor Spielen auf dem Kahlenberg zusammenkamen, pflegte uns der Teamchef und Trainer Walter Nausch stets „scharf" zu machen auf das Spiel. In seiner vornehmen Art forderte er uns dabei nur auf, hinunterzuschauen auf die Wienerstadt: ‚Für die Stadt da unten, für das Land, für die Menschen müßt ihr spielen. Ihr wißt, was das zu bedeuten hat.'
Wir waren davon jedes Mal derart beeindruckt, daß wir auf der Stelle hinunter wollten ins Stadion, um den Gegner kompromißlos niederzukämpfen und niederzuspielen."

Ernst Ocwirk

Fußballspiele vom 1. Mai

Im Rahmen der Festlichkeiten anläßlich des Festtages der Arbeit wurden trotz der Schwierigkeiten der Zeit eine Anzahl von Fußballspielen abgehalten. Es handelte sich um im letzten Augenblicke vereinbarte Begegnungen, die aber doch mit starken Mannschaften bestritten und mit solcher Begeisterung durchgeführt wurden, daß die großen Zuschauermassen, in denen sich auch zahlreiche Offiziere und Soldaten der Roten Armee befanden, in die beste Stimmung versetzt wurden.

Besonders lebhaft ging es auf dem Helfort-Platz in Ottakring zu, wo einige ältere Spieler, Träger allerbester Namen, noch immer sehenswerte Reste ihres einst überragenden Könnens einsetzten. Man sah Uridil, den berühmten Torschützen, den einzigen Wiener Fußballer, der im Liede besungen wurde, die Rapidler Wesselik und Rölle, den Hakoahner Reich, den Sportklubmittelläufer Fuchs und andere. Auch in Hütteldorf erweckten die Leistungen wirkliches Behagen. Hier stellten Rapid und Vienna gemeinsam eine Mannschaft, in der unter anderen Decker, Kaller, Gröbl, Gernhart usw. zu sehen waren. Die Ergebnisse der Spiele waren: Alte Internationale gegen Helfort (kombiniert) 3:3 (Halbzeit 3:2), Helfort gegen Wiener Tschechen 7:4 (Halbzeit 3:1), Vienna-Rapid gegen eine Mannschaft der Roten Armee 11:7 (6:3), Wacker gegen tschechische Mannschaft 8:0 (4:0) und F.C. Wien gegen Rapid Oberlaa-Vorwärts 06 (kombiniert) 5:3 (2:2).

Neues Österreich, 4. 5. 1945

Hütteldorf, Pfarrwiese, 1. Mai 1945 (Photoarchiv Verein für Geschichte der Arbeiterbewegung)

Rapid komb. – Russenmannschaft 9:5 (5:2). Im Rahmen des auf dem Rapid-Platz stattfindenden Arbeiterspieles gab es mit dem Treffen einer kombinierten Rapid-Mannschaft gegen eine dort stationierte Russenmannschaft ein recht nettes Lehrspiel, in dem es eine Fülle von Treffern gab. Die Rapidler strengten sich nicht sehr an und gaben den im Naturstil spielenden Russen Gelegenheit zur Entfaltung ihrer nicht unerheblichen Anlagen.

Neues Österreich, 6. 5. 1945, S. 7

Nachkrieg

Ernst Ocwirk
IM LASTWAGEN NACH BUDAPEST

Ich erinnere mich noch, wie wenn es heute wäre, als wir am 19. April 1945 *(sic! vermutlich August, die Hsg.)*, gleich nach dem Krieg, in einem russischen Lastwagen in die ungarische Hauptstadt gefahren wurden. Wir, das war die österreichische Fußballnationalmannschaft, ein buntes Gemisch von Fußballern, von denen einige an die vierzig Jahre alt waren wie Karl Sesta und Camillo Jerusalem, bis zum Jüngsten, dem noch nicht neunzehnjährigen Ernst Ocwirk. Auf dem offenen Lastwagen waren Holzbänke aufgestellt, und darauf hockten wir. Über uns wölbte sich der herrlich-blaue Himmel. Wir waren prächtig aufgelegt, auch beim Spiel selbst, und als wir damals auf den bei fünfundvierzigtausend Zuschauern ausverkauften Ferencvaros-Platz liefen, mit riesiggroßen rotweißroten Wappen um die ganze Brust herum, als könnten wir gar nicht grell genug herausstreichen, daß wir eine wiedererstandene Nation zu vertreten hatten, da jubelten uns die Ungarn stürmisch zu.

Wir mußten bald wiederkommen. Wenige Wochen danach war es ein Städtekampf, der 1:1 endete. Der Chefredakteur der „Nep Sport" konstatierte jedoch: „Wien war besser."

Auch später haben wir uns gegenseitig noch immer Komplimente gemacht. Ende der vierziger und anfangs der fünfziger Jahre waren die Ungarn unsere großen Gegner um die fußballerische Vorherrschaft in Europa. Als wir sie in Wien 5:3 schlugen, als wir in England einem britischen Schiedsrichter zum Trotz 2:2 spielten, und als wir als erste Mannschaft in Schottland siegten (die erste kontinentale Elf, die auf englischem Boden erfolgreich blieb), da galten wir als die Nummer eins in Europa. Leider gab es damals keine Weltmeisterschaft. Sie kam erst 1954, als einige unserer Besten wie Melchior, Strittich und Auredink bereits ins Ausland abgewandert und darum auch nicht mehr zur Verfügung gestanden waren.

In der Kabine führten wir wahre Freudentänze auf, als wir Schottland bezwungen hatten, und auch in der Heimat schlugen die Wogen der Begeisterung hoch. Ein hoher Politiker erzählte mir von einer Budgetdebatte im österreichischen Parlament: Ein Minister spricht eindringlich. Man hört interessiert zu. Plötzlich schiebt sich ein wegen seiner Länge bekannter Nationalratsabgeordneter bei der Tür herein und steuert auf den nächstbesten Kollegen zu. Aufgeregt flüstert er ihm etwas ins Ohr. Bald scheint das Parlament in ein Bienenhaus verwandelt. Die Herrn der äußersten Rechten tuscheln mit den Herrn der äußersten Linken. Der Nationalratspräsident ist verwirrt, heftig betätigt er seine Glocke. „Ruhe, meine Herren, Ruhe, was ist denn da los?" Erst nachher erfährt er es. Die Aussage „1:0 für Österreich" hatte die Parlamentarier aller Richtungen aus der Fassung gebracht. Damals also führten wir die Europa-Rangliste an, in Kritiken ausländischer Zeitungen wurden wir hochgelobt als „Artisten", als „Jongleure", als „Balletteusen", als fußballerische Inkarnation des Wienertums halt. Auch ich durfte ein wenig stolz sein, als ich aus den Zeitungen erfuhr, daß mich das Pariser Fachblatt „France Football", 1952 war's, zum „besten Fußballspieler der Welt" gewählt hatte. Wir waren wer, Österreich war wer im populärsten, im verbreitesten Sport der Welt.

Wien, 30 Jahre Hauptstadt der 2. Republik, Wien 1975, S. 266–279

Ernst Ocwirk führt die österreichische Auswahl aufs Feld
(Wiberal – Photoarchiv der AZ)

Die Vertreter der vier Besatzungsmächte erleben einen Triumph der besten Wiener Fußballschule, 6.12.1945. Stehend 2. und 3. von links: Der soeben aus der Emigration zurückgekehrte Emanuel „Michl" Schwarz und Bürgermeister Theodor Körner (Wiberal – Photoarchiv der AZ)

Nachkrieg

Oesterreich siegt im ersten internationalen Länderkampf gegen Frankreich 4:1 (2:1)

Der sechste Länderkampf Frankreich gegen Österreich, den man überall, wo Fußball gespielt wird, mit größter Spannung entgegensah, endete mit einem verdienten 4:1-(2:1)-Erfolg unserer Nationalmannschaft, die damit den sechsten Sieg gegen Frankreich errang. Damit ist der Wiedereintritt Österreichs in das internationale Sportleben in glänzender Weise erfolgt, denn die Franzosen haben erst jüngst Englands Auswahl mit 2:1 bezwungen und galten daher als die Favorits.

Fußball von magischer Anziehungskraft

Trotz des wenig einladenden Wetters hatten sich 55.000 Zuschauer eingefunden, wieder ein Zeichen, daß die magische Anziehungskraft des Lederballes auf die Massen nicht erloschen ist. Obwohl das Stadium noch manche Schäden aufwies, zeigt es doch das imposante Länderspielgepräge von einst.

Auf der Ehrentribüne sah man: für Amerika General Lewis, für England General Packard, für Frankreich in Vertretung des Generals Bethouart, General Cherriére und General du Payrat, für Rußland Generaloberst Scheltow, General Morosow und Generalleutnant Lebedenko. Von der österreichischen Regierung waren anwesend die Staatssekretäre Figl, Fischer, Doktor Gerö, Heinl, Korp, Koplenig, Ing. Raab, ferner Bürgermeister General a.D. Körner, Stadtrat Honay usw. Nach Abspielen der Hymnen der Alliierten und einer Begrüßung beider Länderauswahlen durch General du Payrat, der auch den Ankick vornahm, pfiff der Schweizer Schiedsrichter Lutz das Spiel an.

Spannend von der ersten bis zur letzten Minute

Nicht allzuoft hat man einen so rassigen Kampf gesehen, wie der gestern im Stadion, der in einem unerhört scharfen Tempo durchgeführt wurde und von der ersten bis zur letzten Minute spannend verlief. Im Felde selbst waren die Franzosen, obwohl der Sieg der Österreicher ziemlich eindeutig war, nicht unterlegen; es war ein völlig offenes Spiel, allerdings mit zwei verschiedenen Spielsystemen. Österreich bleib seiner alten, bewährten Methode der Wiener Schule, treu, die mit taktischen Kombinationszügen den Gegner matt zu setzen sucht, während die Franzosen das sogenannte Sicherheitssystem spielten, das auf die beiden Flügelleute und den Mittelstürmer aufgebaut ist, während sich die Verbinder meist in die Deckung einschalten und dafür der Mitteläufer als dritter Verteidiger spielt. Zu Beginn des Treffens schien es, als sollte diese Methode für den Erfolg entscheidend sein, da die Gäste bereits in der 10. Minute durch ihren Mittelstürmer Bongiorni mit einem prächtigen Tor in Führung kamen, aber im weiteren Kampfverlauf zeigte sich doch, daß ein Angriff, der mit fünf Stürmern auf vollen Touren läuft, die besseren Aussichten auf den Sieg bietet.

Wiener Kurier, 7. 12. 1945, S. 5

König Fußball

ENDLICH WIEDER MEISTERSCHAFT

Jeden Sonntag drängen sich viele Tausende zu den Meisterschaftsspielen der Fußballer. Die Vereinsplätze sind zu eng geworden, man schreit nach dem Stadion, man schwärmt und träumt von der Meisterschaft, die schlechtesten Mathematiker treiben alle möglichen Rechenkunststücke der Punkte wegen, man zittert, wenn sich einer der Stars räuspert, weil man die Möglichkeit einer Erkrankung befürchtet, die Vereine leben von, die Zuschauer f ü r die Meisterschaft und die Spieler f ü r sie und v o n ihr! Und trotzdem ist dieser Bewerb, bevor er endgültig durchgedrückt werden konnte, von einer großen Zahl der Vereine, besonders den führenden, beharrlich abgelehnt worden. Sie fürchteten den Zwang, es paßte ihnen nicht, daß sie nicht mehr frei über ihre Termine verfügen konnten, sie f ü r c h t e t e n die Ordnung, die durch die Meisterschaft trotz mancher Entgleisungen in den Betrieb zu kommen „drohte". Der Meisterschaftsgedanke hat sich aber gegen alle Sonderbestrebungen durchgesetzt. Mit

welchem Erfolge, das beweist der sonntägige Ansturm auf die We spielskassen und die besondere Befr digung der Vereinsführer über d Wiedereröffnung des Stadions, w sie erst dadurch in die Lage komme alle Möglichkeiten der Meistersch voll auszuschöpfen.

Unsere Meisterschaft ist, so wie aller Länder, dem englischen Beispi nachgebildet. Eine Nachahmung, ab man hat sich des Mangels an Ori nalität wahrhaftig nicht zu schäme weil man damit die beste Wahl g troffen hat. Meisterschaft mit Abstie dieser grundlegenden Voraussetzu für einen regulären Verlauf, das die kerngesunde Basis des Fußba sports, das ist der Antrieb, der d Vereine zwingt, jahraus, jahrein der Verbesserung der Mannschaft zu arbeiten, die Spieler ständig Form zu erhalten, ebenso ihre Plätz und überdies der Erziehung der Spi ler einige, noch lange nicht genüge Aufmerksamkeit zuzuwenden.

Wiener Sport 16. 2. 1946
(Wienbibliothek im Rathaus)

Nachkrieg

Der österreichische Gedanke im Fußball
Jetzt ist die Zeit zur Lösung eines uralten Problems!

Jedenfalls aber muß es eine österreichische Konkurrenz geben. Welche Kräfte die Provinz jetzt, da wieder Frieden herrscht, zu mobilisieren hat, wird sie beweisen. Es handelt sich hier nicht um eine Konkurrenz zwischen „Stadt und Land", sondern um ein Zusammenarbeiten im wahren sportlichen Sinn. Beweise hinsichtlich des Könnens aus der Nazi-, aus der Kriegszeit zu bringen, wäre bewußte Verdrehung, wäre eine Beleidigung ideal denkender Sportsleute. Zehntausende Fußballanhänger in Nieder- und Oberösterreich, in Steiermark, Kärnten, Salzburg, Tirol, Vorarlberg, im Burgenland, erwarten von den neuen Lenkern des österreichischen Fußballs eine österreichische, eine demokratische Entscheidung. Die „Provinz" wird am 19. Jänner in der Sitzung des OeFB. durch ihre Vertreter reinigend und klarstellend zu Wort kommen!

In künftigen österreichischen Auswahlmannschaften müssen alle Oesterreicher, die höchsten Anforderungen entsprechen, Platz haben und finden nicht nur Wiener oder Provinzler, die in Wien seßhaft geworden sind. Es hat Dutzende gegeben, die nie beachtet wurden, viele sind heute von ihnen gealtert, verkrüppelt, abgetreten. Das soll sich nicht wiederholen! Der österreichische Fußball ist kein Geschäft, er ist unser volkstümlichster Sportzweig. Ueber ihm sollen die Flaggen aller Länder wehen. Was alles sich daraus entwickeln wird, soll die nahe Zukunft schon zeigen. Wer ein wenig hinausblickt, wird aus Zuschauerzahlen – die nur dieses eine Mal, sonst aber nicht als Maßstab herangezogen seien, weil sie nicht Beweis, sondern nur Fingerzeigt sind – ersehen haben, was da „draußen" vorgeht. Vor dem ersten Weltkrieg, ebenso nach ihm, wurde vieles, alles verabsäumt, es soll nicht wieder geschehen.

Welt am Montag, 7. 1. 1946

Zwei Generationen österreichischer Fußball – Altmeister Willy Hahnemann und Jungstar Gerhard Hanappi, beide mit Wacker Wien 1947 Meister und Cup-Sieger
(Privatarchiv Hanappi)

Höhepunkte der Spielsaison waren die Auseinandersetzungen mit Erzrivalen Ungarn. Hier Österreich – Ungarn 4:3 in Wien am 4.9.1947, im Bild Musil und Happel in Aktion (Wiberal – Photoarchiv der AZ)

Ländermatch hinterm Eisernen Vorhang

Der Österreichische Fußballbund ist von Prag verständigt worden, daß zu dem an diesem Sonntag in Bratislava stattfindenden Länderfußballspiel Österreich gegen Tschechoslowakei nur zehn österreichische Journalisten und eine ganz beschränkte Zahl von sonstigen Mitreisenden zugelassen werden. Ein kleines Beispiel, aber ein ernstes Problem. Wir erleben es einmal mit eigenen Augen, wir sehen es vor unserer Tür, wie eine „Volksdemokratie" mit den Dingen umgeht, die zum Leben des Volkes gehören.

Als es noch keine „Volksdemokratie" in der Tschechoslowakei gab, war jede sportliche Begegnung von Österreichern und Tschechoslowaken ein wahres Volksfest. Von hüben fuhren Massen von Besuchern hinaus, von drüben kamen Massen von Gästen zu uns. Sie hatten nichts Politisches, nichts Staatsgefährliches, nichts Verdächtiges im Sinn. Sie wollten ihre Mannschaft siegen sehen, sie begeisterten sich an den Goalschüssen und Abwehrstößen, sie lachten und lärmten, sie debattierten und diskutierten die sportlichen Leistungen – aber sie lernten auch das nachbarliche Land und Volk kennen und schätzen. Ein Besuch in Prag war immer ein Vergnügen. „Slavia" und „Sparta" waren harte Brocken, aber die Gastfreundschaft des freien Landes, die warmherzige Aufgeschlossenheit des tschechischen Volkes hat mehr zu internationaler Verbundenheit beigetragen als der gesamte Schwatz internationaler Kommunistenkongresse.

Damit ist es nun aus. In der „Volksdemokratie" hört der Sport auf, ein Instrument der Völkerverbindung zu sein, sondern wird eine Angelegenheit der Geheimen Staatspolizei. Sie haben Angst vor der Berührung mit anderen Völkern, und ein internationales Fußballmatch wird für sie anstatt zu einer Quelle der Freude zu einer Quelle bürokratischen Mißbehagens. Man hat ja seine liebe Not mit der Ungebärdigkeit und Unberechenbarkeit der Sportmassen. Hat es nicht schon genügend Schererien mit dem Sokolkongreß gegeben, auf dem die Volksstimme so deutlich vernehmen ließ, was sie von der „Volksdemokratie" hält? Und kocht den Renegaten und Polizeikommunisten, den Szakasits, Fierlinger und Konsorten, nicht noch jetzt die Galle ob der Blamage, daß beim Wiener Ländermatch Österreich gegen Ungarn Dutzende von Ungarn die Gelegenheit wahrnahmen, mit der Annehmlichkeit des Spielbesuches die noch größere Annehmlichkeit der dauernden Flucht zu verbinden? Nein, Fremde, die einem hinter den Eisernen Vorhang gucken und die wahre Stimmung des Volkes hören könnten, sind eine ebenso große Belästigung wie es umgekehrt eine Gefahr ist, das eigene Volk Besuche in der Fremde machen zu lassen, wo allzu peinliche Vergleiche angestellt werden könnten. Daher wird jede Diktatur dazu gedrängt, den völkerfriedlichen Verkehr mit dem Ausland abzuwürgen: mit der Einschränkung der Zahl der Fußballspielgäste fängt es bloß an.

Arbeiter Zeitung, 28. 10. 1948, S. 3

DIE AUSTRIA

Von Hans Weigel

Die Fußballmannschaft namens „Austria" heißt mit Recht so. Wenn es keinen Verein dieses Namens gäbe, müßte man einen erfinden und sich für ihn in mühevoller Grübelei alle jene Eigenschaften ausdenken, welche die wirkliche „Austria" spielend und unüberlegt (und unüberlegt spielend) zur Schau stellt. Es scheint kaum glaublich, daß die violett-beleiberlten Spieler nicht von jeher so hießen sondern als „Amateure" ihren Ruhm und ihren Stil begründeten, ja, daß nur die Unhaltbarkeit der alten Bezeichnung angesichts unwiderlegbarer Tatsachen die Umtaufe veranlaßte als bei den „Amateuren" von Amateuren schon seit Jahren nicht mehr die Rede sein konnte. Die Wahl des Namens „Austria" für die in ihrer Unverwechselbarkeit bereits klassisch gewordene Elf war so genial wie alles Naheliegende und so naheliegend wie alles Geniale. Es scheint auch ebenso unglaublich, daß die „Austria" nicht seit eh und je aus denselben elf Spielern besteht, sondern daß es im unablässigen Kommen und Gehen der Generationen immer neue sind, die doch miteinander immer wieder „die" Austria in ihren typischen Eigenschaften ergeben. Selbst wer viele Jahre lang die Wiener Fußballmatches missen mußte und nach der überlangen Pause zum erstenmal wieder die Violetten sah, fand in einer fremden Mannschaft mit neuen Namen und neuen Gesichtern doch die gleiche „Austria", die er verlassen hatte.

In getreuer und durchsichtiger Symbolik spiegelt die Austria Österreichs österreichischstes Team all das, was man als „österreichisches Wesen" mit seinen Höhen und Tiefen zu erforschen, zu preisen und zu bejammern hierzulande nicht müde wird. Die violette „Austria"-Elf aus St. Veit ist genial, hinreißend, hochbegabt, unverläßlich, launisch, dilettantisch, ungeschickt, improvisierend – und das oft innerhalb weniger Minuten. Sie ist eine Elf von Künstlern und Individualitäten, voll Freude am Schönen und am Wirken, aber ohne Sinn für das Praktische. Sie spielt mit dem Ball, erprobt an ihm jede erdenkliche Fertigkeit, steigert sich in einzigartige, unvergeßliche Paraden und Manöver hinein, vergißt dabei aber, daß es darum geht, den Ball ins gegnerische Tor zu befördern. Nie hat vielleicht eine Mannschaft schöner gespielt als die „Austria", nirgends ist aber auch die Schönheit des Spielens so oft Selbstzweck gewesen und hat Niederlagen nicht verhindert wie bei der „Austria."

Zum Wesen der „Austria" gehört es auch, mit dem Gegner zu wachsen. Gegen schwache und mittelstarke Vereine zu siegen, ist keine Kunst. Die Austrianer aber wollen Künstler sein, und darum verlieren sie „wie nix" gegen schwache und mittelstarke Vereine. Wehe aber dem Mitropacup-Favoriten, wehe dem ausländischen Meister, der gegen sie antritt und leichtes Spiel zu haben glaubt, weil sie eben noch dem Tabellenletzten kaum gewachsen waren! Aussichtslosigkeit und Hoffnungslosigkeit, längst zu lieben Gewohnheiten geworden, die man kaum mehr missen mochte, wirken da inspirierend und stimulierend wie sonst nichts. Vielleicht wäre auch David gegen einen anderen Knaben unterlegen und bedurfte eines Goliath, um auf seine Hochform aufzulaufen.

Zum „Austria"-Anhang steht die „Austria" in einer ganz eigenartigen Beziehung. Dieser, eine Schar leidgewohnter, zum äußersten Fatalismus neigender Frauen und Männer aller Stände, ist in keiner Weise zu überraschen und am gewohnheitsmäßigen Kopfschütteln erkennbar. Er betritt den Sportplatz in der bestimmten Erwartung, nun zweimal 45 Minuten lang enttäuscht zu werden. (Kann man eine derart als gewiß vorweggenommene Enttäuschung überhaupt noch so bezeichnen?) Kaum beginnt das Spiel, kaum bedrängen die Gegner das „Austria"-Tor fängt der „Austria"-Anhang kopfschüttelnd mit seiner Litanei an: „Hab' ich's nicht g'sagt? Ein Nagel zu meinem Sarg! Zehn Jahre meines Lebens!", wendet sich aber das Blatt, gelingt den Violetten ein Angriff, dem jubelt derselbe Anhänger, als würde nur eine berechtigte Erwartung bestätigt: „Was wollen S'? ‚Austria'! ‚Typisch Austria'!" Und das Kopfschütteln drückt nun die Bewunderung angesichts überragender Leistungen aus. „So spielt nur die Austria" kann (wie das parallele „O du mein Österreich") sowohl höchste Zustimmung wie äußerste Ablehnung ausdrücken. Man traut der Austria alles und nichts zu; und statt seine Lieblinge, wie es jeder andere Anhang der Welt täte, zu ermutigen, statt in der Gefährdung und im Pech zu ihnen zu halten, läßt der Austria-Anhang seine elf violetten Freunde beim ersten Nachlassen im Stich, höhnt sie, pfeift sie aus, bringt sie dadurch noch mehr aus dem Konzept; wenn sie aber dann doch, den Feinden und den Freunden zum Trotz, triumphieren, ist er stolz, als wäre er selbst am Sieg beteiligt, und jubelt: „Hab' ich's nicht g'sagt?!"

Tore schießen, das erscheint der Austria als zu direkt, als überdeutlich. Sie hat, typisches Produkt eines überfeinerten Zeitalters, den Reiz der Umwege entdeckt. Tore schießen – das mögen die grünen Rivalen vom Sportklub „Rapid" aus Hütteldorf womöglich gar aus jeder dazu nur halbwegs geeigneten Position wie der große Binder, der sogar sehr oft getroffen hat, Tore schießen ist phantasielos. Nicht auf den Effekt kommt es an, sondern auf die Effekte, nicht auf das Ziel, sondern auf den Weg; heilig sind die Mittel, die keinem Zweck dienen, gepriesen sei die Relativität des Erreichten! Und nun scheinen uns, derart betrachtet, die Austrianer wie Philharmoniker des grünen Rasens. Was andere Orchester in mühsamem Studium zahlreicher Proben erarbeiten, improvisieren unsere Philharmoniker aus der Laune des Augenblicks. Schön spielen, wenn man vorher geprobt hat? Keine Kunst! Die Philharmoniker aber sind Künstler! Proben sind Feigheit! Wie herrlich spielen sie, „wenn man bedenkt …" Die naheliegende Frage, wie die Philharmoniker erst spielen würden, wenn sie Proben abhalten wollten wie andere Orchester, und wie die „Austria" erst spielen würde, wenn ihr vor dem Goal soviel einfiele wie auf dem Mittelfeld, erübrigt sich und ist als „unösterreichischer Umtrieb" abzulehnen.

Für Länderspiele wird eine Auswahlmannschaft aus vielen Klubs zusammengestellt; aber nicht erst seit Walter Nausch, der unvergessene Austrianer aus dem Wunderteam, sie betreut, ist sie, selbst wenn der Widersacher „Rapid" in ihr sein gewichtiges Kontingent stellt, eine überdimensionierte „Austria", ist ihr sechzigtausendköpfiges Publikum ein gigantischer „Austria"-Anhang. Alles wiederholt sich in entsprechender Vergrößerung, Siege werden mit der „Austria"-Mischung von Minderwertigkeitsgefühl und Selbstvertrauen bald verschenkt bald ertrotzt, Siege wie Niederlagen werden vom Publikum kopfschüttelnd als erwartet hingenommen.

Die Parallelen zwischen der Mannschaft und dem gleichnamigen Staat, dem Anhang der einen und dem Volk des anderen, sind so naheliegend, daß jede weitere Anspielung allzu billig wäre. Eines jedoch darf, wo in verschämter, oft enttäuschter, aber unwandelbarer Liebe die Austria-Mannschaft gewürdigt wird, nicht fehlen: das Gedenken in ihren Stürmer Matthias Sindelar. Er war ein Wunder, ein Künstler, ein Phänomen, ein Genie im wahrsten und höchsten Sinn dieser Worte. Nie wurde Sport anmutiger, geistreicher, überlegener und entmaterialisierter betrieben. Das große Wort vom Spiel erfüllte sich bei ihm wie bei keinem; er war der Rastelli, der Nijinsky des Fußballs. Längst ist er zur Legende geworden, und wer ihn kannte, muß sagen: mit Recht. Wir werden nimmer seinesgleichen sehen.

Neues Österreich, 23.04.1950, S. 17

Ernst Stojaspal (Photoarchiv der AZ – Keystone-Büschel)

England–Österreich 2:2 (0:0)

Auch unserer Nationalmannschaft gelang es nicht, Englands Homerekord zu brechen – Der schottische Schiedsrichter Mowatt ein arges Handikap für Oesterreich – Hunderttausend Zuschauer spendeten im Wembley-Stadion unserer Elf für ihre bravouröse Leistung reichen Beifall – Tore: Melchior und Stojaspal (Elfer) für Oesterreich; Lofthouse, Ramsey (Elfer) für England

Sonderbericht unseres Sportredakteurs Heribert Meisel

Österreichs Fußballauswahl spielte gestern im Wembley-Stadion vor 100.000 Zuschauern gegen England 2:2 (0:0) unentschieden und reihte sich damit in den Kreis jener Fußballänder ein, die das englische Team auf eigenem Boden an den Rand einer Niederlage brachten. Ein Sieg unserer Elf wäre ohne Frage möglich gewesen, doch das Unentschieden entsprach besser dem in seiner Gesamtheit offenen Spielverlauf. So paradox es auch klingen mag, aber das 2:2 gegen England machte uns mehr Spaß, als seinerzeit der Glasgower 1:0-Erfolg über Schottland, denn diesmal waren wir dem Gegner ebenbürtig, während in Glasgow nach einem einzigen entscheidenden Torschuß nur ein Glückssieg gegen einen überlegenen Gegner zustande kam. Das 2:2 aber ging – darüber sind sich die Kritiker aller Nationen einig – hundert Prozent in Ordnung.

Vielleicht wäre es ein österreichischer Sieg geworden, wenn der Referee nicht jene zweifelhafte Elfmeter-Entscheidung gefällt hätte, die zum Ausgleich (1:1) führte und unsere Spieler moralisch gerade zu einem Zeitpunkt traf, da wir Sturm liefen und einem 2:0 näher waren als einem 1:1. Hingegen lag auch ein voller Erfolg Englands im Bereich der Möglichkeit, denn wir erinnern uns, daß Zeman in zwei, drei Situationen todsicher scheinende Verlusttore verhinderte. Also seien wir ruhig zufrieden mit dem Ausgang dieses Spieles des Jahrhunderts. Zu dem Schlagwort „Spiel des Jahrhunderts" muß noch etwas gesagt werden. Ich persönlich bin kein Freund von Superlativen, wir in Österreich haben diesen Slogan auch nicht erfunden.
[...]
Die Engländer lieferten besonders in der ersten Hälfte ein ausgezeichnetes Spiel, wobei allerdings enttäuschte, daß sie trotz ihrer Überlegenheit keinen einzigen Treffer zustande brachten. Erst als Melchior kurz nach Wiederanpfiff für Österreich die Führung erzielt hatte und unsere

Walter Zeman, seit Dezember 1950 der „Tiger von Glasgow" (Photoarchiv der AZ – Keystone-Büschel)

Nachkrieg

Österreich – England 2:2 am 28.November 1951 im Wembleystadion vor 100.000 Zuschauern (Photoarchiv der AZ – Keystone-Büschel)

Mannschaft souverän das Feld beherrschte, ausgerechnet dann kamen die Gastgeber zu zählbaren Erfolgen. Keines ihrer Tore fiel aus einer Kombination, das erste aus dem sehr umstrittenen Foulelfer (durch Ramsey), das zweite nach einem Ramsey-Freistoß durch Lofthouse. Im Finish fielen die Engländer nach einer kurzen Druckphase wieder zurück, so daß Stojaspal nach zahlreichen österreichischen Angriffen schließlich ein nur per Verteidigerhand abgewehrtes Goal dann in Elfmeterform zum 2:2 verwandeln konnte. Auch die letzten Minuten zeigten, daß die Engländer, was die Kondition anlangt, unseren Spielern nicht überlegen waren. Denn der Schluß sah Österreich im Angriff.

Wiener Kurier, 29. 11. 1951, S. 5

Wiener Fußball ganz persönlich

Die kakanische Welt eines sportbegeisterten und sportkundingen amerikanischen Sozialwissenschaftlers

Von Andrei S. Markovits[1]

Gewidmet dem Andenken an meinen Vater, Ludwig Markovits, und Daphne Scheer

Die allererste Begegnung mit dem österreichischen Fußball, genauer gesagt dem Wiener Fußball, hatte ich als kleiner Junge in meiner Geburtsstadt Timisoara, in Mitteleuropa besser bekannt unter ihrem ungarischen Namen *Temesvár*. Zu verdanken habe ich sie meinem Vater, der wie so viele jüdische Männer im damaligen Europa ein begeisterter Fußballfan war. In seiner Jugend war es sein großer Traum, seine Geburtsstadt Satu Mare (ungarisch *Szatmár*) zu verlassen und in Wien die angesehene Hochschule für Welthandel zu besuchen, möglichenfalls sogar dort zu studieren. Leider konnte er sich diesen Traum nicht erfüllen und kam nur bis nach Budapest, wo er im Jahr 1930 an der *József Nádor Müszaki és Gazdaságtudományi Egyetem* immatrikulierte, der Budapester Version der Hochschule für Welthandel. Dort begann er ein Betriebswirtschaftsstudium, das er 1937 mit dem Doktortitel abschloss. Abseits des eifrigen Studiums von Märkten, Bilanzen und Gewinnkurven widmete er sich aber auch dem Fußball und wurde zum überzeugten und leidenschaftlichen Anhänger der Blauweißen von MTK – damals wie heute die traditionelle Anlaufstelle der meisten fußballinteressierten Juden in Budapest. Der Erzrivale von MTK waren seit jeher die Grünweißen von Ferencváros, mit denen es allein wegen der total unterschiedlichen sozioökonomischen Zusammensetzung der Fanlager enormes Konfliktpotenzial gab: Während MTK ein bürgerliches, innerstädtisches Mittelklasse-Publikum anzog – und eben deshalb eine große jüdische Anhängerschaft hatte –, rekrutierten sich die Fans von Ferencváros (oder kurz: Fradi) überwiegend aus den proletarischen, industriegeprägten Budapester Vororten und hatten einen eindeutig antijüdischen bis offen antisemitischen Einschlag, der vor allem in ihren Gesängen, nicht selten auch in ihren Taten zum Ausdruck kam. Die Abende, die ich als kleiner Bub damit verbrachte, Geschichten über die zahlreichen MTK-Fradi-Derbies zu lauschen, die mein Vater in den 1930er-Jahren besucht hatte, zählen zu den prägendsten Erfahrungen meiner frühen Kindheit. So ist mir noch immer seine Schilderung eines besonders hitzigen Duells in lebhafter Erinnerung, wo er von Fradi-Fans zusammengeschlagen und als „dreckiger Jude" beschimpft worden war. Auch 20 Jahre nach diesem Vorfall konnte ich die Wut und Demütigung spüren, die er damals empfunden haben muss.

Als sich mir die Budapester Fußballwelt – die jener von Wien in vielerlei Hinsicht so ähnlich war – in den frühen 1950ern durch die wunderbaren, lebendigen Erzählungen meines Vaters erschloss, erschien mir Wien immer als weit ferner, fast mythischer Ort. Der Ort, den mein Vater nie erreichen konnte, obwohl das immer sein großer Wunsch war. Wien war nicht nur die Wirkungsstätte legendärer Komponisten, die Heimat der weltberühmten Philharmoniker und die Reichs- und Residenzstadt der alten k.u.k. Donaumonarchie (während Budapest immer nur die Rolle der „zweiten Stadt" blieb), Wien besaß darüber hinaus auch eine Fußballwelt, die mit der Rivalität zwischen Austria und Rapid ein in jeder Hinsicht würdiges Äquivalent zur MTK-Fradi-Feindschaft hatte: Die einen waren violett (was dem Blau von MTK sehr nahe kam), Mittelklasse, städtisch, umweht von Kaffeehaus-Ambiente und unterstützt von einem nicht geringen Anteil jüdischer Sympathisanten; die anderen grünweiß, Arbeiterklasse, vorstädtisch und eindeutig *un*jüdisch, mit einem Beiklang von Antisemitismus im Diskurs der fanatischen Fans. Zudem besaß die Austria in Matthias Sindelar einen Star, den mein Vater abgöttisch verehrte, wohl einen der besten Fußballer, die Österreich je hervorgebracht hat, und mit Sicherheit einen der besten Spieler seiner Ära. Mein Vater hatte Sindelar mehrere Male mit dem österreichischen Nationalteam gesehen – und das war nicht *irgendein* Team, sondern das legendäre „Wunderteam" unter dem berühmten jüdischen Trainer Hugo Meisl. Schließlich reiste dieses in den 1930ern regelmäßig nach Budapest und trug somit dazu bei, das Länderspiel-Duell Österreich gegen Ungarn zu einem der drei wichtigsten und am häufigsten ausgetragenen Länderspiel-Derbies im Weltfußball zu machen, in einer Linie mit den ebenso großen Klassikern Argentinien gegen Uruguay und England gegen Schottland.[2] Ich bin ziemlich sicher, dass Sindelars überragende Fertigkeiten mit dem Ball eine magische Wirkung auf meinen Vater ausgeübt haben, der – nebstbei bemerkt – Zeit seines Lebens ein Experte in Sachen Fußball blieb und auch von anderen stadtbekannten Fußballgurus, zunächst in Rumänien und später in Wien, als solcher angesehen wurde. Noch sicherer bin ich jedoch, dass Sindelars ikonischer Rang im Markovits-Haushalt im fernen Timisoara viel mit der Idolisierung zu tun hatte, die dem „Papierenen" damals vom jüdischen Bürgertum zuteil wurde. Sie rührte daher, weil er *der* Star von Austria Wien war (also der Wiener Version von MTK), weil er seine Antipathie den Nazis gegenüber nie zu verbergen suchte (beispielsweise verweigerte er beharrlich für die reichsdeutsche Nationalmannschaft unter Sepp Herberger zu spielen) und weil er 1939, gemeinsam mit seiner halbjüdischen italienischen Freundin Camilla Castagnola, unter rätselhaften Umständen ums Leben kam.

Nicht zu vergessen ist natürlich auch die Mannschaft von SC Hakoah Wien, die durch den österreichischen Meistertitel 1924/25 und das Faktum, als erstes kontinentaleuropäisches Team mit West Ham einen englischen Klub *auf der Insel* besiegt zu haben, einen gottähnlichen Status bei meinem Vater und vielen seiner jüdischen Zeitgenossen erlangt hatte. Unter den Namen der Hakoah-Spieler, die mein Vater immer wieder erwähnte, befand sich auch ein gewisser Béla Guttmann, der uns später während unserer Zeit in Wien in tragender Rolle wieder begegnen sollte. Aber ganz im Gegensatz zur Austria war die Hakoah lange von der Bildfläche verschwunden und wurde daher von mir stets nur als Teil einer verklärten Vergangenheit wahrgenommen, die keinen wirklichen Bezug zur Realität mehr hatte. Ich entwickelte zwar eine gedankliche und intellektuelle Beziehung zu diesem Verein, allerdings in keiner Weise vergleichbar mit der emotionalen Verbundenheit zur Austria – ein Klub, der echt war, wenngleich im Rumänien der 1950er-Jahre auch sehr weit entfernt.

Meine einzige Verbindung zur weiten Welt des Fußballs außerhalb der engen Grenzen, die für mich mein Lieblingsklub Stinta Timisoara darstellte, war das Radio. Durch die Stimme des legendären ungarischen Radiomoderators György Szepesi war ich live dabei bei einer Vielzahl von Derbies zwischen der *Arany Csapat*, dem „goldenen" ungarischen Team, angeführt von der Honvéd-Phalanx aus Ferenc Puskás, Gyula Grosics, József Bozsik und Sándor Kocsis sowie dem einzigen MTK-Stürmer Nándor Hidegkuti; und der österreichischen Mannschaft, wo ich zum ersten Mal Namen wie Walter Zeman, Robert Dienst, Ernst Happel und selbstverständlich auch Dipl.Ing. Gerhard Hanappi vernahm. Als kleiner Bub in Rumänien war ich erstaunt – ebenso erstaunt wie ich es noch heute als Professor in den Vereinigten Staaten bin –, dass die österreichische Titelbesessenheit nicht einmal am Rasen Halt macht und dass Spieler nicht allein mit ihren Nachnamen, sondern auch mit ihren akademischen Titeln angeführt wurden. Ein weiterer Beleg dafür ist Dr. Walter Schleger, der lange Jahre für die Austria und im Nationalteam auf dem linken Flügel spielte und später ein angesehener Professor an der Veterinärmedizinischen Universität in Wien war. Und ich bin überzeugt, dass es noch mehr solche Fälle unter den österreichischen Fußballern gegeben hat. Eine interessante Randnotiz ist allerdings, dass vor allem sein akademischer Titel der Grund war, warum mein Vater und also auch ich Hanappi richtiggehend mochten. Wir betrachteten ihn aus der Ferne als eine Art „falschen Rapidler", einen soziologisch und kulturell der gehobenen Mittelklasse zugehörigen Mann, der sich irgendwie zu diesem proletarischen Vorstadtklub mit seinen aggressiven und antisemitischen Fans verirrt haben muss.

Im frühen September 1958 kamen mein Vater und ich mit zwei Koffern in der Hand in Wien an, meine Mutter war im Mai desselben Jahres verstorben. Von Anfang an war klar, dass diese Stadt nur eine Zwischenstation auf dem Weg zu unserer eigentlichen Zieldestination sein würde. Wo wir hinwollten, waren die Vereinigten Staaten, New York um genau zu sein. Hier sind wir also total entwurzelt in einem Niemandsland, darauf wartend ins „gelobte Land" USA aufzubrechen – und was ist eine der ersten Sachen, die wir unternehmen? Wir gehen natürlich ins Wiener Stadion in den Prater, zum Meisterpokal-Spiel zwischen dem legendären Juventus Turin mit Omar Sivori und Giampiero Boniperti und dem Wiener Sportclub am 1. Oktober. Mein Vater und ich hatten zuvor noch nie vom Sportclub gehört. Und dann deklassiert der Klub diese große und hoch favorisierte Mannschaft aus Italien mit 7:0! Die elf WSC-Spieler, die damals am Platz standen, werde ich niemals vergessen können. Genauso wie die elf Männer des goldenen ungarischen Teams, das – ausgerechnet – am 4. Juli 1954 (dem amerikanischen Nationalfeiertag) in Bern gegen die inferioren Deutschen verlor, oder die wunderbaren Spieler der brasilianischen Selecao, die 1958 in Schweden den WM-Titel errang (und damit bis dato die einzige Mannschaft aus Übersee ist, die jemals in Europa erfolgreich war, während hingegen noch kein europäisches Team in Übersee Weltmeister wurde).

In ganz ähnlicher Weise werde ich auch die Batting-Reihenfolge meiner geliebten New York Yankees in den Saisonen 1960 und 1961 nie vergessen können.

Im Laufe des halben Jahrhunderts seit damals habe ich buchstäblich Tausende von Fußball-, Basketball-, Baseball-, Football-, Rugby-, Cricket- und Eishockey-Spielern auf beiden Seiten des Atlantiks kennen und lieben gelernt; auch habe ich in diesem Zeitraum Teams in diesen Sportarten sonder Zahl kennen und lieben gelernt. Doch beileibe nicht habe ich deren Aufstellungen in der Weise behalten, dass ich sie bis heute auswendig aufsagen könnte, so wie das bei den vorhin erwähnten zwei Nationalmannschaften (Brasilien, Ungarn) und zwei Klubs (Sportclub und New York Yankees) der Fall ist. Vielleicht gibt es im Gedächtnis des sportbegeisterten Heranwachsenden – und zwar bevor Mädchen, Rock 'n' Roll, Philosophie, Politik und Sex soviel Platz im Gehirn und in der Gefühlswelt eines jungen Burschen für sich beanspruchen – ein spezielles Feld, das Raum für derlei triviale und eigentlich komplett unsinnige Informationen bietet. Ich kann mir die Gründe für diese außergewöhnliche Gehirnleistung jedenfalls nicht erklären, in meinem Fall aber gänzlich für ihr Vorhandensein garantieren.

An diesem Herbsttag im Wiener Stadion, übrigens mein erster Besuch eines Fluchtlicht-Matchs, wurde ich prompt zum Sportclub-Fan. Doch dann, ein paar Wochen nach diesem denkwürdigen Spiel, hatte ich ein wenig erfreuliches Erweckungserlebnis: Mein Vater und ich aßen mit einigen ungarischen Juden zu Abend, die im Zuge der Revolution von 1956 in Wien gelandet waren und die man folglich schon als „Veteranen" der Wiener Fußballkultur bezeichnen konnte. Und als ich ihnen mit Stolz erzählte, ich sei ein inbrünstiger Sportclub-Anhänger, machte mich der Mann des Hauses mit ziemlicher Strenge darauf aufmerksam, dass der Klub eine Nazi-Vergangenheit hatte, noch immer kein besonderes Vertrauen erwecke und es für einen Juden aber auch überhaupt und absolut keinen Anlass gäbe, dieses Team zu unterstützen. Da ich keinesfalls irgendetwas gutheißen konnte, dass nur im Ansatz mit dem Nationalsozialismus in Verbindung stand oder auch nur irgendwie in dessen politische Nähe gerückt wurde, sah ich mich also gezwungen, meine Liebe zum Sportclub an den Nagel zu hängen. Die Liebe zu einem bestimmten Sportclub-Spieler gab ich indessen nie auf: Erich Hof, der in meinen Augen ein Vorläufer von David Beckham war und auch der Grund ist, warum ich zum großen Beckham-Fan wurde. Hofs aus rund 20 Meter Entfernung mit Effet zum Tor gedrehten Flanken und über die Mauer gezirkelten Freistöße ins Kreuzeck sind mir bis heute im Gedächtnis, als ob es gestern passiert wäre. In der Tat erinnern mich einige von Beckhams bekanntesten und typischen Treffern, wie jener über die griechische Mauer, der Englands Qualifikation für die WM 2006 in Deutschland besiegelte, fortlaufend an wirklich vollkommen identische Tore, die Hof geschossen hat, während ich ihm von 1958 bis zu meinem Abschied aus Wien 1967 genau auf die Beine schaute. Hof ging 1964 für ein Jahr zur Austria, wurde Anfang der 1980er-Jahre deren Trainer und betreute anschließend die österreichische Nationalmannschaft.

Die Austria spielte traditionell in violett. In der Farbe, zu der 1958, nur wenige Monate vor unserem Abschied aus Rumänien, auch mein Heimatklub Stinta Timisoara gewechselt war (davor hatte Stinta ursprünglich in Blau gespielt). Obwohl ich all die neun Jahre hindurch, die ich in Wien verbracht habe, ein glühender Austria-Fan war, kann ich mich nicht an eine ihrer Aufstellungen erinnern. Was mir aber sehr wohl in Erinnerung geblieben ist, sind einzelne Spieler: der sowohl auf als auch neben dem Platz bewundernswert elegante Karl Stotz, dessen stoisch ruhiges Spiel und seidenweiche Pässe von der Position aus, die später unter der Bezeichnung Libero bekannt wurde, eine direkte Brücke zum Spielstil von „Kaiser" Franz Beckenbauer schlagen; der bullige – so Rapid-typische und Austria-untypische – Angreifer Horst Nemec, ein Sturmtank der Marke Josef Uridil, der in einem Länderspiel im April 1963 vor den Augen von Vater und Sohn Markovits einen Hattrick gegen die Tschechoslowakei erzielte; natürlich die beiden unermüdlichen Sara-Brüder, vor allem der ältere Robert; der unvergessene Ernst „Ossi" Ocwirk, der gemeinsam mit Hanappi lange Zeit die beiden Läufer im Nationalteam bildete; der quirlige Thomas Parits und der kleine blonde Ernst Fiala, der Lieblingsspieler meines Vaters. Jedoch eine komplette Startaufstellung im Kopf zu behalten, ist mir wie gesagt nur beim Sportclub gelungen. Ich muss zugeben, dass bei den zahlreichen Partien im Sportclub-Stadion auf der Hernalser Hauptstraße, wohin wir unsere Austria oft begleiteten, zwei Herzen in meiner Brust pochten, wobei ich sogar – horribile dictu! – eher zum Sportclub tendierte, was ich gegenüber meinem Vater aber selbstverständlich geheim hielt. In einer gewissen Art und Weise blieb der Sportclub immer meine erste Liebe im Wiener Fußball, die ich aufgrund von elterlichen Wünschen, gesellschaftlichen Zwängen und historischen Notwendigkeiten aufgeben musste – wegen genau der Makro-Ursachen, die all unsere Mikro-Leben so sehr beeinflussen.

Als allgemein interessierte Fußball-Fans und unverwüstliche Austria-Anhänger tourten mein Vater und ich praktisch auf wöchentlicher Basis durch Wien. Das war möglich, weil wir noch immer jene Ära schrieben, wo die höchste österreichische Spielklasse im Grunde eine rein Wiener Angelegenheit war, mit ein paar erlesenen und geduldeten „Gästen", wie dem LASK oder dem GAK, wenig später stießen auch Voest Linz und Sturm Graz hinzu. Wacker Innsbruck und die Salzburger Austria komplettierten diese Wien-lastige Institution. Tatsächlich erlebten wir erst im Jahr 1965 durch den LASK die Premiere, dass der Meister nicht aus der Hauptstadt kam. Mit Ausnahme von London und Buenos Aires gab es seit den Anfängen des Profispiels im späten 19. Jahrhundert bis in die späten 1960er-Jahre, als ich Österreich und Europa für immer verließ, weltweit keine Stadt, die so viele Klubs in der ersten Liga platziert hatte wie Wien.

Indem ich die Austria also im Herbst und Frühling quer durch Wien verfolgte, kam ich ziemlich viel herum und besuchte Stadtteile, wo ich weder zuvor noch danach jemals wieder gewesen bin. Es waren effektiv Plätze, die ich allein durch die Rolle als Besucher von Fußballspielen zwischen der Austria und ihren diversen Gegnern kennen lernte. Um die Violetten beispielsweise gegen Admira zu sehen, fuhren mein Vater und ich mit der Straßenbahn über die Donau nach Jedlesee. Ich weiß noch, dass die Admira in schwarzweiß spielte und einen ausgezeichneten Stürmer namens Günter Kaltenbrunner in ihren Reihen hatte, der auch öfters im Nationalteam spielte. Dann fuhren wir in den sozial exklusiveren Ort des Praters, um die Austria gegen den WAC zu sehen, die *Rossoneri* von Wien (aber im Gegensatz zum legendären AC Milan mit horizontal statt vertikal gemusterten rotschwarzen Streifen auf ihrem Trikot) mit ihrem Starspieler Fritz Cejka. Sehr oft und mit großem Plaisir besuchten wir den Platz auf der Hohen Warte, die Heimstätte der „Blaugelben" von der Vienna, wo mir besonders der produktive Goalgetter Hans Buzek und der Mittelfeldkämpfer Helmuth Senekowitsch imponierten. Es war jener Senekowitsch, der später das österreichische Nationalteam betreute und zu seinem wichtigsten Triumph in der Nachkriegszeit führte: dem berühmten „Wunder von Cordoba", benannt nach jenem Ort in Argentinien, wo im Rahmen der WM 1978 der verhasste große Bruder Deutschland mit 3:2 besiegt wurde. Außerdem kann ich mich gut daran erinnern, mehrere Matches der Austria am Wacker-Platz in Meidling, unweit von Schloss Schönbrunn, verfolgt zu haben. Auch Wacker hatte mit Ernst Kozlicek zu der Zeit einen erstklassigen Spieler, der ebenfalls dem erweiterten Kader der Nationalmannschaft angehörte. Wackers 1971 vollzogene Fusion mit der Admira war vermutlich nicht allzu kompliziert – zumindest was die neuen Klubfarben anbelangte, spielte doch Wacker genauso wie die Admira in schwarzweiß. Und unvergesslich bleiben mir unsere paar Besuche auf der Simmeringer „Had" zu Spielen der Austria gegen den FC Simmering. Ich liebte diese Streifzüge durch Wien und Spiele gegen Wacker, Admira, den WAC, die Vienna und all die anderen Vereine, auch wenn ich nicht exakt die Gründe dafür festmachen kann. Vielleicht weil all die Stadien in so exotischen Gegenden lagen und Fahrten dorthin für mich wahrhafte Expeditionen waren, gleichsam ein „Heraustreten" aus dem alltäglichen Wien, das für mich einerseits im 7. Bezirk lag, wo wir unsere Wohnung hatten, andererseits im 4. Bezirk, wo ich zur Schule ging.

Von ganz besonderer Bedeutung waren verständlicherweise die wiederkehrenden Ausflüge nach Hütteldorf, wo sich das Stadion von Rapid befand und die Grünweißen bis in die Gegenwart zuhause sind. Ich weiß noch, wie ich mit der Stadtbahn den Wien-Fluss entlang gefahren bin, um zur „Pfarrwiese" tief im 14. Bezirk zu gelangen. Beim Aussteigen aus dem Zug verspürte ich Knoten in meinem Magen und ernste Bedenken um meine Sicherheit, aber auch ein Gefühl von Entschlossenheit und Stolz, dass ich mein Team in die Höhle des Löwen begleite und wir am Ende – möglicherweise – sogar den Sieg davontragen würden. Und wie wundervoll diese seltenen Erfolge in Hütteldorf dann waren! Neben den schon erwähnten Rapidlern Dipl.Ing. Hanappi, Happel, Dienst, den Körner-Brüdern und Tormann Zeman, behielt ich ferner das Spiel des rechten Außenverteidigers Paul Halla in bester Erinnerung. Er war ein dunkelhaariger Mann, mittelgroß, der mit einer für einen Verteidiger außergewöhnlichen Wendigkeit und Grazie agierte. Speziell seine gelegentlichen Vorstöße an der rechten Flanke bis zur gegnerischen Cornerfahne lösten bei mir Bewunderung aus. Und wenn er zu einer seiner exzellenten Flanken ansetzte, bedeutete das stets Gefahr für das Austria-Tor, zumal Rapid im Kopfballspiel sehr versiert war. Hallas Spielweise steht für mich in einer direkten Verbindungslinie zu der Dynamik und Vielseitigkeit von so offensivstarken Außenverteidigern wie dem langjährigen Inter-Haudegen und italienischen Nationalspieler Giaquinto Fachetti und – wie könnte man ihn vergessen – Roberto Carlos, Fixgröße in der Selecao über mehr als eine Dekade und viele Jahre Starspieler bei Real Madrid. Zwar vollführten diese beiden ihre Künste auf der linken Seite, wo hingegen Halla die rechte Seite rauf- und runter hetzte, die Parallelen im Spiel bleiben dennoch unverkennbar.

Während Rapid ein fixes und unverwechselbares Stadion zur Verfügung stand, bestritt die Austria ihre Heimpartien im Wiener Stadion, wo auch die Nationalmannschaft ihre Spiele austrug. Erst 1973, also sechs Jahre nach meinem Weggang, erhielt die Austria in Form des Franz-Horr-Stadions in Favoriten ihre eigene und exklusive Heimstätte. Bis heute, das muss ich zugeben, kenne ich dieses Stadion nicht, war noch nie dort und habe auch niemals den Drang verspürt, diesem Platz einen Besuch abstatten zu müssen. In meinen Assoziationen mit „meiner" Austria war Obdachlosigkeit immer das perfekte Charakteristikum. Vielleicht identifizierte ich meine eigene Heimatlosigkeit zu jener Zeit – mit Wien als einem kurzfristigen Zwischenschritt auf dem Weg in unsere neue Heimat USA – mit der meines Teams. Nichtsdestotrotz empfand ich es irgendwie auch als unfair, dass die Austria im Gegensatz zu all den anderen Wiener Vereinen keinen eigenen Platz hatte und so wie mein Vater und ich gezwungen war, von einem Ort zum nächsten zu tingeln – eine Erfahrung, die eine große Anzahl europäischer Juden einer bestimmten Generation und Zeit machen musste.

Neben all den positiven wie schmerzhaften Erlebnissen und Eindrücken, die das Dasein als Austria-Fan mit sich brachte, habe ich diesem Klub auch eine für meine kulturelle Sozialisation ungemein wichtige Erfahrung zu verdanken, deren Zustandekommen man im Österreich der 1960er-Jahre nicht unbedingt erwarten würde. Sie kam in Gestalt des schwarzen brasilianischen Spielers Jacare, der 1962 in Wien ankam und – zumindest meines Wissens nach – der erste Spieler dunkler Hautfarbe war, der in Österreichs oberster Spielklasse regelmäßig zum Einsatz kam. Jacare wurde zu einer zentralen Figur in meiner intellektuellen und emotionalen Entwicklung, und zwar weit hinausgehend über seine – wenn ich mich recht erinnere – eher bescheidenen Talente auf dem Spielfeld. Dadurch, dass ich in einem ausnahmslos weißen jüdischen Mittelklasse-Umfeld in Westrumänien aufgewachsen bin, hatte ich zuvor nie Kontakt mit Schwarzen und verfügte über wenig Hintergrundwissen über sie. Mit einer entscheidenden Ausnahme: Meine Eltern waren große Musikliebhaber (in Anbetracht ihrer sozialen Stellung, ihres Bildungsstatus und ihrer Zugehörigkeit zum mitteleuropäischen Bildungsbürgertum bedeutete dies ausschließlich klassische Musik, beginnend mit Bach bis hin zu Brahms mit einem Hauch von Mahler), und irgendwie hatte sich auch eine Aufnahme von „Porgy and Bess" unter ihre Plattensammlung geschmuggelt, die besonders meine Mutter sehr schätzte. Durch diese Oper, deren Musik und Libretto ich auswendig lernte und im Alter von sechs Jahren vollständig im Kopf hatte, erfuhr ich erstmals von der Sklaverei in der amerikanischen Konföderation, dem Bürgerkrieg und der Diskriminierung von Schwarzen in den USA. In seinem Bemühen, mich schon als

Kind in Rumänien auf mein späteres Leben in Amerika vorzubereiten – obwohl das nur teilweise bewusst und aus Vorsatz geschah –, gab mir mein Vater auch sehr früh Unterricht in Englisch und amerikanischer Geschichte. Ich hatte also doch eine vage Vorbildung und eben deshalb ein Faible für Schwarze entwickelt, da sie für mich in einem gewissen Sinn, konkret in Hinblick auf ihr gesellschaftliches Wertmaß als verfolgte und verhasste Minderheit, mit den europäischen Juden verwandt waren. Es war sicherlich kein Zufall, dass diese Analogie und Affinität zu Schwarzen viele amerikanische Juden, wie eben auch mich, zur Bürgerrechtsbewegung trieben. So waren mehr als ein Drittel der berühmten *freedom riders* des Nordens, die ihr Leben riskierend – und leider auch in einigen Fällen opfernd – in die Südstaaten der USA fuhren, um ihren schwarzen Mitbürgern bei deren Kampf um politische Gleichberechtigung und Mündigkeit zu helfen, Juden.

Dann erlebte ich die großartige brasilianische Weltmeister-Mannschaft von 1958, mit so genialen schwarzen Spielern wie Garincha, Didi, Vava, Djalma Santos und insbesondere mit einem 17-jährigen Wunderkind namens Pelé. Ihr Triumph war reinster Balsam für meine Seele. Ich bedauerte nur, dass dieses Team es im Laufe des WM-Turniers nie mit der deutschen Mannschaft zu tun bekam, da ich nur zu gerne erlebt hätte, wie diese von einem Ensemble dunkelhäutiger Spieler in Grund und Boden gestampft wird. Doch zu sehen wie stellvertretend für die Deutschen die blonden und blauäugigen Schweden auf ihrem Heimatboden vernichtet wurden, reichte mir für ein besonderes Glückserlebnis. Es erfreute mich diebisch mitanzusehen, wie die arroganten weißen Europäer eine überaus schmerzhafte Niederlage von einer Gruppe von Spielern bezogen, die auf diesem Kontinent als vollkommen minderwertig und unterlegen angesehen wurden. Nur nicht auf dem Fußballfeld, wo die für gewöhnlich negativ codierten Vorurteile schnell zu Begeisterungsstürmen ob der fußballerischen Künste der Brasilianer führten, allerdings wieder auf eine chauvinistische und rassenzentrierte Art und Weise. Aus Sicht der Europäer spielten die Brasilianer so wie sie spielten wegen ihrer genetisch bedingten Talente, den Samba-Rhythmen in ihrem Blut, der Unfähigkeit zu langfristiger Planung, dem Mangel an Disziplin und ihrer angeborenen Kreativität – alles Attribute, die typisch für ein Land wie Brasilien seien, weil es eben dort noch merklich an Zivilisation fehle. Das wirklich Erschreckende ist, dass man diese Wahrnehmung und Einschätzung der Brasilianer und ihres Fußballs auch heute noch antrifft, gut 50 Jahre später, und dass dies – wie ich an anderer Stelle ausgeführt habe[3] – einer der Hauptgründe ist, warum Brasilien fast auf der ganzen Welt zur am meisten geschätzten Nationalmannschaft gleich nach der des eigenen Landes geworden ist. Das gilt zwar sicher nicht für Argentinien, aber definitiv für Europa. Bis heute ist der Rassismus im Sportkommentar und der Sportberichterstattung Europas und der USA gang und gebe. So lesen und hören wir beispielsweise dauernd, dass schwarze Spieler „Urtalente" besitzen, während ihre weißen Kolleginnen und Kollegen durch „Disziplin" und „Mannschaftsgeist" bestechen. Schwarze Spieler treten durch ihren „Instinkt", ihren „Rhytmus" und ihre angeborene „Genialität" mit dem Ball und beim Spiel hervor, während Weiße diese inhärenten Vorteile nur durch „harte Arbeit", „disziplinierteres Training" und „gut durchdachter Taktik" wettmachen können.

Durch unsere Emigration in die USA im Jahr 1960 wurde meine positive Identifikation mit Schwarzen massiv bestärkt und intensiviert. Ich wurde umgehend zum Fan führender schwarzer Stars des Jazz, wie Louis Armstrong, Duke Ellington, Count Basie, Oscar Peterson und John Lewis mit seinem brillanten Modern Jazz Quartet, sowie natürlich des Rock 'n' Roll eines Chuck Berry. Die tief empfundene Liebe und Wertschätzung solcher Giganten wie Charlie Parker, John Coltrane und Miles Davis hingegen sollte sich erst etwas später, in meinen fortgeschrittenen Teenager-Jahren und Zwanzigern, einstellen. Auch in der amerikanischen Sportszene schwärmte ich für herausragende afroamerikanische Spieler. Besonders Elston Howard, der großartige Catcher meiner New York Yankees und einige regelmäßig eingesetzte schwarze Spieler in deren Erfolgsteam der späten 1950er und frühen 1960er, hatte es mir angetan. Während jeder andere Yankees-Superstars wie Mickey Mantle, Yogi Berra, Whitey Ford und sogar den kontroversiellen Roger Marris – selbstredend alle weiß – anhimmelte und vergötterte, erschien mit Elston Howard immer als unterschätzt und von der Öffentlichkeit vernachlässigt. Aus dem einfachen Grund, wie ich überzeugt war, weil er schwarz war. Weiters erinnere ich mich an die pure Freude, die ich erlebt habe, wenn bei den Olympischen Sommerspielen 1960 in Rom schwarze US-Athleten ihre Teamkollegen oder – noch besser – ihre weißen europäischen Gegner besiegten. Wer könnte die Eleganz und Brillanz einer Wilma Rudolph vergessen?

Genau dieser Kontext bildete den Hintergrund, warum mir Jacare so viel bedeutete.[4] Er verkörperte für mich den ersten Ausdruck eines speziellen Kosmopolitanismus des österreichischen und europäischen Fußballs. Weil Jacare zu der Zeit der einzige schwarze Spieler in der Nationalliga war, weil er eher klein von Statur war und ein sonniges, heiteres Gemüt hatte, verlieh ihm die Menge den verniedlichenden Beinamen „Murl" oder „Murli". Man braucht nicht weiter darauf einzugehen, dass dies im Lichte einer zeitgemäßen Betrachtung ein schlichtweg rassistischer Ausdruck ist. Ähnlich dem amerikanischen Äquivalent „Blackie" oder dem oft gehörten „Boy" für einen erwachsenen Schwarzen, verrät diese Benennung letztlich eine dinghafte, abschätzige Haltung gegenüber Schwarzen, so als seien diese Spielzeuge, Affen oder kleine Kinder. Die Verkindlichung eines erwachsenen schwarzen Mannes ist zweifellos ein rassistischer Akt, doch gemessen an dem hässlichen und verachtenswerten Rassismus, der beginnend in den 1980ern bis zur Gegenwart auf Fußballplätzen in nahezu ganz Europa – Österreich inklusive – zur Lingua Franca geworden ist, war diese Form praktisch vernachlässigbar. Zu meinem großen Erstaunen war der gegen Jacare gerichtete Rassismus auf dem Rapid-Platz in Hütteldorf im Übrigen nicht übler als anderswo, was mich sehr erfreute.

Jacares Präsenz in Wien führte aber auch – vermutlich unbeabsichtigt, jedoch bezeichnenderweise – zu einer ernsthaften Krise in der Familie Markovits. Bei einem Ausflug ins Stadionbad erblickte ich eines Tages nämlich einen jungen und eher kleinen schwarzen Mann. Und in dem Glauben, Jacare ausgemacht zu haben, näherte ich mich dem Fremden und fragte ihn ganz offen, ob er tatsächlich der Spieler sei. Darauf antwortete er mir auf Englisch, dass er ein Tourist aus Ghana sei und noch nie etwas von diesem Jacare gehört habe. Diese Begebenheit konfrontierte mich unvermittelt mit meiner eigenen reduktionistischen und simplizistischen, wenn nicht ipso facto rassistischen Haltung gegenüber Schwarzen: dem Irrglauben, einer sei wie der andere und dass sich alle Schwarzen untereinander kennen würden. In diesem entscheidenden Augenblick erlebte ich erstmals eine Situation, die mir in Rumänien und Wien oft widerfahren ist, von der umgekehrten Perspektive aus: von meinem nicht-jüdischen Umfeld mit einem anderen Juden verwechselt zu werden, weil doch letztlich alle gleich sind, und dann gefragt zu werden, ob ich eben jene andere Person nicht kenne, was ich doch eigentlich müsste. Ich bot dem jungen Ghanaer dann eine meiner Badehosen an, damit auch er sich im Pool des Stadionbads an diesem – wie ich mich erinnere – außergewöhnlich heißen Tag eine Abkühlung gönnen konnte. Als ich meiner Tante daheim erzählte, was passiert war, versteinerte sich ihre Miene. Sie fragte mich nach der Badehose und entsorgte sie direkt vor meinen Augen im Mülleimer. Ich habe keine Ahnung wie sie reagiert hätte, hätte ich ihr erzählt, dass ich die Badehose einem wildfremden *weißen* Mann geborgt hatte. Doch irgendetwas sagt mir, dass in diesem Fall die Idee, das Kleidungsstück bloß in die Waschmaschine zu werfen, wohl die erste Option gewesen wäre. Wütend und enttäuscht ob des Verhaltens meiner Tante nahm ich mir vor, wochenlang nicht mir ihr zu sprechen, was ich dann auch tat.

Natürlich war mir stets bewusst, dass ich mich auf den Fußballplätzen von Wien als Jude bewegte, und ich war immer gefasst, auf irgendeinen Ausdruck von Antisemitismus zu stoßen. Mit Ausnahme von einigen unerfreulichen Erfahrungen auf dem Rapid-Platz bei besonders hitzigen Duellen gegen die Austria muss ich allerdings sagen, dass ich nie jene Form von Ablehnung erlebt habe, mit der mein Onkel in den späten 1920er- und frühen 1930er-Jahren permanent konfrontiert war, als er an der Universität Wien Medizin studierte. Auch er war ein leidenschaftlicher Austria-Anhänger und großer Sindelar-Fan. Ebenso wenig hatte ich mit irgendetwas ähnlich dem zu tun, was Michael John und Matthias Marschik in ihrer vorzüglichen Studie über Antisemitismus in der heutigen österreichischen Sportszene, insbesondere im Fußball, beschreiben.[5] Auf der anderen Seite ist die österreichische Fußballszene nicht signifikant unterschiedlich strukturiert als die anderer europäischer Länder, wenn überhaupt dann bestenfalls vielleicht ein Quäntchen weniger explizit rassistisch, sexistisch, antisemitisch und gewalttätig als ihre Entsprechungen in Italien, Deutschland, Holland, Polen, Kroatien, Ungarn oder England – um nur einige der Länder aufzuzählen, über deren Fanmilieus ich detaillierte Schilderungen gelesen und einiges in direktem Erleben erfahren habe. Solch ein Verhalten ist auf dem ganzen Kontinent leider die Regel geworden und repräsentiert die Schattenseiten der vermeintlich kosmopolitischen Fassade des europäischen Fußballs. In Wien, nur um das klarzustellen, lebte und besuchte ich die Fußballplätze der Stadt zu einer Zeit (kaum 15 Jahre nach dem Holocaust), wo Juden noch eine gewisse Schonzeit im europäischen Diskurs genossen. Aus Gründen, deren Erörterung die Grenzen dieses Essays bei weitem sprengen würde, war diese Schonzeit allerspätestens Mitte der 1980er-Jahre unzweifelhaft beendet.

Das Praterstadion wurde für mich, zumindest auf dem Spielfeld, wenn auch nicht unter den Zuschauern, zu einem überaus willkommenen Treffpunkt des Internationalismus. Schon damals war ich verblüfft ob dieser faszinierenden Kombination – wenn nicht sogar ob des klaren Widerspruchs – im Sport, besonders im Fußball, wo einerseits die Welt der Spieler und das Spiel an sich eine eindeutige Tendenz zum Offenen, Internationalen und Kosmopolitischen zeigt, andererseits die Welt der Fans die Stammeszugehörigkeit, das Lokale und das Atavistische betont. Ich möchte hier nur einige Beispiele nennen, die sich für immer in mein Gedächtnis eingebrannt haben. Zunächst erinnere ich mich an ein Länderspiel zwischen Österreich und Italien anno 1962, bei welchem mein Vater und ich die fantastischen Talente eines jungen Spielers der Italiener namens Gianni Rivera entdeckten. Obwohl er zu der Zeit noch ein Teenager war, konnte jedes halbwegs geübte Auge seine fußballerische Genialität bereits damals erkennen. Von diesem Moment an blieb Rivera einer meiner Lieblingsspieler aller Zeiten.

Dann erinnere ich mich – es war dies während meiner Autogrammjäger-Periode, in der ich vor Wiener Theatern, Konzerthallen und Opernhäuser Schlange stand, um von diversen Künstlern Autogramme zu erhaschen –, wie ich um die Unterschriften der Spieler von Botafogo Rio de Janeiro anstand. Dieses Team, das aus Rio de Janeiro kommend den Stadtteil „Botafogo" dieser herrlichen Stadt repräsentierte, besuchte im Frühjahr 1959 Wien, um gegen das österreichische Nationalteam ein Freundschaftsspiel im Wiener Stadion auszutragen. Das Spiel, welches mein Vater und ich besuchten, endete mit einem 2:2 Unentschieden. Die brasilianischen Gäste trugen dabei fast identisch gleiche schwarzweiß vertikal gestreifte Trikots wie ehedem Juventus im Frühherbst 1958. Ich werde mich ewig an die atemberaubenden Dribblings des Ballzauberers Garincha in Botafogos Reihen erinnern, des einzigen Spielers der Fußballgeschichte mit einem meines Erachtens noch größeren Anteil an Improvisationsgabe und künstlerischem Flair als der unvergleichliche George Best. Und natürlich werden mir auch die 30 Meter langen Querpässe von Garinchas Rechtsverbinder Didi ewig in Erinnerung bleiben, dem edlen alten Herren Botafogos und der weltmeisterlichen Selecao von 1958. Mir gelang es auch, nach langem Warten im Foyer eines Hotels gleich gegenüber des Wiener Südbahnhofs, wo Botafogo abgestiegen war, ein paar Autogramme der Spieler zu erhaschen. Didis Autogramm bewahre ich noch immer auf, seltsamerweise steht es in meinem Buch direkt jenem der Opernsängerin Hilde Güden gegenüber.

Ich kann mich auch gut an zwei weitere brasilianische Teams erinnern, die für Freundschaftsspiele nach Wien kamen: FC Santos und AC Bangu. Santos sah ich im Juli 1959 vor 40.000 Zuschauern im Wiener Stadion gegen den Sportclub. Und es war genau die Sportclub-Mannschaft, die in exakt der gleichen Aufstellung Juventus Turin neun Monate zuvor mit 7:0 vom Platz gefegt hatte, in die ich mich eigentlich für mein Leben lang verliebt habe und die eine der vier Mannschaften auf der Welt geblieben ist, deren komplette Aufstellung ich bis zu meinem Tod auswendig aufsagen werde können. Santos spielte à la Real Madrid gänzlich in weiß, eine Hälfte lang mit dem unerreichten Pelé, aber dafür 90 Minuten lang mit Pepe auf dem linken Flügel. Der Spieler, der an diesem Abend am meisten glänzen konnte, war jedoch mein geliebter Erich Hof, der das erste Tor erzielte und weitere gute Möglichkeiten vorbereitete. Sportclub besiegte Santos schließlich mit 3:0. Bangu hingegen spielte bei einem Osterturnier im Wiener Stadion im April 1961, zusammen mit Roter Stern Brünn, gegen die Wiener Gastgeber Austria und WAC. Austria verlor in seinem ersten Spiel gegen Bangu mit 1:2, wobei mir bei den brasilianischen Gästen zwei berühmte Selecao-Spieler, der linke Verteidiger Nilton Santos und der offensive Mittelfeldspieler Ademir, in Erinnerung geblieben sind.

Dann gab es noch zwei unvergessliche Spiele im Praterstadion: Das erste ereignete sich am 4. Mai 1961 zwischen Rapid und dem portugiesischen Meister Benfica Lissabon unter Trainer Béla Guttmann. Es war das Rückspiel des Meisterpokal-Halbfinales, Benfica hatte Rapid zuhause im Estadio da Luz mit 3:0 klar geschlagen und war eindeutiger Favorit auf den Aufstieg. Doch an diesem Abend macht sich Rapid – angestachelt durch seine fanatischen Fans – die am schwersten zu kontrollierende Variable im Fußball zunutze, den Heimvorteil mit dem berühmten „zwölften Mann", und erzielte ziemlich zu Beginn der legendären Rapid-Viertelstunde den Ausgleich. Als der Schiedsrichter den Gästen dann nach einem umstrittenen Pfiff einen Elfmeter zusprach, spielte die Menge verrückt, stürmte das Spielfeld und die Partie musste wegen wilden Raufszenen zwischen Spielern und Fans vor Ablauf der regulären Spielzeit beendet werden. Ich erinnere mich, wie ich Benfica mit Inbrunst angefeuert habe. Nachher war ich vermutlich der einzige Besucher, der das Praterstadion mit einem zufriedenen Lächeln im Gesicht verlassen hat. Noch glücklicher war ich aber am Ende des Monats, nachdem Benfica den hoch favorisierten FC Barcelona im Endspiel bezwungen und somit den ersten von zwei Europapokal-Triumphen in Folge fixiert hatte. Dem Team gehörten damals unter anderem der gefürchtete Stürmer Jose Aguas an, der schnelle Rechtsaußen Jose Augusto, die produktiven Mittelfeldspieler Mario Coluna und Joaquim Santana und – all die genannten übertreffend – der europäische Pelé, Eusebio, der allerdings noch nicht dabei war, als ich den Klub gegen Rapid sah. Meine Affinität zu Benfica beruhte nicht alleine auf meiner Animosität gegenüber Rapid, meiner Wertschätzung von Schwarzen im Allgemeinen und schwarzen Sportlern im Besonderen, sondern auch auf der Tatsache, dass Benficas Trainer niemand geringerer war als der Großmeister des zentraleuropäischen Fußballs, ein Mitglied der legendären Hakoah der 1920er, der ungarische Wiener Jude und Weltbürger Béla Guttmann.[6] Mein Vater verehrte Guttmann, seit er als Teil jener Hakoah-Mannschaft Furore machte. Dem Gutmanns Lebensgeschichte mit den Konstanten Budapest, Wien, New York und einer Menge Schauplätzen dazwischen wies in mehrerlei Hinsicht so viele Parallelen zu der von meinem Vater und mir auf.

Schließlich erinnere ich mich noch deutlich an den Besuch des ersten Meisterpokal-Endspiels, das je in Wien ausgetragen wurde. Die Kontrahenten am 27. Mai 1964 waren Inter Milan, trainiert von dem eisenharten Disziplinfanatiker Helenio Herrera, der den zweifelhaften Ruf besitzt, der Erfinder des durchaus effizienten, jedoch eher unansehnlichen defensiven *Catenaccio*-Stils zu sein; und ein zwar auf fallendem Kurs befindliches, aber noch immer sehr starkes Real Madrid, das zu diesem Zeitpunkt schon fünf Meisterpokal-Trophäen gesammelt hatte und – nachdem das sechste 1962 gegen Benfica unter Béla Guttmann verloren wurde – bereits im siebten Finalspiel stand. Real wohlgemerkt kam einschließlich solcher Fußball-Götter wie dem alten ungarischen Major Ferenc „Öcsi" Puskás, dem gebürtigen Argentinier Alfredo di Stefano und Francisco Gento. Dank zweier Tore des fulminanten Sandro Mazzola siegten die *Nerazzurri* aus Mailand relativ deutlich mit 3:1 und folgten somit den Fußstapfen von Stadtrivalen AC Milan, der – angeführt von Gianni Rivera – den Pokal im Vorjahr gegen Benfica gewonnen hatte. Abgesehen davon, dass dieses Spiel für Wien einer der größten Sportevents der Nachkriegszeit war, hatte es auch für meine persönliche Beziehung zum Wiener Fußball und zu Wien eine ganz spezielle Bedeutung: Es war das erste und einzige Match, das ich nicht mit meinem Vater, sondern mit einem Mädchen namens Daphne Scheer besucht habe, der ersten ernsthaften Romanze und festen Freundin in meinem Leben. Nachdem ich sie zuerst ins Forum-Kino in der Stadiongasse ausgeführt hatte, wo wir uns eine Vorstellung von David Leans „Lawrence von Arabien" mit Peter O'Toole, Sir Alec Guiness und anderen von mir so geliebten Stars ansahen, hoffte ich, ihr mit der Einladung zu diesem so wichtigen Spiel die ganze Tiefe meiner Gefühle für sie deutlich machen zu können. Ich bin mir ziemlich sicher, dass sie das realisiert hat, während die Feinheiten des Spiels selbst wohl an ihr vorbei gegangen sind. Auch lange nachdem unsere Beziehung beendet war, stand ich noch viele Jahre in Kontakt mit Daphne und wir blieben bis zu ihrem verfrühten Tod im Alter von 50 Jahren gute Freunde.

Das letzte Fußballmatch in Wien besuchte ich im Frühling 1967. Nach meinem permanenten Umzug in die USA im Sommer dieses Jahres hatte ich nie mehr die Gelegenheit oder auch den Wunsch, bei einem meiner seltenen Wien-Besuche ein Spiel zu sehen. Auf einer persönlichen Ebene werde ich meine tiefe Beziehung zum Wiener Fußball in der Zeit von 1958 bis 1967 mit meinem Vater immer in bestem Andenken haben. Die hunderte von Stunden, die wir auf all diesen wunderbaren Plätzen zubrachten (von denen heute viele nicht mehr existieren), die noch größere Zahl von Stunden, die wir damit verbrachten, anstehende Spiele zu diskutieren und dann die endlosen Post-Hoc-Analysen derselben ermöglichen mir eine enge Bindung und emotionale Nähe zu meinem Vater und versetzten uns beide in eine Art unbeschwerten und freundschaftlichen Gemütszustand, den wir außerhalb der Sphären Sport und klassischer Musik niemals wieder und andernorts auch nur annähernd replizieren konnten. Abschließend kann ich mit absoluter Sicherheit sagen, dass mir der Fußball eine der ganz wenigen, dafür aber sehr positiven, Erinnerungen meines neunjährigen Wien-Aufenthaltes geblieben ist.

1 Ich möchte meinem jungen Freund und Kollegen Nikolaus Panny für die großartige Übersetzung dieses Textes aus seinem englischen Original ins Deutsche danken. Nikolaus Panny ist für mich jedoch mehr als ein Übersetzer. Er ist mir ein wundervoller transatlantischer Gesprächspartner, der wie kein anderer, den ich kenne, des American Footballs, des Basketballs und des Eishockeys – also der großen nordamerikanischen Sportsprachen – genau so kundig ist und sie genau so würdigt und schätzt wie den Fußball. Dies ist mir eine wahre Wohltat.
2 Österreich traf im Zeitraum zwischen 1930 und Mitte 1937 insgesamt achtmal in Budapest auf Ungarn. Matthias Sindelar war bei sechs Spielen mit von der Partie, am 27. September 1936 erzielte er bei der 3:5-Niederlage des ÖFB-Teams zwei Tore. Summa summarum spielten Österreich und Ungarn bis heute 132mal gegeneinander. Die Paarung Uruguay-Argentinien gab es 174mal, England-Schottland 112mal.
3 Andrei S. Markovits und Lars Rensmann, *Querpass: Sport und Politik in Europa und den USA* (Göttingen: Verlag Die Werkstatt, 2007).
4 Und nicht nur für mich war Jacare eine besondere Erscheinung. Vielen Beobachtern erging es ähnlich, viele verdanken Jacare eine Art Erweckungserlebnis. In der Zeitschrift *Die SportWoche* wurde der populäre Wiener Musiker Willi Resetarits alias Dr. Kurt Ostbahn einmal wie folgt zitiert: „Jacare war eine exotische Gestalt. Ich habe ihn für sein Ballgefühl geliebt und bewundert, mit welcher Engelsgeduld und freundlicher Miene er den Hinterwäldlern begegnete, denen seine Hautfarbe nicht passte." (*Die SportWoche*, Heft 20/2001).
5 Michael John und Matthias Marschik, „Ortswechsel: Antisemitismus im österreichischen Sport nach 1945" in Heinz P. Wassermann (Hrsg.) *Antisemitismus in Österreich nach 1945: Ergebnisse, Positionen und Perspetkiven der Forschung* (Innsbruck: Studienverlag, 2002), S. 188–202.
6 Ich möchte hier unbedingt Detlev Claussens herrliche Biographie über Béla Guttmann anführen. Detlev Claussen, *Béla Guttmann. Weltgeschichte des Fussballs in einer Person* (Berlin: Berenberg Verlag, 2006)

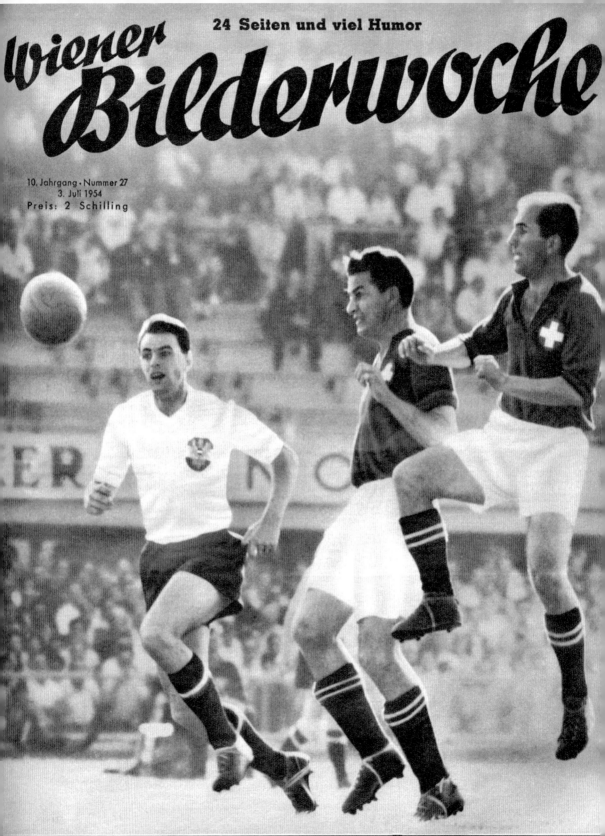

Triumph und Tragödie – Weltmeisterschaft 1954

„Die Österreicher haben kürzlich ein Länderwettspiel im Fußball
abgeführt, bei welchem sich erwies, daß die gefürchtete
ungarische Elf Österreich nicht zu schlagen vermochte.
Man spielte 2 mal 45 Minuten unentschieden. Aber schließlich
schossen die Österreicher durch das Pech eines ihrer
prominentesten Sportsleute sich selbst ein – Tor, ein Eigen-Goal,
wie man auch sagt. Und so gingen denn die Ungarn als nicht
eben rühmliche Sieger vom Platze. Das ist österreichisches
Schicksal. Und gewiß bin ich in diesem Sinne ein giltiger
Repraesentant meines schönen und liebenswürdigen Vaterlandes.
Denn das entscheidende Tor hab' ich mir immer selbst
geschossen: nie die Anderen."

Heimito von Doderer, Commentarii

Friedrich Torberg:
Als Zaungast bei der Fußballweltmeisterschaft

Friedrich Torberg, mit dem Fußballsport aus eigener Aktivität vertraut (sein Roman „Die Mannschaft" legt davon Zeugnis ab), hat den Spielen des österreichischen „WM"-Teams in der Schweiz als Schlachtenbummler beigewohnt.

Dem tückischen Oswald im „König Lear", der mit den Worten: „Ich lasse mich nicht schlagen!" vor dem gereizten Edmund zurückweicht, folgt Glocesters Bastard mit der grimmigen Frage: „Auch kein Bein stellen, du nichtswürdiger Fußballspieler?!" (Stellt ihm ein Bein.) Das war ein hilfreiches Zitat in unserem jugendlichen Kampf wider die Erwachsenen, die uns das Fußballspielen verleiden oder gar verbieten wollten: man ließ mit hochmütiger Beiläufigkeit die Bemerkung fallen, daß Fußball schon bei Shakespeare vorkäme – und hütete sich, die genaueren Umstände dieses Vorkommens preiszugeben. Doch weder unser Hochmut noch unsere Eltern oder gar Shakespeare hätten sich jemals träumen lassen, zu welch gewaltigen Ruhmeshöhen die nichtswürdigen Fußballspieler dereinst emporsteigen würden. Heute ist es soweit, daß man – wenn schon von Nichtswürdigkeit die Rede sein soll – ein ganz anderes Zitat für sie mobilisieren muß, aus der „Jungfrau von Orleans": „Nichtswürdig ist die Nation, die nicht ihr Alles freudig setzt an ihre Ehre." Genau das begibt sich derzeit in der Schweiz, wo auf den sechs größten Sportplätzen des Landes (in Zürich, Basel, Bern, Lausanne, Genf und Lugano) die Fußballspieler von insgesamt 16 Nationen ihr Alles freudig an ihre Ehre setzen – und nicht etwa an ihre eigene nur, sondern an die Ehre der Nation, die sie vertreten. Die Fußballweltmeisterschaft 1954 ist in vollem Gang.
Viermal hat sie bisher stattgefunden: 1930 in Uruguay, 1934 in Italien, 1938 in Frankreich, 1950 in Brasilien. 1930 und 1950 siegte Uruguay, 1934 und 1938 Italien. Österreich ist heuer zum erstenmal seit 20 Jahren wieder dabei. 1938 unterblieb die Teilnahme mangels Vorhandenseins als eigener Staat, 1950 mangels Vorhandenseins der Gelder für die weite Reise. Mit der Schweiz, die ja zu unseren nächsten Nachbarn zählt, traf es sich besser. Man könnte fast sagen: Österreich hat es noch nie so nahe zur Weltmeisterschaft gehabt wie heuer. Und weil das nach unseren bisherigen Siegen vielleicht ein wenig doppeldeutig klingt, so sei ausdrücklich vermerkt, daß es nicht prophetisch gemeint ist, sondern geographisch.
In dieser Hinsicht wurde es vor allem von den Schlachtenbummlern verstanden und ausgenützt. Es waren ihrer Tausende, die der Mannschaft zu den beiden ersten Spielen nach Zürich folgten, per Bahn und Flugzeug, Autobus und Auto, Motorrad und Roller. Mit jenem sicheren Kollektivinstinkt, der dem Anhang ebenso eignet wie der Mannschaft selbst, verteilten sie sich dergestalt über den Zuschauerraum, daß ihnen die beste akustische Wirkung gesichert war. Sie bildeten sinnreich arrangierte Gruppen und Grüppchen auf der gedeckten Tribüne an der einen Längsseite und auf der ungedeckten gegenüber, hinter jedem der beiden Tore und an allen vier Ecken. Sie durften sechsmal in den explosiven Jubelschrei ausbrechen, der da „Goal!" bedeutet und der nicht seinesgleichen hat unter den Jubelschreien. Und kein einziges Mal wurden ihre Ohren durch die ebenso häßliche wie peinliche Resonanz eines gegnerischen Goals verletzt: Österreich gewann 1:0 gegen Schottland und 5:0 gegen die Tschechoslowakei.
Die österreichische Mannschaft zeigte sich vom Start weg des Aufgemuntertwerdens bitterlich bedürftig. Ihre Nervosität überstieg die aller Schlachtenbummler zusammengenommen, und das will etwas heißen. Österreichs erste Viertelstunde bei der Weltmeisterschaft 1954 war trüb wie das Wetter und jammervoll im weitesten Sinn des Wortes: ein einziger Jammer auf dem Spielfeld, ein einziges Jammern unter den Anhängern. Stoß um Stoß mißlang, Stoßgebet um Stoßgebet stieg aus angstverschnürten Kehlen zum regnerischen Himmel. Der Fachbegriff vom „Schwimmen" – er ist, wie manches andere, dem Fußball- und dem Theaterjargon gemeinsam – trat mit dem gleichen Nachdruck in seine Rechte, mit dem die Schotten nach den Schien-

Triumph und Tragödie – Weltmeisterschaft 1954

beinen der Österreicher traten. Paßbälle bleiben in der Luft hängen wie verfehlte Stichworte, Schüsse gingen daneben wie schlecht gebrachte Pointen, kein noch so primitives Zusammenspiel gedieh, kein noch so oft erprobter Stellungswechsel wollte klappen. Wenn es auf einer Bühne ähnlich drunter und drüber geht, fällt der Vorhang. Auf dem Fußballplatz fällt dann gewöhnlich ein Tor. Es fiel auch diesmal. Nur fiel es, zum Glück, gegen die Schotten, statt für sie, in einem Augenblick, da man es am allerwenigsten erwartet hätte. Es war, sozusagen, ein verkehrter Auftritt, aber er brachte das Spiel in Schwung, und von da an hielt es die Zuschauer in erregendem Bann – auch wenn es nicht gerade das wurde, was der Theaterkritiker eine glanzvolle Vorstellung genannt hätte. Eher wohl hätte er auf eine verfrühte Premiere getipt und festgestellt, daß das Ensemble sich besser einspielen müßte.

Hier endet die Analogie. Denn auf dem Fußballfeld, anders als auf der Bühne, spielen zwei Ensembles gleichzeitig dasselbe Stück. Und der jüngste Stehplatzbesucher weiß, daß das eine Ensemble nur so gut spielen kann, wie das andere es spielen läßt.

Die Richtigkeit dieses Grundsatzes bekam man ein paar Tage später im Spiel gegen die Tschechoslowakei demonstriert, die lange Jahre hindurch mit Österreich und Ungarn zusammen die sportliche Hegemonie des Donauraumes in Füßen gehalten hatte. Davon ist sie heute so weit entfernt wie Ungarn von Korea (eine Paarung, die in der ersten Runde mit dem Ergebnis 9:0 für Ungarn auseinandergegangen war). Den Weltmeistern aus Uruguay hatten die Tschechen noch eine repektgebietendes 0:2 abgetrotzt. Gegen das österreichische Team hatten sie nichts mehr zu bestellen. Sie ließen es spielen, so gut es nur konnte und wollte. Freilich: das „Spielenlassen" ist immer erst die eine Seite der Angelegenheit; auf der anderen muß es eine Mannschaft geben, die von dieser unfreiwillig erteilten Erlaubnis entsprechenden Gebrauch macht, die spielen kann und spielen will. Die Österreicher konnten und wollten. Sie spielten leicht und witzig und einfallsreich – kurzum: sie spielten. Jedes Stichwort wurde aufgenommen, jede Nuance kam an, jede Pointe saß. Diesmal gelang ihnen alles. Sie machten mit dem Ball so flüssige Konversation, daß der Gegner gar nicht zu Wort kam, und wußten im richtigen Moment den wuchtigsten und klassischesten aller Szenenabschlüsse hinzuschmettern: das Goal. Sie produzierten eine Mischung aus edelstem Burgtheaterpathos und elegantester Josefstädter Kammerkomödie. Es war jener unnachahmliche Stil, der weithin als „Wiener Schule" benannt ist.

Sein Hauptrepräsentant – der zivilisierten Welt als „Rückgrat" oder auch „Seele" der Mannschaft bekannt – heißt Ernst Ocwirk und steht auf dem Posten des Aufbauläufers. Natürlich steht er nicht, sondern er bewegt sich, und zwar mit einer Grazie und einer Ökonomie des Krafteinsatzes, mit einer Präzision und einer Spielintelligenz, in der sich die ganze Idee des Mannschaftsspiels akkumuliert: welches nämlich die einzig praktikable Anwendung des Kollektivprinzips darstellt, den einzig geglückten Ausgleich zwischen Individuum und Gemeinschaft. Wer vom Fußball nichts versteht und gerne etwas davon verstehen möchte, der beobachte eine Viertelstunde lang den Spieler Ocwirk, ausschließlich ihn, auch wenn er nicht am Ball ist. Die Engländer, nicht just begeisterungsfähig für etwas anderes als ihr Eigenes, haben ihm den Kosenamen „Clockwork" beigelegt, was „Uhrwerk" heißt, und ihnen dadurch erleichtert wird, daß sie ihn „Okwork" aussprechen, also falsch. Wie ja auch der Vergleich als solcher falsch oder zumindest unzulänglich ist. Denn nichts liegt diesem Ocwirk ferner, als sein Pensum mit der mechanischen Zuverlässigkeit eines Uhrwerks zu absolvieren. Er spielt weder besonders zuverlässig noch gar mechanisch. Manches mißglückt ihm, und keineswegs sind daran immer die Mitspieler schuld, die auf seine Einfälle nicht rasch genug eingehen. Bisweilen patzt er ganz für sich allein. Aber auch was er verpatzt, läßt die vollendete Absicht merken. Und was ihm glückt, ist selbst dem Laien als höchste Fußballkunst erkennbar. Der Fachmann vollends, auf dessen Erinnerungshimmel noch Sterne wie Sindelar und Nausch und Gschweidl strahlen, wird eingestehen müssen, was jeder, der Kainz noch als Hamlet gesehen hat, nur ungern eingesteht: daß es heute einen gibt, der um nichts schlechter ist und vielleicht sogar besser. Clockworks? Gar keine Spur. Wenn wir mit dem Namen des Spielers Ocwirk schon unser Wortspiel treiben wollen, dann liegt es in seiner zweiten Silbe beschlossen, dort, wo er wirkt wie kein zweiter und wo wir uns wünschen, daß er es immer weiter tue. O cwirk, solange du cwirken kannst.

[...]

Es liefe jedoch dem oben angedeuteten Geheimnis des Mannschaftsspiels gröblich zuwider, wenn wir nicht hurtig hinzufügten, daß selbst ein Ocwirk nichts wäre ohne die anderen, und daß auch unter diesen anderen sich ein paar Spieler von absoluter Sonderklasse befinden, die ihrerseits – denn Josef Kainz war nicht der einzige, den man noch gesehen haben muß – die Tradition der Sonnenthal und Mitterwurzer fortsetzen. Da ist etwa der Mittelstürmer Stojaspal, dessen Bäuchlein ihn fast schon in das Fach des Père noble zu verweisen drohte und der sich im Spiel gegen die Tschechen nun doch wieder als unwiderstehlicher Liebhaber erweis (durch sein erstes Goal zumal, einen Liebhaberschuß, wie er in keinem Textbuch steht). Da ist der Verteidiger Hanappi, zierlich wie sein Name und pfiffig wie ein Kobold, mit der unheimlichen Fähigkeit begabt, immer dort aufzutauchen und „Buh!" zu machen, wo es dem Gegner am heftigsten wider den Strich geht. Da ist sein Nebenmann Happel, der in Wahrheit ein Brocken ist und gerne als „Fels in der Brandung" bezeichnet wird – was ihn jedoch nicht hindert, in dieser Brandung so unbekümmert herumzuplätschern, als wär's ein harmloses Wellenbad (und häufig brandet es dann nicht mehr, sondern es brandelt). Da ist der Goalmann Schmied, von unscheinbarer Statur und ebensolchem Stil, auf keinerlei Effekt bedacht als auf den einen: kein Tor zu bekommen (und das ist ihm in nunmehr fünf Spielen hintereinander gelungen). Da ist der Linksverbinder Probst, der seinen großen Vorgänger Schall insofern übertrifft, als er noch schneller und noch besser schießt, also mit seiner Schußgeschwindigkeit die Schallgeschwindigkeit aufhebt (oft merkt man erst nachher, daß es ein Goal war – gesehen hat man's nicht). Und da sind noch all die anderen, die Körner und Koller, die Wagner und Barschandt, die Schleger und Dienst, ohne die es nicht ginge. Eine lange, bange Zeit hindurch ist es auch mit ihnen nicht gegangen. Jetzt geht's wieder. Jetzt haben sie nicht nur den Kampf gegen die Schotten gewonnen und das Spiel gegen die Tschechen, sondern auch die Überzeugung, daß sie kämpfen und spielen können.

Und eben darum – um den Kampf und um das Spiel, nicht um den Sieg – geht es im Sport ja überhaupt und eigentlich. Österreichs Fußballspieler schienen das zu wissen. Sie sind alles eher als nichtswürdig. Sie haben, wie immer es jetzt weitergeht, Österreich würdig vertreten.

Wiener Kurier, 25. 6. 1954, S. 2

WM 1954, Dr. Michl Schwarz und Verbandskapitän Walter Nausch auf der Betreuerbank, 1. und 2. von links
(Wiberal – Photoarchiv der AZ)

Triumph und Tragödie – Weltmeisterschaft 1954

Oesterreichs Fußball hat trotz aller Verleumdung Weltgeltung

Deutschland durch seinen sensationellen 3:2-Erfolg über Ungarn neuer Fußballweltmeister – Oesterreich besiegt den alten Fußballweltmeister 3:1 und erobert damit den dritten Platz in der Weltmeisterschaft – noch nie war Oesterreich ein derartiger Erfolg beschieden.

Die 5. Fußballweltmeisterschaft ist zu Ende. Sie brachte einen Sieg des Außenseiters Deutschland, der vom deutschen Volk und besonders von den Berlinern mit geradezu „südamerikanischer" Begeisterung gefeiert wurde. Die Berliner tanzten auf den Straßen, der Verkehr stand still, aber auch in den übrigen Städten der Bundesrepublik wollte der Jubel kein Ende finden. […]

Unser Team hat sich hervorragend geschlagen

Oesterreich kann stolz auf seine Fußballer sein, die wahrlich ihr Bestes gegeben haben. Sicherlich ist die Niederlage gegen Deutschland schmerzlich, und niemand wird sie bitterer empfinden als die Fußballer selber, die wußten, welches Vertrauen ihnen die Sportfreunde gerade für dieses Spiel entgegenbrachten. Die Verleumdungen, mit denen das Team von gewissenlosen Leuten überschüttet wurden, Verdächtigungen, die unter anständigen Menschen nicht einmal gedacht, geschweige denn ausgesprochen werden, waren nicht imstande, die Kampfmoral des Teams zu brechen. Die Spieler bewiesen damit, wie turmhoch sie über jenen Leuten stehen, die sich nicht schämen, aus einer Niederlage, die sportlich einwandfrei war, eine „Bestechungsaffäre" zu machen. Der Präsident des OeFB, Minister Dr. Gerö, hat diesen schamlosen Verleumdern die richtige Antwort gegeben und den Rechtsanwalt des OeFB beauftragt, sie vor das Gericht zu zitieren. Die Fußballer haben bewiesen, daß sie trotz aller Verleumdungen und Verdächtigungen imstande sind, Oesterreichs Fußball Weltgeltung zu verschaffen. Der dritte Platz

Der trefferreichste Spiel der WM-Geschichte – Österreich – Schweiz 7:5 (Photopress INP – Wiener Illustrierte)

in der Fußballweltmeisterschaft, der noch niemals von einer österreichischen Mannschaft erkämpft werden konnte, ist der beste Beweis für die Anständigkeit und das Können unserer Nationalspieler. Oesterreich ist stolz auf seine Fußballer, und der Empfang, der dem Team am Montag zuteil wurde, ist der größte Beweis dafür, wie hoch man die Leistungen unserer braven Spieler in der gesamten Oeffentlichkeit einschätzt.

Sport und Toto, 6. 7. 1954, S. 1

„Das ist die größte Schlacht Österreichs – zumindest seit dem Zweiten Weltkrieg" (Edi Finger sen., Radio-Live-Reportage) – Ernst Stojaspal im Angriff gegen die Schweiz (Photopress INP – Wiener Illustrierte)

Triumph und Tragödie – Weltmeisterschaft 1954

FUSSBALL UND FORTSCHRITT
EIN BEITRAG ZUR TECHNIK DER FREIHEITSLIEBENDEN BERICHTERSTATTUNG

[…]
Das Fußballspiel ist ein schönes und aufregendes. Es wird in manchen Ländern besser gespielt, in manchen hingegen schlechter, und man kann – anders als etwa beim Billard- oder beim Tarockspiel – verhältnismäßig leicht und zuverlässig feststellen, wo es besser und wo es schlechter gespielt wird. Zu den Ländern, in denen es besonders gut gespielt wird, gehört zum Beispiel Ungarn, und zwar seit jeher, seit den Zeiten der Monarchie über Bela Kun und Horthy bis auf den heutigen, volksdemokratischen Tag. Auch die Österreicher waren seit jeher besonders gute Fußballspieler und sind es unter jedem Regime geblieben. Nicht ganz geradlinig verhält es sich mit den Tschechen. Sie standen die längste Zeit den Ungarn und Österreichern um nichts nach, ein paar Jahre hindurch standen sie ihnen sogar vor – heute aber, obgleich ihnen die Sonne der volksdemokratischen Freiheit leuchtet, spielen sie nicht nur schlechter als ihre der gleichen Beleuchtung ausgesetzten ungarischen Brüder und nicht nur schlechter als die von monopolkapitalistischem Zwielicht umdüsterten Österreicher, sondern sie spielen auch schlechter als zu der Zeit, da sie noch von den Habsburgern geknechtet waren. Woraus hervorgeht, daß die Wege Gottes rätselhaft und die fußballerischen Leistungen eines Volkes von seiner Staatsform unabhängig sind. Eher bestehen gewisse Zusammenhänge zwischen Fußball und Kaffee, welcher die Phantasie auch des Fußballers anzuregen scheint. Denn in allen Ländern, in denen gut Fußball gespielt wird, trinkt man auch guten Kaffee: wie in den schon zuvor genannten, so noch in Italien und Jugoslawien, in Brasilien und Uruguay. Bei den Engländern, die das Fußballspiel erfunden haben und dank diesem klug herausgearbeiteten Vorsprung jahrzehntelang die besten Fußballspieler der Welt waren, macht sich der Umstand, daß sie Teetrinker sind, immer nachteiliger bemerkbar. Sie verlieren ein Match nach dem andern und

Im Spiel gegen den zweifachen Weltmeister Uruguay wird Österreich Dritter - Ernst Stojaspal beim Elfmeter, Österreich – Uruguay 3:1 (Photopress INP – Wiener Illustrierte)

wurden zuletzt von den Ungarn sogar 7:1 geschlagen. Es heißt jedoch, daß sich in England allmählich der Espresso durchsetzt; das könnte ihnen für die nächsten Weltmeisterschaften wieder einige Chance geben. Was schließlich die Deutschen betrifft, die soeben die Weltmeisterschaft gewonnen haben, so liegt die Sache ganz einfach: sie trinken zwar miserablen Kaffee, aber er schmeckt ihnen. Aus dieser Fähigkeit erklärt sich so manches deutsche Wunder.
Das Fußballspiel – und darum ist es ja so unempfindlich gegen politische Konstellationen – wird auf der ganzen Welt nach denselben Regeln gespielt. Für das Theaterspielen z.B. gilt das schon nicht mehr so ganz, und noch weniger gilt es für die Literatur im allgemeinen oder für die Musik. In den Ländern des Fortschritts, zumal im Vaterland desselben, in der Sowjetunion, wird bekanntlich viel fortschrittlicher gedichtet und komponiert als anderswo. Auch gemalt. Aber nicht Fußball gespielt. Ein Fußballspieler mag noch so unablässig dem Fortschritt dienen

Wiener Illustrierte 3.7.1954 (Wienbibliothek im Rathaus)

– in der Sekunde, in der er das Spielfeld betritt, bis zu der Sekunde, in der er es wieder verläßt, ist er ein Fußballspieler und sonst nichts, unterliegt er den Regeln des Fußballspiels und keinen andern. Nicht nur den Regeln unterliegt er, sondern, darüber hinaus, dem sozusagen inneren Gesetz, das dem Fußballspiel wie allen Mannschaftsspielen innewohnt und das gleichfalls für die Mannschaften der ganzen Welt verbindlich ist. Es ist das Gesetz, nach dem sie antreten. Mit Politik hat dieses Gesetz nichts zu tun. Nicht einmal in den Ländern des Fortschritts. Selbst dort tritt die Politik erst wieder in Erscheinung, wenn der Sieg errungen oder die Niederlage erlitten ist. Dann allerdings wird's wüst.

Die Berichterstattung der kommunistischen Presse Österreichs – oder, präziser ausgedrückt, der in Österreich erscheinenden kommunistischen Presse – über die Fußball-Weltmeisterschaften erfolgte weder aus sportlichen oder patriotischen Motiven, noch aus der üblichen Kombination dieser beiden. Daß auch Österreich an der Konkurrenz teilnahm, lag ihr stagelrot auf. Ihr Interesse konzentrierte sich von Anfang an auf die Ungarn als die voraussichtlichen Sieger und Weltmeister.

[...]

Die Fußball-Weltmeisterschaft und die kommunistische Berichterstattung nahmen ihren programmgemäßen Fortgang, und bis zum Semifinale war noch einzusehen, warum die kommunistische Presse hartnäckig von „Westdeutschland" sprach statt von „Deutschland". Offenkundig sollte der gute Name der ostdeutschen Sowjetrepublik (die an den Weltmeisterschaften nicht teilnahm) in keinerlei Mitleidenschaft gezogen werden, weder durch die unsportlichen Maßnahmen des deutschen Trainers, noch durch die nun wohl unweigerlich bevorstehenden Niederlagen der Mannschaft.

„Westdeutschland sieht sich schon im Finale" höhnte im Untertitel ihres Sport-Aufmachers die „Volksstimme" vom 25. Juni und wurde im Text noch deutlicher: *„Die Eingenommenheit vom eigenen Können ist umso erstaunlicher, da Westdeutschland über das Achtelfinale nur mit Ach und Krach durch ein Wiederholungsspiel hinweggekommen ist."*

Nämlich mit einem 7:2 gegen die Türkei. Und zumindest machten die Westdeutschen mit einem solchen Resultat dem deutschen Namen keine Schande mehr. Im Viertelfinale, mit ihrem 2:0-Sieg gegen die hochfavorisierten Jugoslawen, begannen sie ihm sogar Ehre zu machen. Und vollends als die Österreicher im Semifinale gegen Deutschland das katastrophalste Debakel seit Königgrätz erlitten und 6:1 geschlagen wurden; als die Westdeutschen, die sich am 25. Juni schon im Finale gesehen hatte, sich am 4. Juli tatsächlich im Finale sahen –: da hätte man im Lager des Fortschritts getrost ein wenig vorsichtiger werden dürfen und hätte von dem großherzigen Angebot der übrigen Welt, die westdeutschen Erfolge dem ganzen deutschen Volk zugute kommen zu lassen, vielleicht doch Gebrauch machen sollen. Man tat nichts dergleichen. I wo. Die Eingenommenheit vom eigenen Können, oder, genauer ausgedrückt, die Eingenommenheit der in Österreich erscheinenden kommunistischen Presse vom Können der im kommunistischen Ungarn fußballspielenden Fußballspieler, versah die Vorbesprechungen zum Finale mit balkendicken Überschriften wie:

**„Ungarn – Westdeutschland
um Weltmeistertitel.
Vor neuem Triumph der Ungarn"**

in der „Österreichischen Volksstimme" vom 4. Juli, oder:

**„Der Olympionike Ungarn
vor dem Weltmeisterschaftssieg"**

in der „Österreichischen Zeitung" vom selben Tag.

Forum 1954, I, 7–8, S. 16–18

Triumph und Tragödie – Weltmeisterschaft 1954

Die Sensation des Jahres!

Fußball-Weltmeisterschaft 1954

Oesterreich Drittbester der Welt

Der einzige **abendfüllende** authentische Tatsachenbericht bis zum dramatischen Finale

Der Film der das Kinopublikum der ganzen Welt begeistert

Der Film der auch Sie begeistern wird

Es sprechen: **Heribert Meisel** und **Herbert Zimmermann**

Uraufführung ab 9. August

Haydn VI.   **Tuchlauben I.**   **Kolosseum IX.**

Verlängerte Uraufführung ab 13. August täglich

Lustspieltheater II.

(Plakatsammlung Wienbibliothek im Rathaus)

Gerhard Hanappi – Legende und Mensch

Von Hardy Hanappi

Rapid oder Austria? Die Welt des Wiener Fußballs war stets bipolar. So verwundert es nicht, dass die überragenden Spielerpersönlichkeiten des österreichischen Fußballsportes seit Ende des Zweiten Weltkriegs der Austrianer Ernst Ocwirk und mein Vater, der Rapidler Gerhard Hanappi waren. Die international anerkannten Statistiken des Fußballsportes nennen für das 20. Jahrhunderts nur drei Namen bedeutender österreichischer Spieler: vor dem Krieg mit großem Vorsprung Sindelar, nach dem Krieg Hanappi und Ocwirk. Die Cordoba-Generation rangierte außerhalb Österreichs bereits knapp unterhalb der Wahrnehmungsschwelle, von der jüngsten Vergangenheit ganz zu schweigen. Schon in der kargen Sprache der Statistik wird damit der langfristige Niedergang des Wiener Fußballs sichtbar.

Glücklicherweise ist aber die Gewissheit des Niedergangs das Lebenselixier der Wiener – und so warten und hoffen die Fans weiter. Ein paar Erinnerungen an die Hintergründe eines Kultes, der mit der Wortschöpfung „Sankt Hanappi" eine für mich überraschende Renaissance erlebte, können da nicht schaden.

Der Höhepunkt des in vieler Hinsicht außergewöhnlichen Lebens meines Vaters lag wahrscheinlich in den frühen 50-er Jahren: Dritter Platz bei der WM 1954, Einberufung ins FIFA Team, der Fußballelf der Weltbesten, damit verbunden ein kometenhafter sozialer Aufstieg. Wahrscheinlich lässt sich sein Leben am lebendigsten schildern, wenn man mit dieser sozialen Seite beginnt.

Mein Vater kam aus armen Verhältnissen: Der Vater Bauspengler, die Mutter stirbt früh, als der Witwer kurz darauf eine neue Frau kennenlernt, sollen die beiden Buben aus erster Ehe ins Waisenhaus. Die Schwester der Mutter erbarmt sich und nimmt Gerhard in ihren Haushalt auf. Deren Mann ist ein fanatischer Fußballfan, der zweimal in seinem Leben einen Totozwölfer tippt und sich damit schließlich ein Haus in Hietzing kaufen kann. Der junge Gerhard ist fußballerisch immens begabt, ist mit dem Fetzenlaberl, mit dem er im Meidling der Nachkriegsjahre herumkickt, genauso fleißig wie in der Schule. Es wird ihm der Besuch der HTL in Mödling ermöglicht – und der Meidlinger Verein Wacker Wien entdeckt den klein gewachsenen, aber vor Energie und Ideenreichtum nur so sprühenden Blondschopf buchstäblich auf der Straße. In Mödling lernt er das Bauhandwerk von der Pike auf, am Fußballplatz gibt es für ihn bald keine ebenbürtigen Spieler mehr. Dass er trotz seiner schmächtigen Statur mit Einsatz und Spielwitz immer öfter zum Spielmacher wird, macht ihn zum Liebling des Publikums, die Leute lieben es, wenn die scheinbar Schwachen sich als die wahren Helden herausstellen.

Schon mit 17 Jahren kommt der erste Ruf ins Nationalteam – die Wiener Fußballwelt ist aufmerksam geworden. Und das in einer Zeit, als König Fußball gerade beginnt, die Welt zu regieren. Der Gerhard kann das Geld, das er bei gutem Spiel am Wochenende verdient, dringend brauchen – er finanziert sich seine Ausbildung damit. Er will, was er erlernt hat, weiterentwickeln, geht auf die Technische Hochschule, will Architekt werden. Den Wechsel von Wacker zu Rapid erlebt er schon als Star, die Fußballseele der Masse kocht, wenn der aufgehende Stern sich zu einem neuen Verein bekennt. Und Gerhard bekennt sich uneingeschränkt: Rapid, der Rekordmeister, muss es sein. Kein anderer Verein entspricht seinem Naturell so vollkommen: Teamgeist, Spielwitz, Kraft und Einsatz bis zur letzten Minute – dafür steht dieser Verein, dafür steht er. Wie oft habe ich seinen Spruch gehört: „Aufgebm tuat ma an Briaf!"

Der soziale Aufstieg ist unübersehbar. Es ist nicht weit vom Gemeindebau am Rosenhügel in Meidling in die Fasangartengasse in Hietzing. Ein paar hundert Meter nur über die Stranzenbergbrücke, unter der zu dieser Zeit noch Dampflokomotiven durchfahren. Doch sogar für mich, als fünfjähriges Kind, war dieser Umzug ein spürbarer Schritt in die nächsthöhere soziale Schicht. Gerhard Hanappi nimmt von den Welttourneen Rapids moderne Ideen für Bungalowbauweise nach Wien mit, baut einen ebensolchen Bungalow in den Obstgarten in der Fasangartengasse – ohne Stock und Keller aber mit Swimming Pool und Hollywoodschaukel. Ich bin zwar in alter Arbeitertradition auf den gleichen Vornamen wie mein Vater getauft, Gerhard, werde aber von Anfang an zur Unterscheidung als Hardy gerufen. Das Anglisieren gefällt mir. Die Autos beginnen sich zu ändern: nach dem Aufstieg innerhalb der Opel-Modelle (Rekord, Kapitän, Admiral) erfolgt der Sprung zu Ford Mustang, Chevrolet Impala und Triumph Spitfire – letzterer für die Frau. Bezugspunkt ist nicht mehr das Eisgeschäft in der Rosenhügelstrasse, sondern plötzlich das Café Dommayer in Hietzing. Doch abgesehen von solchen Symbolen gesellschaftlichen Aufstiegs bleibt Gerhard Hanappi bescheiden und fleißig, „neureich" gewiss – aber dieser abwertende Kampfbegriff der etablierten Hietzinger erreicht ihn nicht, fällt auf die zurück, die damit krampfhaft Überlegenheit signalisieren wollen. Gerhard sagt immer noch „der Butter" und „das Teller", liebt es, endlich eine Kleinfamilie um sich zu haben, liebt es aber zumindest ebenso, mit seiner Fußballerpartie unterwegs zu sein. In den 60-er Jahren ist der Aufstieg geschafft. Gerhard Hanappi tritt als prominentester Fußballer Österreichs in der Kampagne „Sportler für Kreisky" für die Wahl der SPÖ bei den Wahlen von 1970 ein – er ist zum Rollenmodell des Wiederaufstiegs eines modernen Österreichs geworden.

An diesem Punkt ist es an der Zeit, die politische Seite des Phänomens Gerhard Hanappi zu beleuchten. Selbst durch die Kulturrevolte der Sechziger sozialisiert und im Aufbegehren gegen die etablierten Sozialdemokraten habe ich ihn damals einmal gefragt, wie er sich denn politisch sehe. Er erzählte von seinen Kindheitserlebnissen, dem sich am Dachboden des Gemeindebaus Verstecken im Jahr 1934, der Flucht zu Verwandten in Kronstetten im Wienerwald, um nicht als Fünfzehnjähriger in Hitlers Volkssturm eingezogen zu werden. Davon, wie sie dann mit einem Leintuch an einer Besenstange dem heranrückenden Panzer der Befreier Frieden signalisieren wollten – und wie dieser dann auf sie schoss, weil es der letzte deutsche Panzer am Rückzug war. Sozialismus – das waren für ihn kleine Geschichten, bei denen er nie lange nachdenken musste, Selbstverständlichkeiten, die eher mit Teamgeist und Menschlichkeit zu tun hatten als mit politischen Programmen. In diesem Sinne war er beruflich „unpolitisch", baute für die Roten wie auch für die Schwarzen der omnipräsenten Sozialpartnergilde Wiens – Wohnhäuser und Tankstellen. Es ist beinahe ein wenig tragisch, dass es gerade er, der blonde und blauäugige jugendliche Sportlerheld war, den sich die unverbesserlichen, alten Nationalsozialisten des Nachkriegsösterreichs so sehr als Symbol ihres Wiederaufstiegs wünschten. Mein Vater war sich dieser Seite seiner ideologischen Benutzung, glaube ich, nicht bewusst. Aber wie viele andere Helden wurde auch er im Laufe seines Lebens immer schweigsamer, machte vieles mit sich selbst aus. Als er den Sport schon hinter sich hatte, begann er Arthur Schopenhauer zu lesen, fand Gefallen daran, sich als Agnostiker zu sehen. Zu seinem frühen Tod im August 1980 kamen die Wiener Sozialdemokraten, allen voran Bautenminister Sekanina. Er war für sie einer der ihren.[1]

Es passt gut in dieses Bild, dass er für die radikale Linke der späten Sechziger Jahre – konkret für mich zu dieser Zeit – wenig übrig hatte. „Wenn Du solche Ansichten hast, ist dieses Land zu klein für uns beide!", meinte er – und sobald ich die Matura hatte, zog ich aus. Doch nicht wegen eines Streits – er war immer ein sanfter und fairer Mensch – eher schon, um aus dem riesigen Schatten zu treten, den er warf. Von außen besehen sieht seine politische Vita auf den ersten Blick wie die Inkarnation der österreichischen Sozialdemokratie aus – Erfolg durch Anpassung und Biegsamkeit. Aber Vorsicht – bei ihm sind ganz außergewöhnliche Fähigkeiten im Spiel, er besitzt auch eine freundliche Beharrlichkeit, eine Bestimmtheit und Intuition, die in keiner Weise in die politische Arena Eingang gefunden haben. Der Vergleich hinkt wie die teuren Stürmerstars, die eine korrupte Funktionärsclique Rapids für teures Geld im Ausland einkaufte. Als er das aufdecken will – immer noch der geradlinige Rapidler der ersten Stunde – naht seine schwerste Stunde. Er wird aus dem Verein ausgeschlossen, eine Meute käuflicher Journalisten wird auf ihn losgelassen, die offiziellen Rapid Vertreter beginnen, ihn aus der Geschichte seines Clubs auszublenden. Bis heute nimmt er in den Annalen des Vereins einen unverhältnismäßig kleinen Platz ein – einzig der von der Gemeinde Wien an ihn vergebene Auftrag des Baus des Weststadions, das später seinen Namen tragen sollte, bleibt als Zeichen des größten Rapidlers der 2.Republik bestehen. Gekränkt und isoliert von seiner sportlichen Heimat zieht er sich in sein Privatleben zurück. War es für mich noch selbstverständlich in Rapids Jugendmannschaft zu spielen, so geht mein jüngerer Bruder – nach dem Eklat mit Rapid – bereits in die Jugendmannschaft der Austria. Die WM 1974 sieht Gerhard Hanappi mit mäßigem Interesse im familiären Kreis daheim am Fernseher. Nicht zuletzt seine inzwischen rasch fortschreitende Erkrankung – ein Ohrspeicheldrüsentumor zerfrisst ihm die Speiseröhre und nach und nach eine ganze Gesichtshälfte – macht aus ihm einen sehr einsamen Menschen. Er erträgt das alles heldenhaft, ist niemals wehleidig, versucht alle Belastung von seiner Familie fernzuhalten. Auch die Geburt seines ersten Enkels erlebt er gerade noch – auch er wird später bei den Austria Knaben zu spielen anfangen – drei Monate später stirbt Gerhard Hanappi.

Der Mensch Gerhard Hanappi erlebte eine wahrhaft dramatisch zwiespältige Entwicklung. Auf der einen Seite ein unerhörter Aufschwung vom Meidlinger Halbwaisen zum Liebling einer ganzen Nation. In meinen frühesten Erinnerungen sehe ich die Menschentrauben von begeisterten Fans, die über den Opel Rekord herfallen, in dem meine Mutter ihren Gerhard beim hinteren Spielereingang der Pfarrwiese abgeholt hatte. Unzählige Hände strecken Fanbild und Bleistift entgegen, um eine Unterschrift zu ergattern, suchen ein um einen Spalt geöffnetes Autofenster, um ihm das Bild ins Auto geben zu können. Ganz langsam und vorsichtig steuert meine Mutter den Wagen aus der Menschenmasse. Politiker und Filmschauspielerinnen reißen sich darum, mit ihm ins Bild zu kommen – von Waltraud Haas bis Heinz Conrads. Lateinamerikanische und italienische Clubs bieten für die damalige Zeit unglaublich hohe Summen, um ihn zu engagieren, er kann sich Dinge leisten, von denen ihm an seiner Wiege nicht gesungen ward. Das ist die eine Seite, das Heldenepos sozusagen. Die andere Seite ist die schwere Krankheit, an der er insgeheim sein Leben lang laboriert und schließlich stirbt. Wie er einmal erzählt, dürfte er sie schon als Windelkind eingefangen haben – als seine Eltern ihn bei einem Zimmerbrand zu spät aus einem raucherfüllten Raum geholt haben. Ohrspeicheldrüsenkrebs gab es ansonsten eher bei den Arbeitern im Kohlebergbau im Ruhrgebiet – die Kohlepartikel im Rauch wären eine Erklärung. Aus der Geschichte spricht aber auch Verbitterung über die Lieblosigkeit seiner Eltern. Die erste Operation des Tumors erfolgt in aller Heimlichkeit, als er noch in den zwanziger Jahren ist. Sie ist billig, rasch und schlampig – der Held muss rasch auf die Bühne zurück. Reste des Geschwürs bleiben zurück, von da an wiederholt sich das alle sieben oder acht Jahre. Neuer Arzt, etwas teurere Behandlung, Warten, Hoffen, Enttäuschung, als das Weiterwuchern entdeckt wird. Es wird ihm versichert, es handle sich um eine gutartige Form von Krebs, doch was nützt das, wenn er durch seine ständig zunehmende Größe auf lebenswichtige Nervenstränge drückt. Es wird zur Qual – nicht zuletzt weil das Gesicht des attraktiven Frauenschwarms der Nachkriegsjahre durch die Operationen immer mehr zerstört wird. Es ist herzzerbrechend, das mitzuerleben. Er will kein Mitleid – bis zuletzt zwingt er sich zu Disziplin und Arbeit in seinem Architekturbüro. Ein weiterer Grund sich zurückzuziehen, der Freundeskreis ist nach dem Eklat mit Rapid ohnehin rasch geschrumpft. Dennoch habe ich ihn nie verbittert erlebt, vielleicht das eine oder andere Mal ein Achterl Wein mehr als früher – aber niemals Selbstmitleid, keine Verzweiflung, immer den Blick nach vorne gerichtet. So beherrscht, dass es manchmal fast kühl wirkte. Kühl und freundlich.

Seine Frau, meine Mutter, führte im Gegensatz dazu ein strenges Regime. Sie stand zu ihm, fünfundzwanzig Jahre über seinen Tod hinaus. Ob das gesund ist? Sie erledigte die Kindererziehung mit harter Hand und versuchte sich als Kärntnerin in Wien zu behaupten. Ich war das Produkt einer richtigen Liebesgeschichte: Gerhard war 1950 mit der Mannschaft am Weg in die Steiermark und musste an der Zonengrenze am Semmering den Mannschaftsbus verlassen. Meine Mutter war gerade am Weg von Klagenfurt nach Wien, um am Reinhardt-Seminar ein Studium zu beginnen – auch sie musste am Semmering aussteigen. Der Semmering war schließlich die Grenze zwischen russischer und englischer Besatzungszone. Mein Vater sprach sie an und war erstaunt, dass sie ihn nicht als den berühmtesten Fußballstar Österreichs erkannte. Sie verliebten sich und ein Jahr später erblickte ich das Licht der Welt. Wien und die Fußballerpartien, das war für meine Mutter immer feindlicher Boden – auch umgekehrt hatten die Fußballspezies nur selten Freude an der nach Bildungsbürgertum strebenden Schönheit vom Lande. Fußballerbräute sahen anders aus – und eine von ihnen hatte sich den Gerhard schon reserviert, als meine Mutter auf der Bildfläche erschien. Die große Liebe zwischen dem 21-jährigen Wiener und der 20-jährigen Kärntnerin ließ der aber keine Chance, die schon versprochene Heirat wurde storniert. Und die angehende Schauspielelevin Waltraud Strohmaier aus Klagenfurt zog nach Wien, nannte sich dem Zug der Zeit folgend bald Susi Hanappi und bot ihrem Gerhard das familiäre Glück, das ihm als Kind so gefehlt hatte. Draußen, in der wilden Fußballwelt, lebte er weiter als organischer Teil des Milieus, in dem er groß geworden war, aber er hatte daheim nun eine zweite Welt, in die er sich bei Bedarf zurückziehen konnte. Als die Krankheit ihm die erste Welt langsam raubte, wurde dieses Refugium immer wichtiger. Die rigide Weise, in der Haushalt und Kleinfamilie von der Frau zusammengehalten wurden, ermöglicht es Gerhard, die Rolle eines permissiven, ganz und gar nicht autoritären Vaters zu leben.

Nach außen hin, in Richtung Öffentlichkeit, ist er der Star, gefällt dem Publikum auch dadurch, dass er ein Universitätsstudium absolviert. Anders als heute war die Option, sich dem Publikum als prinzipiell etwas beschränkter – aber nichtsdestotrotz drollig origineller – Sportler zu verkaufen, keine mögliche Imagestrategie. Ein Diplomingenieur oder Doktor als Fußballer war schlicht und einfach eine Kuriosität, ein Gegenstand, der Neugier erweckte. Wie konnte das passieren, fragte man Kicker wie den ungarischen Linksaußen Dr. Fenyvesi oder meinen Vater. Noch dazu ein Architekt, ein Techniker – allein schon die Doppelbedeutung dieses Wortes in den Ohren von Fußballfans. Jemand, der mit dem Ball etwas anfangen konnte – „Leichtathleten raus!", hieß es damals noch, wenn ein Spieler zwar körperlich topfit aber ohne Spielwitz und Technik war. Gerhard Hanappi übererfüllte die Erwartungen, die das Publikum in seine Ausnahmeerscheinung setzte. Kein anderer stand so stramm und schaute so fest geradeaus, wenn die Bundeshymne zu Beginn des Länderspiels erklang, kein anderer schaffte es, seine ganze Fußballerkarriere lang nicht einmal ausgeschlossen zu werden.

Auch für den Menschen Gerhard Hanappi sind es vor allem zwei Tugenden, die ihn das Auseinanderklaffen der nur leicht zeitversetzten Parallelität von Aufstieg und Niedergang ertragen lassen: Tapferkeit und Bescheidenheit. Zugegeben, das klingt einigermaßen nach germanischem Heldenepos. Um aber einen lebendigen Menschen, einen zwischendurch auch schlauen Taktierer, kurz einen Kicker von Weltformat zu erfassen, braucht es eine dritte Eigenschaft, die im germanischen Tugendkanon nicht zu finden ist: unbändige Lebenslust. Es ist dieser Schuss von Verantwortung übernehmender Verantwortungslosigkeit, dieses innovative Überschäumen, das aus einem guten Spieler, dem alle gerne auf die Schulter klopfen, eine überragende Spielerpersönlichkeit macht. Auch im privaten Leben hatte Gerhard Hanappi diese Seite, konnte der „Kren auf an Schmäh" sein – wie es im Wienerischen heißt. Meine schönsten Erinnerungen an das Leben meiner Eltern sind mit solchen lockeren, gelösten Heurigenabenden nach dem Match verbunden – wenn die Spannung abgefallen war und ein paar befreundete Familien noch ein wenig feierten. Ausgiebiger muss er diese Seite wohl im Kreis seiner Spielerkollegen gelebt haben, unsichtbar für uns. Das offizielle Ehepaar Hanappi sah für die Presse viel zu oft wie eine nachgespielte Szene aus Casablanca aus – und nie nach Lebenslust.

Die Legende, die aus all den Projektionen, die Gerhard Hanappi inspirierte, entstand, war für eine ganze Generation von Fußballfans prägend – ja sogar Menschen, die sonst gar nichts mit Fußball verband, nahmen sie wahr. In diesem Sinne ist das konkrete Leben meines Vaters – wie es in den Erinnerungen derer, die direkt mit ihm in Kontakt standen, weiterlebt – viel flüchtiger in seiner Erscheinung als die Legende. Ach ja, und da gibt es ja noch das Stadion – Sankt Hanappi – das letztlich zur sportlichen Seite des Lebens des Gerhard Hanappi führt.

Wenige Leute würden sagen, dass Hanappi ein großer Architekt war. Architekten – das sind in der Vorstellung der meisten Menschen Künstlernaturen, die mit ästhetischem Gefühl und lebensformenden Aspirationen Großes schaffen, aus lebloser Materie (Mörtel, Ziegel, Stahl und Ähnlichem) Formen entstehen lassen, die den Betrachter beeindrucken. Absolventen einer HTL sind in der Regel keine solchen Menschen – ich muss es wissen, ich habe drei Jahre lang Architektur und Bauingenieurwesen an der TU Wien studiert. Als technischer Zeichner im Büro meines Vaters habe ich die nüchterne Realität hautnah erlebt: Für den Durchschnittsarchitekten – auch für einen guten Durchschnittsarchitekten wie meinen Vater – ist das Wissen über das Baugeschäft, wie mit den meistens recht beschränkten finanziellen Mitteln des Bauherrn ein akzeptables Bauwerk hingestellt werden kann, alles was gefragt ist. Der Auftrag, das Weststadion zu bauen, war dann aber plötzlich eine neue Dimension. Gerhard Hanappi nahm diese Herausforderung ernst, er fuhr extra nach England, um sich die dortigen Stadien noch einmal mit Architektenaugen anzusehen. Sein Stadion sollte mit steilen Tribünen eine ähnlich dichte Atmosphäre wie englische Kampfstätten ermöglichen. Entwurf und Baufortschritt beschäftigten ihn ständig. Ich erinnere mich noch an das Zeichnen der vielen Sitze – von EDV war damals in der Architektur noch keine Rede. Mein Vater war stolz auf sein Stadion, die neue Heimat für seinen Verein, für Rapid.

Allen, die mit Rapid so verbunden waren wie wir tat es natürlich leid, dass es die alte Pfarrwiese nicht mehr gab. Der alte sanfte Buckel des Feldes, die gratis Zuschauenden aus den Gemeindebaufenstern dahinter. Da wehte der Rapidgeist, vertraut und für die jeweilige Gästemannschaft vor allem in der letzten Viertelstunde hart und scharf. Die Rapidviertelstunde (für Laien: die letzten 15 Minuten vor Spielende) wurde von uns Zuschauern regelmäßig eingeklatscht, ob aus Triumph, weil Rapid ohnehin führte, oder als Ansporn, um ein Match noch umzudrehen. „Rapid", so lehrten mich als Kind die Erwachsenen, die Rapidspieler, nach dem Match beim gemeinsamen Heurigen,

„Rapid, das ist kein Fußballclub. Rapid – das ist eine Philosophie!". Ich wusste damals nicht so recht, was eine Philosophie ist, aber ich deutete dieses Gemeinschaftsgefühl, das Wochenende für Wochenende mit der Rapid meine Kindheit prägte, instinktiv richtig: Philosophie ist Rapidgeist. Es ist immer ein wenig unpassend über Fußball zu schreiben statt ihn zu praktizieren (Fußballer und ihre Fans sind in der Regel auch alles andere als Leseratten), aber: Das Gefühl, als Mannschaft zu harmonieren, dieses Vertrauen und Selbstvertrauen zu wissen, wie lange man selber geht, wann und wohin man abgibt, zu wissen, was jeder einzelne andere gerade tut, dass man sich auf sich als Mannschaft verlassen kann – all das ist für den Spieler tatsächlich ein großartiges Gefühl, eine Stimmungslage so stark und intensiv, dass sie auf die Fans überspringt und von diesen verstärkt an ihre Mannschaft zurückgegeben wird. Was aber für Rapid so speziell war, das war der unbeugsame Wille, als Mannschaft zu gewinnen. Gewiss, es gab auch bei Rapid herausragende Einzelpersönlichkeiten – Gerhard Hanappi war eine von ihnen – doch für jeden dieser Stars war es selbstverständlich, dass er seine Leistung in den Dienst der gemeinsamen Sache stellte, sich dieser unterordnete. Das machte die Mannschaft so stark, das war es, was sie immer schon stark gemacht hatte und sie zum Rekordmeister Österreichs hatte werden lassen. Das war es auch, was meinen Vater an dieser Gemeinschaft so faszinierte, was ihn dann so tief enttäuschte, als eine kleine Funktionärsclique diesen Rapidgeist über die Klinge springen ließ. Doch so leicht ist das Phänomen Rapid nicht umzubringen. Gerade in dieser Saison 2007–2008 beginnt der Rapidgeist wieder aufzuflackern, es sind das nicht nur die einzelnen Spieler, nicht nur die Magie, die zwischen ihrem Zusammenspiel und der Begeisterung ihrer Anhänger aufblitzt. Es ist ein wenig neuer Mut, der aus den Ruinen der nationalen Fußballkatastrophen der letzten zehn Jahre zart sich zu erheben wagt.

Mit Trainern hat das alles erstaunlich wenig zu tun – auch das ist eine Lehre, die ich meinem Vater verdanke. Die Figur des Trainers, seine tragende Rolle, ist eine Erfindung der Medien – eine recht kostspielige Erfindung so nebenbei gesagt. Der beste Zeuge dafür ist der Ahnherr aller modernen Trainer, „Aschyl" Ernst Happel – der gerne „Weltmeister" gerufen wurde. Der Selbstzynismus dieses größten Kabarettisten der Fußballplätze seiner aktiven Zeit ist schon an diesen Namensspielen offenkundig. Hätte er das berühmte Bonmot von Karl Kraus gekannt – „Die Psychoanalyse ist die Krankheit, für deren Therapie sie sich hält" – er hätte es paraphrasiert: Der Trainer ist der Knopf im Hirn der Spieler, den diese loswerden müssen. Um dann natürlich selber Trainer zu werden – siehe Zynismus. Vielleicht hat er Kraus ja gekannt – beim Heurigen hat er das aber nie erwähnt. Wichtiger als alle Trainer ist breite Förderung der Nachwuchskicker, auch das lehrt das Leben meines Vaters. Und diese Förderung muss quer durch alle sozialen Klassen, quer durch alle Immigrationshintergründe erfolgen. Das Schlimmste, das Rapid widerfahren könnte, wäre, wenn seine Anhängerschaft von einer kleinen Gruppe politisch Rechtsradikaler ins deutschnationale Eck gedrängt werden würde. Versuche dazu gab es, sonst wäre diese Bemerkung überflüssig. Faktum ist, dass der Verein – wenn man so will, der historisch beobachtbare Rapidgeist – immer von der

Fähigkeit zur Integration gelebt hat. Uridil, Bican, Hanappi – nicht besonders deutsche Namen.[2]

Im Sinne dieses Vorrangs der Mannschaft vor dem Einzelnen ist es gar nicht so wichtig, auf die vielen Rekorde hinzuweisen, die Gerhard Hanappi mit seinen sportlichen Leistungen aufgestellt hat: fünfundfünfzigmal ohne Unterbrechung hintereinander ins Nationalteam berufen; niemals ausgeschlossen; die vielen Meistertitel mit Rapid; bezogen auf die in seiner aktiven Zeit stattgefundenen Nationalspiele wahrscheinlich immer noch Österreichs Rekordinternationaler. Wer das ganz genau wissen will, der hat das sportliche Testament des Gerhard Hanappi nicht ganz verstanden: Es geht um das Team und um das Spiel dieses Teams.

Es ist zu erwarten, dass das nach ihm benannte Stadion noch viele bewegende Spiele einer sich immer wieder neu erfindenden Rapidelf sehen wird. Der Wiener Fußball – so ist zu hoffen – ist nicht tot. Auch wenn er (wie der Jazz) momentan manchmal merkwürdig riecht, so wird sich doch auch noch in Zukunft für jeden und jede, die sich von diesem Sport infizieren lässt, die Frage aller Fragen stellen – Rapid oder Austria? Mein Tip: Rapid.

---

1 Die erste Anstellung nach seinem Hochschulabschluss fand er im Rathaus bei der Gemeinde Wien.

2 Der Name Hanappi ist finnisch-ugrisch. Mein Vater behauptete einmal, er stamme von ungarischen Freiherren ab.

(Plakatsammlung Wienbibliothek im Rathaus)

Das Ende der Wiener Schule

„Vereinsfanatismus hat die Urkraft einer Lawine, deren Gewalt von winzigen Lächerlichkeiten, von Zufällen ausgelöst werden kann. Vereinsfanatismus macht in Wien aus milden Familienvätern Monumente der Intoleranz, aus freundlichen Blindschleichen unberechenbare Giftschlangen, aus biederen Rechtsanwälten Kidnapper der Sportmoral, aus harten Politikern zitternde Idealisten. Fußball übt demnach in dieser Stadt eine zersetzende, festigende, demoralisierende und charakterstärkende Wirkung aus. Er ist Aktion und Reaktion, Anruf und Widerspruch zugleich, eine außergewöhnliche menschliche Komponente im Leben des Wiener Menschen. Und es erhebt sich beinahe die Frage: Wie leben eigentlich Menschen, die Fußball nicht kennen?"

Kurt Jeschko

(Plakatsammlung Wienbibliothek im Rathaus)

Das Ende der Wiener Schule

Rapid erzwingt ein drittes Spiel gegen Real-Madrid

Rapid – Real-Madrid 3:1 (3:0) – Happel erzielte den Hattrick – Die Spanier 83 Minuten mit nur zehn Mann. Den Hütteldorfern wurde ein Treffer wegen angeblichen Abseits nicht anerkannt – Die Wiener über lange Strecken die klar bessere Mannschaft – Eindeutiger Sieg der Wiener gegen den Europacup-Verteidiger

Veranstaltungen im Prater sind meistens Volksfeste, und das erste Nachtspiel im Wiener Stadion war ein ganz besonderes, bei dem man dabei gewesen sein muß. Schon vor 18 Uhr ergoß sich ein unermeßlicher Strom von Kraftfahrzeugen in Richtung Prater, und Ring sowie Lastenstraßen konnte zeitweise nur im Schrittempo befahren werden. Schon lange vor Beginn waren die Parkplätze überfüllt, und die Autos stauten sich fast bis zur Rotundenbrücke und zum Konstantinhügel. Im Stadion spielte die Polizeikapelle flotte Weisen, und dann steigen die ersten Leuchtkugeln in die Luft. Das Feuerwerk begann, und die Raketen schossen westwärts über das Stadion, und mancher seufzte, wenn die Rapidler nachher auch so schießen würden.

Kaum sind die letzten Leuchtkörper erloschen, flammte zum erstenmal das Licht im Stadion auf. Hunderte Scheinwerfer ergossen ihr Licht auf den grünen Rasen, und die Menge vergaß über dieses optische Schauspiel sogar auf den gebührenden Applaus. Auf der Ehrentribüne sah man Nationalratspräsident Hurdes, Bürgermeister Jonas, der Hausherr des Stadions, mit den Vizebürgermeistern Honay und Weinberger.

Knapp vor 19:30 Uhr liefen die Mannschaften unter dem begeisterten Jubel der Zuschauer auf das Feld. Die Begrüßungszeremonie war kurz, und dann pfiff der französische Schiedsrichter Guigue das Spiel an. Die Hütteldorfer überraschten vor allem in der ersten Hälfte mit einer prächtigen Mannschaftsleistung. Obwohl sie aus der Kombination keinen Treffer erzielten, waren sie doch stets sehr gefährlich. Zahlreiche Chancen konnten nur durch Regelverstöße der Spanier vereitelt werden; die aus den dafür verhängten zwei Freistößen und einem Elfer resultierenden Treffer Rapids entsprechen durchaus den Kräfteverhältnissen.

Mann des Tages war der dreifache Torschütze Happel, der seiner Aufgabe als Stopper hervorragend gerecht wurde und seine Klasse als Freistoßspezialist bestätigte. Torhüter Zeman wurde nicht sehr oft beschäftigt und zeigte sich bei den wenigen Flankenbällen, die er zu fangen hatte, als sehr sicher.

[…]

Das erste Torgeschrei gibt es in der 14. Minute. Hanappi hat an Körner I vorgelegt und dessen Flanke köpft Riegler ein. Schiedsrichter Guigue anerkennt den Treffer wegen Abseits nicht an. Gleich darauf kommt es zu einem ergebnislosen Doppelkorner gegen Real. In der 19. Minute verhängt der Schiedsrichter einen Freistoß gegen die Spanier. Happel schießt aus 25 Meter Entfernung prachtvoll ein.

Neues Österreich, 15. 11. 1956, S. 6

Gerhard Hanappi, einer der letzten klassischen „Fetzenlaberl"-Kicker des Landes (Privatsammlung Hanappi)

Das Ende der Wiener Schule

Das Fetzenlaberl ist tot!

Versagt die Schule? — Die Angst vor dem „verrohenden" Fußball beherrscht immer noch den Turnunterricht — Es fehlt am Nachwuchs

Das „Fetzenlaberl" ist tot. Durch die Vorstadtstraßen, wo einst die dramatischen „Gassenmatches" tobten, rollt pausenlos der Autoverkehr. Aber sie wären wahrscheinlich auch sonst verwaist von „kickenden" Buben. Ebenso wie die „Wieserln" draußen verlassen sind. Die Buben von heute spielen nicht mehr Fußball. Nur ein verschwindender Bruchteil von ihnen hat sich die Liebe zum „runden Leder" von den Generationen vor ihnen abgeguckt. Es gibt kaum mehr die Gassen- und die Klassenmatches. Kein Bubenschuh zerstampft das üppig wuchernde Unkraut auf der Wiese hinter der „Planken", wo einst abgetretene „Glatzen" die Torräume angezeigt hatten.

Warum das so ist? Die Fachleute haben versucht, sich einen Reim darauf zu machen. Sie haben eine Lösung unschwer gefunden: Vor allem ist der soziale Aufschwung daran „schuld", daß die Fußballbegeisterung nachließ. Die Konjunktur, die Tatsache, daß der Wohlstand gewachsen ist, hat das „Fetzenlaberl" umgebracht. — Ja es wird von manchen sogar die Ansicht vertreten, daß nur eine „ordentliche Wirtschaftskrise" zu kommen braucht, um mit einem Schlag wieder Aufschwung im Fußballsport zu bringen. Und man führt die Krise der dreißiger Jahre an, die das berühmte „Wunderteam" geboren hatte.

Früher war das Fußballspielen wirklich oft das einzige Vergnügen, das sich ein Vorstadtbub – oder sogar ein Erwachsener vergönnen konnte. Mit knurrendem Magen und zerrissenen Schuhen – meist aber überhaupt „bloßhappert" – ging es hinaus auf die Straße oder auf die Wiese. Die Schultasche flog in irgend eine Ecke. Da gab es kein Geld für Zuckerln oder Schokolade, das Kino kannten sie nur vom Hörensagen – ein richtiger Fußball oder gar ein Fahrrad waren unerreichbare Träume. Aber das Fußballspielen konnte sich jeder leisten, ohne Schuhe, mit dem „Fetzenlaberl". Man konnte es sogar zu einer wahren Perfektion bringen – das merkten die „Goldgräber", die so halb verhungerte Buben vom „Wieserl" wegholten und in ihre Mannschaften steckten. Sie kannten und konnten jeden „Schmäh", hatten den Großen alles abgeguckt.

Heute ist das anders. Die Buben haben Schuhe, meistens recht schöne. Geflickte Kleider, wie damals, gibt es kaum mehr – und wenn schon die Mutter nicht die mahnende Stimme erhebt, der „junge Herr" achtet schon selbst peinlich auf sein Äußeres. In einem Alter, wo wir außer der „Kurzen", einem Rollkragenpullover und im Sommer einem Ruderleiberl wenig Kleidungsstücke kannten, kommen unsere Herren Söhne schon mit langen „Röhrlhose", mit der Krawatte und sorgsam frisiertem Haupt daher. In diesem Aufzug denkt niemand ans Fußballspielen. Sie haben ihr Taschengeld, ihr Fahrrad, sie haben kleine „Hobbys". Dazu gehört manchmal auch das Fußballspiel. Aber es ist bei ihnen meist eine halbe Sache. Sie gehen auch zu den Fußballklubs, um in den Jungmannschaften aufgenommen zu werden; nur haben die Vereinstrainer selten Freude an ihnen.

„Früher holten wir sie als fertige Fußballer zu uns, die schon alles konnten. Heute kommen sie zum Klub, vom Vater an der Hand geführt, und müssen erst die Anfangsgründe des Fußballs erlernen. Kaum sind sie halbwegs geschult, wollen sie auch schon berühmt werden und Geld verdienen. Die Begeisterung, die es zu unserer Zeit gab, fehlt heute." Das sagt Poldl Hofmann, Ex-Wunderteamspieler, langjähriger Trainer und derzeit Nachwuchsbetreuer der Meidlinger Wacker-Buben. Er trauert dem „Fetzenlaberl" am meisten nach.

Die Fußballbuben von früher marschierten zu Fuß durch ganz Wien, um etwa aus Favoriten zu einem Match in Döbling zu gelangen, oder aus Hütteldorf zum Spiel in Floridsdorf. Sie kletterten über Planken oder krochen durch Zaunlücken, nur um mit dabei zu sein – weil sie kein Geld hatten, nicht einmal die 40 Groschen, die eine Kinderkarte kostete. Die jungen Herren von heute fahren mit der Tramway, mit dem Radl oder gar mit dem Moped zum Match.

Walter Schwarz

Kurier, 4. 7. 1959, Wochenendbeilage

(Plakatsammlung Wienbibliothek im Rathaus)

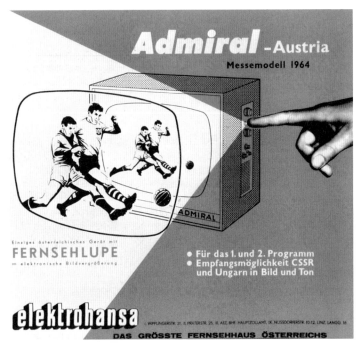

(Plakatsammlung Wienbibliothek im Rathaus)

Das Ende der Wiener Schule

Fünf nach zwölf im Fußballsport

Eine kritische Betrachtung von Walter Schwarz

Ein Jahr später, 1955, begann der Ausverkauf unserer Fußballer. Ocwirk ging ins Ausland, zu Sampdoria nach Genua, obwohl er mit einigem guten Willen und mit einigem Weitblick zu halten gewesen wäre. Kurz darauf verlor die Austria das Rückgrat ihrer Mannschaft, die Spieler Melchior, Stojaspal, Kominek und Aurednik, an französische Spitzenmannschaften und gab Rapid seine zwei besten Spieler ebenfalls ans Ausland ab: Erich Probst ging nach Deutschland, Ernst Happel nach Frankreich. Mit diesem Ausverkauf begann ein sportlicher Abstieg ohnegleichen, mit diesem Verlust jener Modellfußballer, die den schwächeren Spielern immer wieder ein Ansporn und den jüngeren Spielern immer wieder ein Vorbild waren, begann Österreichs Wanderschaft in die internationale Fußballprovinz.

[…]

Kurier, 28. 5. 1960, Weekend-Kurier S. 13

Oesterreichs ‚Njet' zur Fußball-WM

Der Oesterreichische Fußballbund hat es abgelehnt, an der Fußballweltmeisterschaft 1962 in Chile teilzunehmen

Schon vor einigen Monaten hat sich der Oesterreichische Fußballbund auf höchster Ebene mit der Frage befaßt, ob die österreichische Fußballnationalmannschaft für die nächste Weltmeisterschaft 1962 in Chile nennen soll oder nicht. Das Ergebnis ist bekannt: der Oesterreichische Fußballbund hat es abgelehnt, an der Fußballweltmeisterschaft in Südamerika teilzunehmen. Man vertritt in der Mariahilfer Straße die Ansicht, daß in einem Weltmeisterschaftsjahr die nötigen Vorbereitungen einer Nationalmannschaft so viel Zeit in Anspruch nehmen, daß der Meisterschaftsbetrieb darunter empfindlich leiden müßte. Die Termine müßten also wieder zusammengedrängt werden.

Dazu käme, falls eine Qualifizierung in die europäischen Ausscheidungsrunden erreicht würde, daß die Mannschaft schon lange vor Beginn der WM-Spiele in Südamerika eintreffen müßte, um genügend Zeit zur Akklimatisierung zu haben. Da ein großer Teil der österreichischen Fußballer neben dem Fußballspiel noch einen bürgerlichen Beruf ausübt, würden sich nach Meinung der OeFB-Gewaltigen ohne Zweifel auch Urlaubsschwierigkeiten ergeben. Und zu guter Letzt darf nicht außer acht gelassen werden, daß eine Expedition nach Südamerika viel Geld verschlingen würde. Man könnte keinesfalls mit elf oder zwölf Spielern das Auslangen finden, sondern müßte zwei komplette Teams mit auf die Reise nehmen. Auf Grund dieser Schwierigkeiten und auf Grund der gemachten Erfahrungen, daß für europäische Teams in Südamerika nicht allzuviel zu holen sein wird, hat der OeFB sich zu dem schwerwiegenden Entschluß aufgerafft, der nächsten Fußballweltmeisterschaft fernzubleiben.

Ing. Edi Finger

Sport und Toto, 1. 2. 1959, S. 1

Legionäre im heimischen Fußball – Norbert Lopper und Ernst Ocwirk empfangen den ebenso beliebten wie begabten „Murli" Jacare (Privatsammlung Lopper)

Große Aufregung um Spielabbruch beim Spiel der Austria gegen den von Max Merkel trainierten 1. FC Nürnberg – 2. von links Torhüter Szanwald; wie immer im Mittelpunkt: Max Merkel (Privatsammlung Lopper)

Das Ende der Wiener Schule

Das erfolgreichste Länderspieljahr seit 1954
Die Siege über Schottland, Rußland, Spanien und Italien bedeuten einen wirklichen Fortschritt

Österreichs Fußball ist international nur zweitrangig, schrieben wir vor einem Jahr, anläßlich der Länderspielbilanz 1959. Nun, ein Jahr später dürfen wir uns korrigieren: Nach den Siegen über Schottland, Rußland, Spanien und Italien zählt Österreich zumindest zahlenmäßig wieder zur ersten Serie im europäischen Fußball. Die Länderspielbilanz des zu Ende gehenden Jahres ist noch besser, als es die nüchternen Zahlen von fünf Siegen, drei Niederlagen und 16:14 Toren ausdrücken. Sieht man von Norwegen ab, dann waren ausschließlich Teams der ersten Serie die Gegner unserer Nationalmannschaft. Alles in allem: Seit dem dritten Platz bei der Weltmeisterschaft 1954 sind dem österreichischen Fußball nicht mehr solche Erfolge beschieden gewesen.

Den Rückschlag überwunden

Erstaunlich ist vor allem die Art, wie Österreichs Team die Krise am Beginn des Jahres überwand. Die Schlappen gegen Frankreich und die Tschechoslowakei bedeuteten bereits die dritte und vierte Niederlage in ununterbrochener Reihenfolge, und nichts schien auf eine Besserung hinzudeuten. Daß sich die Nationalelf dennoch wieder fand, ist vor allem ein Verdienst des Teambetreuers Decker, der in schwieriger Lage die richtigen Maßnahmen traf, und der Routiniers Hanappi, Koller, Stotz und Schmied. Diese vier bilden nun schon seit fast zehn Jahren das Rückgrat des Teams, und sie werden es trotz ihrem Alter – jeder von ihnen ist weit über dreißig Jahre – voraussichtlich auch in den kommenden Länderspielen sein.

Hanappi und Hof waren im abgelaufenen Jahr mit je sieben Länderspielen die fleißigsten Teamspieler, Hanappi ist darüber hinaus mit 85 Länderkämpfen der Rekordinternationale unter den österreichischen Teamfußballern.
[…]

Arbeiterzeitung, 14. 12. 1960, S. 12

Karl Decker, vom Teamspieler (hier mit Bundeskanzler Figl) zum Coach des zweiten „Wunderteams" am Beginn der 1960er Jahre (Wiberal – Photoarchiv der AZ)

Football Association International
ENGLAND v AUSTRIA

Wednesday, October 20th 1965
Kick-off 7·45 p.m.
EMPIRE STADIUM
WEMBLEY

OFFICIAL PROGRAMME

Offizielles Programmheft zum Treffen Österreich – England, Wembleystadion 20.10.1965 (Privatsammlung Horak)

Das Ende der Wiener Schule

Perfekte Fußballsensation in London
Österreich besiegte England 3:2 (0:1) — Fritsch schoß zwei Tore, Flögel erzielte einen Treffer — Torhüter Fraydl "Vater" des Sieges / Von Hans Novak

Die österreichische Fußball-Nationalmannschaft wartete gestern vor 58.000 Zuschauern im Londoner Wembleystadion mit einer perfekten Sensation auf: Unser junges Team, das als krasser Außenseiter gegen England auf das Feld gelaufen war, zeigte vor den Gastgebern keinerlei Respekt und landete nach einem rassigen Kampf einen durchaus verdienten 3:2 (0:1)-Erfolg. Dabei hatte das Match für die Österreicher schon gar nicht erfreulich begonnen, denn bereits nach der dritten Minute führten die Gastgeber 1:0.

Der „Vater" des Sieges war Torhüter Fraydl, der eine Unzahl von gefährlichen Schüssen unschädlich machte. Der englische Angriff hatte zwar eine Reihe von Torchancen herausarbeiten können doch wurden sämtliche (bis auf zwei) vergeben. Dabei zeichnete sich insbesondere „Star" Greaves aus.

[...]

Das Match begann mit einem Knalleffekt: Schon in der 3. Minute hieß es für die Gastgeber durch Bobby Charlton, auf den unsere Hintermannschaft „vergessen" hatte, 1:0.

Die Österreicher ließen sich aber nicht entmutigen und arbeiteten eine Reihe von guten Chancen heraus. Buzek, Ludescher, Flögel und Macek konnten jedoch Springett nicht bezwingen. Auf der anderen Seite mußte Fraydl vor Greaves retten und Sara in der 30. Minute auf der Linie abwehren. Frank wurde in der 30. Minute angeschlagen und durch Dirnberger ersetzt. In der 24. Minute hätte es beinahe ein Eigentor der Briten gegeben, doch Springett konnte den Ball noch über die Latte drehen.

Acht Minuten nach Wiederbeginn hieß es dann durch Flögel 1:1. Aber schon sechs Minuten nachher stellte Connelly nach einem Verteidigungsfehler auf 2:1. Die nächste Viertelstunde stand im Zeichen der Briten, doch Fraydl verhinderte weitere Torerfolge.

In der 73. und 82. Minute schuf Fritsch mit zwei schönen Toren die Sensation. Dabei hatte Flögel ebenfalls eine wunderbare Chance, die Springett aber zunichte machte.

[...]

Wiener Zeitung, 21.10.1965, S. 8

Autoren und Herausgeber

Blimlinger, Eva ist Historikerin und Leiterin der Projektkoordination Kunst- & Forschungsförderung der Universität für angewandte Kunst Wien.

Claussen, Detlev ist Publizist und Universitätsprofessor für Gesellschaftstheorie, Kultur- und Wissenschaftssoziologie an der Universität Hannover.

Hafer, Andreas ist Historiker, Mathematiker und Philosoph und arbeitet in Schorndorf bei Stuttgart.

Hafer, Wolfgang ist Historiker, Germanist und Politologe und arbeitet in Frankfurt/Main.

Hanappi, Hardy ist Universitätsprofessor für Wirtschaftsmathematik an der TU Wien.

Horak, Roman ist Soziologe und Kulturwissenschaftler an der Universität für angewandte Kunst Wien.

Maderthaner, Wolfgang ist Historiker und Kulturwissenschaftler in Wien und Leiter des Vereins für Geschichte der Arbeiterbewegung.

Markovits, S. Andrei Steven ist Politikwissenschaftler und Soziologe und seit 1999 als Karl W. Deutsch Collegiate Professor of Comparative Politics and German Studies an der University of Michigan in Ann Arbor (USA) tätig.

Pelinka, Peter ist Journalist und Historiker, war 1998–2006 Vizepräsident der Wiener Austria.

Pfoser, Alfred ist Leiter der Druckschriftensammlung in der Wienbibliothek im Rathaus.

Schmidt-Dengler, Wendelin ist Vorstand des Instituts für Germanistik der Universität Wien und Leiter des Literaturarchivs der Österreichischen Nationalbibliothek

Wertheimer, Jürgen ist Universitätsprofessor für Komparatistik / Neuere Deutsche Literaturwissenschaft an der Universität Tübingen.